EUROPAVERLAG

SHIRIN mit
ALEXANDRA CAVELIUS
und JAN KIZILHAN

ICH BLEIBE EINE TOCHTER DES LICHTS

Meine Flucht aus den Fängen
der IS-Terroristen

EUROPAVERLAG

© 2016 Europa Verlag GmbH & Co. KG, Berlin · München
Umschlaggestaltung: Hauptmann & Kompanie Werbeagentur, Zürich,
unter Verwendung eines Motivs von
© Nicolas Asfouri / AFP Creative / Getty Images
Satz: BuchHaus Robert Gigler, München
Druck und Bindung: cpi Clausen & Bosse, Leck
ISBN 978-3-95890-015-8
Alle Rechte vorbehalten.

www.europa-verlag.com

INHALT

DEUTSCHLAND: Uns sicher zu fühlen – das müssen wir
erst wieder lernen   7

HEIMAT: Kinder des Lichts   31

DER ÜBERFALL: August 2014 77

GEFANGENSCHAFT: Über Bomben, gestohlene Spielsachen
und geraubte Jungfrauen   99

ZWANGSKONVERTIERUNG: Vom Leben einer
Haussklavin 151

VERKAUFT: Vom Überleben unter Kopfabschneidern   191

FLUCHT: Eine Braut in Schwarz   267

HEILUNG: Baba Sheikh und die heilige
Zamzan-Quelle   303

OHNE CHECKPOINTS: Vom Leben in Freiheit 325

NACHWORT von Prof. Dr. Dr. Jan Kizilhan   346

Mehrere Tage lang hat die Autorin Alexandra Cavelius »Shirin« interviewt. Auf Basis dieser Gespräche hat sie ihre Geschichte aufgeschrieben.

DEUTSCHLAND:

Uns sicher zu fühlen – das müssen wir
erst wieder lernen

VOM LEBEN IN DEUTSCHLAND

Wenn sich im Fernsehen zwei Menschen küssen, streicheln oder einander näherkommen, raste ich aus. Ich will weglaufen. Mich würgt es, solchen Intimitäten zusehen zu müssen. Die anderen Mädchen halten mich dann fest und schalten schnell das Gerät aus. Wir alle sind von den Truppen des sogenannten Islamischen Staates (IS) gefangen genommen, vergewaltigt und versklavt worden. Manchen unter uns ist die gefährliche Flucht über das Sindschar-Gebirge (kurdisch: Şingal) nahe der syrischen Grenze gelungen. In ihrer Panik konnten die Menschen nichts mitnehmen. Wer es noch schaffte, sammelte die Kinder um sich und lief los. Innerhalb weniger Stunden waren über 400 000 Menschen aus Sindschar aufgebrochen.

Seit einigen Monaten lebe ich mit 16 anderen Jesidinnen in einem mehrstöckigen Wohnhaus in Baden-Württemberg. Etwa die Hälfte davon sind Kinder. Anderthalb Jahre alt ist die Jüngste, 43 Jahre die Älteste. In den ersten zehn Tagen haben wir uns nicht vor die Tür getraut. Wir fürchteten, dass wir dort sofort angegriffen oder entführt würden und dass Leute uns beschimpften: »Was habt ihr hier zu suchen!?« Unsere Angst hat zuerst noch alles andere überwogen. Wir sind abgelegen untergebracht, in einem kleinen Ort am Waldrand.

Nach etwa zwei Wochen hat uns eine freiwillige Helferin ein paar Brocken Deutsch beigebracht und gleichzeitig versucht, uns ein wenig mit der neuen Umgebung vertraut zu machen. Man trifft auch auf Leute, die einem den Rücken zukehren, einen kaum grüßen und herablassend anblicken. Andererseits besuchen uns Kursleiterinnen erst seit wenigen Tagen, doch es fühlt sich so an, als ob wir sie schon seit zehn Jahren kennen würden – weil sie so herzlich und so offen sind. Das ist wunderschön. Ich besuche so gerne diesen Deutschkurs.

Langsam, ganz langsam haben wir uns daran gewöhnt, allein ein paar Schritte auf der Straße zu laufen. Das haben wir zuerst nur in der Gruppe geschafft. Vor allem hat uns dabei geholfen, dass die Menschen um uns herum immer wieder betonen: »Du bist sicher in Deutschland.«

Unsere Gruppenleiterin ist der Ansicht, dass ich so etwas wie eine Anführerin unter den Frauen sei. Mir selber ist das gar nicht richtig aufgefallen. Es stimmt aber schon, dass die Mädchen zu mir kommen und mich um Rat fragen. Sie hören auf meine Worte; selbst die 43-jährige Jesidin möchte von mir wissen, wie man zum Beispiel Zug fährt. Diese Aufgabe, für die anderen Verantwortung zu übernehmen, ist mir nicht unbedingt angenehm, aber gut, es ist jetzt nun mal so. Vielleicht liegt es auch daran, dass ich besser Englisch spreche als die Frauen; deshalb kann ich für sie übersetzen und ihre Anliegen aufschreiben.

Zu Hause im Nordirak stand ich kurz vorm Abitur, wollte danach Jura studieren und mich für die Rechte anderer starkmachen. Alle jesidischen Mädchen und Frauen freuen sich in Deutschland sehr auf die Schule, doch ich glaube, dass ich mich ganz besonders darauf freue. Ich würde so gerne möglichst rasch diese fremde Sprache lernen, nur in meinem Kopf stecken noch so viel Wut und so viel Hass, dass es mir schwerfällt, all die neuen Informationen im Gedächtnis zu behalten. Fortwährend kreisen meine Gedanken um dieselben Dinge. Leben meine Geschwister noch? Wo ist meine Mutter? Dann sehe ich sie wieder bei unserem Abschied vor mir. Das traditionelle weiße Tuch leicht um ihr dunkles Haar gelegt, steht sie in ihrem langen Rock vor mir und schickt mich weg. »Rette dich, Shirin!« Wieder höre ich an ihrer Stimme, dass sie nicht weinen will, weil ich sonst nicht fortgegangen wäre. Erneut spüre ich, wie ich mir im Auto den Hals nach ihr verrenke, bis ich ihren Blick verloren habe …

Eines Tages möchte ich meine Liebsten zu mir nach Deutschland holen. Ich hoffe, dass sie überleben. Ich hoffe, dass sie überhaupt noch leben. Mein Herz brennt für sie. Doch ich sollte mich auf das Schlimmste gefasst machen. Zurück will ich nicht mehr. Wohin auch? Alles liegt in Schutt und Asche.

FRIEDEN

Vor allem eines möchten wir in Deutschland: in Frieden leben. Das empfinde ich als großartiges Geschenk! Täglich tauschen sich die Mädchen und Frauen untereinander über das aus, was passiert ist. Und wenn ich versuche, sie zu stoppen:»Hört auf damit! Ich will das nicht hören«, reden sie trotzdem weiter darüber. Alle möchten diesen Horror loswerden, aber wir werden ihn nicht los. Immer wieder müssen wir daran denken. Irgendetwas in unseren Köpfen scheint außer Kontrolle geraten zu sein.

Manche aus unserer Gruppe haben auch zu viel Ballast von ihrer Gefangenschaft beim IS mit hierhergeschleppt. Unter uns lebt beispielsweise ein Dreijähriger, der uns Frauen beißt, kneift und sein Spielzeug zertritt. Seine Mutter hat keine Kraft mehr, seine Aggressionen abzuwehren. Oft starrt sie mit leeren Blicken an die Wand. Sobald der Junge das Wort»Gebet« hört, wirft er sich nach Art der Muslime zum Beten hin und fängt an, Koransprüche zu murmeln.

So viele Mädchen in diesem Wohnheim zusammengetroffen sind, so viele unterschiedliche Geschichten gibt es auch. Und jede von ihnen erzählt, was ihr widerfahren ist, was sie gesehen oder mitbekommen hat. Von Gefangenen, die lebendig verbrannt worden sind. Von abgeschnittenen Brüsten und aufgeschlitzten Bäuchen schwangerer Frauen. Alle berichten, wie lange sie versklavt waren oder wie viele Familienmitglieder sie verloren haben. Das ist schwer auszuhalten. Wir haben überlebt, aber immer wieder fühlen wir uns, als ob wir tot wären. Die ersten Tage in Deutschland ging es mir erstaunlicherweise noch viel schlechter als im Irak. Ich hatte gar nicht registriert, wie anstrengend die letzten Monate gewesen waren, die ich hinter mir gelassen hatte. In den Flüchtlingslagern im Nordirak hatte ich sogar bei einer deutschen Hilfsorganisation mit angepackt, aber als ich hier zur Ruhe gekommen bin, hat sich in mir so ein merkwürdiges Taubheitsgefühl breitgemacht. Ich fühlte nur, dass ich nichts mehr fühlte. Als ob ich durch eine Traumwelt wandelte und gar nicht mehr wirklich vorhanden wäre. Ich träume in so einem Augenblick davon, dass meine ganze Familie aus den Fängen dieser Killertruppe befreit wird. Dabei weiß ich genau, dass das nicht der Fall sein wird, weil einige längst ermordet worden sind.

Nachts schlafe ich erst sehr spät ein, zwischendurch wache ich oft auf. Morgens bin ich um sechs auf den Beinen, obwohl ich hundemüde bin. Ich weiß nicht, ob ich nachts träume. Meine Mitbewohnerinnen behaupten, dass ich im Schlaf laut sprechen und schreien würde. Davon würden sie aufwachen. Sie seien sehr erschrocken über meine Worte.

Nach außen hin sieht man mir nichts an. Gut, die Haare fallen mir aus, aber sie fallen uns fast allen aus. Kastanienbraune Locken. Büschelweise. Das liege am Stress, hat uns ein Arzt erklärt. Obwohl ich Schmerzen habe, fehlt mir organisch nichts. Nur psychisch betrachtet, bin ich sehr labil. Dieses seltsame Taubheitsgefühl verlässt mich manchmal gar nicht mehr. Dann denke ich, dass der Tod eine Erlösung sei, dass es eine

Erleichterung wäre, aus dem Leben zu scheiden. Und ich verstehe nicht, warum man mir den Tod nicht zum Geschenk machen möchte.

»Durch gezielte Psychotherapie können wir bewirken, dass die Frauen die Kontrolle über die Erinnerung gewinnen, dass sie wieder einkaufen, Deutsch lernen oder zur Schule gehen können. Viele bekommen die Bilder ihrer schrecklichen Erlebnisse sonst nicht mehr aus ihrem Kopf. So berichtete eine 26-jährige, mehrfach vergewaltigte Mutter von einem IS-Emir, der sie zwang, jeden Tag den Koran zu lesen. Da sie aber nicht Arabisch beherrschte und Fehler beim Lesen machte, steckte der Terrorist zu ihrer Bestrafung ihre zweijährige Tochter Lozin in eine Blechbox. Sieben Tage lang war das kleine Mädchen bei einer Temperatur von 50 bis 60 Grad dort eingesperrt. Abends durfte sie etwas essen, was sie aber sofort erbrach. Sie lebe nur noch, sagte die junge Frau zu mir, wegen ihrem fünfjährigen Sohn und ihrer siebenjährigen Tochter, die alles mit ansehen mussten. Bis heute sieht die Mutter die Leiche ihrer kleinen Tochter vor sich auf dem Boden. Sobald die 26-Jährige auf der Straße oder in einem Supermarkt andere Kinder im Alter ihrer zweijährigen Tochter sieht, beginnt der Albtraum für sie von vorne.«
(Jan Kizilhan)

Vor den Mädchen in der Unterkunft reiße ich mich zusammen. Ich versuche es zumindest. Weiter bemühe ich mich, sie zu bestärken und ihnen Mut zu machen. Wenn ich jedoch selber anfange, mich über mein Leid zu beklagen, dann habe ich kein Recht mehr, ihnen kluge Ratschläge zu erteilen. Sie werden mir sonst vorhalten: »Wieso sagst du, dass wir nicht weinen sollen, wenn du es selber tust?« Wenn ich also weine, dann weine ich allein. Manchmal merke ich jedoch gar nicht, dass die Tränen wie von selber aus mir herausfließen. Ich nehme es überhaupt nicht wahr, dass ich mich in diesem Augenblick wieder an all das Unerträgliche erinnere.

Eine meiner Mitbewohnerinnen, deren Cousine wie meine kleine Schwester gerade neun Jahre alt und in die Klauen der IS-Kämpfer geraten ist, hat letztens in der Runde geäußert: »Den Frauen und den Mädchen, die jetzt noch gefangen sind, wünsche ich den Tod.« Da habe ich ihr entgegengehalten: »Gut, wenn sie dort nicht herauskommen, ist der Tod besser als alles andere. Aber wenn sie frei sind, dann glaube mir, wollen sie wieder leben.« Leider schaffe ich es nicht immer, mich selbst auf meine Empfehlung zu besinnen.

»Während ich die 26-jährige Mutter im Nordirak untersuchte, kam die siebenjährige Tochter mit einem Smartphone in der Hand und zeigte mir darauf ein bildhübsches Mädchen. ›Das ist Lozin‹, sagte sie. Der fünfjährige Sohn versteckte sich zitternd hinter seiner weinenden Mutter. Nach sieben Tagen hatte der IS-Emir Lozin aus der Blechbox geholt, das Mädchen in eiskaltes Wasser getunkt und es danach so geschlagen, dass sein Rückgrat gebrochen war. Zwei Tage später ist es gestorben ist. Vor den Augen der Mutter und der Geschwister hob er die kleine Leiche in die Luft und ließ sie auf den Boden fallen. ›So müssen alle Ungläubigen sterben!‹, rief er.«
(Jan Kizilhan)

UNS SICHER ZU FÜHLEN –
DAS MÜSSEN WIR ERST WIEDER
LERNEN

In den ersten Monaten gab es für uns noch keine psychologische Hilfe. Wir wollten gerne Medikamente verschrieben bekommen, um uns zu beruhigen und auch wieder schlafen zu können. Unsere Betreuerin empfiehlt bei Beschwerden: »Trinkt ein bisschen Wasser oder geht spazieren.« So richtig kann ich die neue Umgebung noch nicht genießen, weil das Wichtigste in meinem Leben fehlt: meine Familie. Ohne sie fühle ich mich manchmal so verloren und weiß nicht, woran ich mich noch festhalten kann.

Unsere Gefühle schwanken ständig. In einem Augenblick lachen wir. Im nächsten erlischt das Lachen schon wieder wie auf Knopfdruck. Dann sind die Gesichter um mich herum abwesend. Ganz plötzlich haben sich nämlich Zweifel in unsere Köpfe eingeschlichen. Wie können wir lachen, während unsere Angehörigen leiden? Wie können wir in Frieden leben, während sie einen Albtraum durchleiden? Werden wir es überhaupt schaffen, unsere Zukunft allein anzupacken?

»Misshandelte Frauen leiden typischerweise unter
Albträumen, ständig wiederkehrenden Erinnerungen

und Ängsten, wieder in die Hände des IS zu fallen.
Typisch sind Freudlosigkeit, Interesselosigkeit,
Verlust von Vertrauen in die Menschen und die
Menschheit, ständiges Misstrauen gegenüber
Personen und erhöhte Aufmerksamkeit, da sie
plötzlich ein schlimmes Ereignis erwarten.
Dazu kommen körperliche Beschwerden wie
Kopf-, Rücken-, Bauch- und Magenschmerzen,
Antriebslosigkeit, die Neigung zum Grübeln,
Schlafstörungen und Vermeidung von Situationen,
die als Gefahr erlebt werden.«
(Jan Kizilhan)

Das sind die Momente, in denen ich nicht mal mehr meinen geliebten Deutschkurs besuchen will, in denen ich mein Zimmer nicht mehr verlassen möchte und den Kopf einziehe. Dann kommt jedes Mal eines der Mädchen zu mir und spricht ganz sanft:»Ich bin doch wie eine Schwester für dich, und all die anderen Frauen hier sind es auch. Hör auf zu weinen. Wir sind doch alle für dich da.« Dafür bin ich so dankbar. Ich fühle mich hier gut aufgehoben.

Als wir Frauen in unserer Unterkunft eintrafen, kannten wir einander kaum. Alle stammen aus unterschiedlichen Dörfern. Alle waren ein bisschen fremd, aber hier haben wir uns angefreundet, gerade weil wir dasselbe Schicksal teilen. Wir sind wie eine kleine Ersatzfamilie geworden. Nur wissen wir nicht, wie es weitergehen soll. Was ist unsere Perspektive? Ob wir uns selbst eine Wohnung suchen dürfen? Wir würden gern arbeiten und Geld verdienen, denn das, was wir bekommen, ist zu wenig zum Leben. Das Einzige, was wir bislang auf unsere Fragen gehört haben, ist der Satz:»Ihr habt zwei Jahre Zeit, dann könnt ihr entweder zurückgehen oder bleiben.«

Was aber soll in diesen zwei Jahren mit uns geschehen? Was folgt danach?

Wir würden so gerne mit Doktor Kizilhan, der uns aus dem Irak hierhergeholt hat, über unsere weitere Zukunft sprechen, aber er ist sehr beschäftigt. Er muss noch viele andere Frauen aus dem Irak retten.

»Als Traumaexperte pendele ich zwischen meiner Heimat Baden-Württemberg und dem Nordirak hin und her. In meinem Büro in Dohuk höre ich mir die Geschichten der Überlebenden an, von Frauen und Kindern, die vom IS verschleppt und misshandelt wurden. Es ist eine schwierige Aufgabe, denn wir dürfen nicht alle mitnehmen, aber fast alle wollen fort. Das Land Baden-Württemberg hat sich bereit erklärt, bis Ende 2014 1000 schutzbedürftige Frauen und Kinder aufzunehmen und zu behandeln. Dies ist eine Hilfsaktion, die es in Deutschland so noch nie gab.«
(Jan Kizilhan)

EINE ISIS-FLAGGE IM VORGARTEN

Ein großes Problem für uns Neuankömmlinge war anfangs die Verständigung. Uns stand zuerst nur ein Dolmetscher zu Verfügung. Ausgerechnet ein Mann. Und ein Muslim noch dazu. Wir wurden fast alle im Namen des Islam vergewaltigt. Unser Vertrauen in Männer ist grundsätzlich zerstört. Sogar vielen jesidischen Männern können wir nicht mehr ohne Argwohn begegnen. Unserem Dolmetscher stellen wir nur Fragen zum Alltag, zum Beispiel bezüglich des Geldes oder zu Unternehmungen. Aber was uns widerfahren ist, was wir gesehen und erlitten haben, das möchten wir mit keinem Mann besprechen.

Auf unseren ersten Ausflügen sind wir regelrecht vom Pech verfolgt worden. In einem Laden stießen wir auf einen Araber und einen Kurden. Beide Muslime wollten wissen, woher wir kämen. Meine Freundin antwortete:»Wir sind Jesiden.« Draußen vor der Tür habe ich sie zusammengestaucht:»Wie konntest du das bloß verraten?« Ich hatte so große Angst, dass diese Männer uns suchen und entführen könnten.

Das nächste Mal haben wir bei einem Spaziergang in der Nähe unserer Unterkunft eine schwarze IS-Flagge mit dem charakteristischen Siegelring und dem islamischen Glaubensbekenntnis in einem Vorgarten entdeckt. Wir waren schon öfter an diesem Häuschen vorbeigelaufen, aber uns war nie etwas Merkwürdiges aufgefallen. Sofort habe ich mit meinem Handy ein paar Bilder geschossen, die ich Jalil, einem jesidischen Bekannten in Frankfurt, geschickt habe. »Wir haben die ISIS entdeckt«, habe ich ihm per »WhatsApp« geschrieben. »Die ist in Deutschland verboten«, tippte er zurück. Wieder hatten uns die alten Ängste gepackt, dass die Terroristen mitten unter uns lebten.

Unser Bekannter verständigte die Polizei, woraufhin uns die Beamten in unserer Unterkunft aufsuchten. Sie beruhigten uns, dass sie mit den Anwohnern gesprochen hätten und die Flagge augenblicklich entfernt worden sei. Die Polizisten zeigten sich selbst sehr erstaunt. Es sei das erste Mal, dass man überhaupt eine IS-Flagge in Deutschland entdeckt habe. Hierzulande gelte ein Verbot für diese Symbole. Die Uniformierten klärten uns auf, dass tatsächlich einige dieser radikalen Muslime in Deutschland lebten. Doch diese Leute trauten sich nicht, ihre Verbrechen in diesem Rechtsstaat zu verüben. Ob sich diese Sichtweise nach den Anschlägen des IS im November in Paris verändert hat?

Die Polizisten wiesen auch darauf hin, dass viele dieser sogenannten »Gotteskrieger« nach Syrien oder in den Irak in den »Heiligen Krieg« zogen. Mir leuchtet bis heute nicht ein, warum man Tausende Kilometer reist, um sich dann erschießen zu lassen. So oder so erwartet diese Leute der Tod. Die IS-Kämpfer akzeptieren weder Kritik noch eine eigene Meinung, geschweige denn einen kleinen Fehler. Sie radieren jeden aus, dessen Nase ihnen nicht passt. Jesiden, Kurden, Schiiten, Christen, ja sogar Sunniten und jede Art von Andersdenkenden. Wer nicht redet, wird so lange von ihnen gefoltert, bis er das erzählt, was sie hören wollen.

*»Dieser neue islamische Terror übersteigt unser
menschliches Verständnis von Grausamkeit und Leid
(...) In nie da gewesenem Ausmaß töten die Attentäter
sich selbst bei Anschlägen oder misshandeln,
vergewaltigen, verkaufen junge Mädchen, köpfen vor
laufender Kamera Menschen und stellen sie über
Netzwerke zur Schau. Der Terrorismus dehnt seinen
Radius auf die ganze Welt aus. Er bedient sich
zunehmend neuer Mittel; die Zahl potenzieller Täter
und Unterstützer ist enorm.«*
(Jan Kizilhan)

Zum Glück fahren die Polizisten jeden Abend die Straßen in unserem Ort ab. Und wenn ich heute einen von dieser Mörderbande sehen würde, würde ich nicht mehr davonlaufen. Das liegt an der Sicherheit und am Rückhalt, den ich in diesem Land spüre. Ich habe hier keine Angst mehr. Selbst wenn meine Freundinnen behaupten, dass ich jede Nacht schreien würde.

Inzwischen verbringe ich tagsüber schon mehrere Stunden allein außer Haus. Dieses Gefühl von Sicherheit hier – das ist wunderbar. Doch ich muss das erst wieder lernen. Selbst in Deutschland fühlen wir Mädchen uns geborgener, wenn wir zu viert oder zu fünft in einem Zimmer liegen, obwohl der Raum eigentlich nur für zwei Personen gedacht ist.

*»Je jünger die Menschen sind, desto höher sind die
Chancen, dass Heilung und Integration gelingen.
Ich glaube, dass 90 Prozent derjenigen, die im
Rahmen des Projekts hierherkommen, in Deutschland
völlig integriert werden. Vor allem die Schule wirkt
für die Kinder wie eine Psychotherapie.«*
(Jan Kizilhan)

DIE WELT MUSS HELFEN!

Als meine Mitbewohnerinnen und ich zum ersten Mal in unserem Wohnort einen Bus sahen, haben wir uns schleunigst in den Schatten der Büsche gedrückt. »Das sind die Busse der IS-Truppen!«, durchfuhr es mich. In genau solchen Bussen, mit abgedunkelten Scheiben, hat man uns Frauen und Kinder im August 2014 entführt.

In meinem Heimatdorf Hardan hatte es zuvor weder Busse, Züge noch asphaltierte Straßen gegeben. Unsere Häuser bestanden größtenteils aus Lehm. Es war kinderleicht für die IS-Kämpfer, sie zu zerstampfen, so als habe eine Riesenfaust daraufgeschlagen. Es belastet mich, über meine Zeit in der Gefangenschaft zu sprechen, das ruft jede Einzelheit in mir wieder wach.

Wenn ich zurückblicke, sehe ich nichts außer Finsternis. Und Angst. Nichts Menschliches darin. Vieles ist durcheinandergewirbelt in meinem Kopf. Ich habe noch niemandem zuvor meine ganze Geschichte erzählt. Manches habe ich tief in mir vergraben. Ich weiß nicht, ob ich alles wiederfinde. Vielleicht will ich das auch gar nicht.

Ich schäme mich für das, was mir diese Terroristen angetan haben. Ich schäme mich, dass ich nicht die Kraft besessen habe, mich gegen sie zu wehren. Doch wir hatten gar keine Chance. Längst weiß ich, dass es nicht die Opfer, sondern die Täter sind, die Schuld auf sich geladen haben. Trotzdem glimmt die Scham in mir wie eine Glut, die jederzeit durch einen Windhauch wieder auflodern und zu einem Feuer entfacht werden kann. Vielleicht liegt das daran, dass sich diese sogenannten »Gotteskrieger« selber als Menschen betrachten. Und dass das Wort »Mensch« dadurch zu einem schlimmen Schimpfwort verkommt. Für solche Leute ist es genauso leicht, jemanden zu töten, wie eine Tasse Tee zu trinken.

Dies ist der 73. Genozid an unserem Volk, aber diesmal ist es schlimmer als je zuvor. Meine Landsleute sind vogelfrei. Es geht um das Überleben meines Volkes. Weltweit gibt es noch knapp eine Million Jesiden, die meisten davon leben im Nordirak. Wir sind auf die Hilfe der internationalen Gemeinschaft angewiesen. Wir schaffen das nicht mehr allein. Die Welt muss von diesem Völkermord im Irak erfahren. Das, was die Zurückgebliebenen dort durchleiden, ist nicht die Hölle. Das ist schlimmer als die Hölle. Das ist nicht nur ein irakisches Problem, sondern eine humanitäre Katastrophe. Eine internationale Krise. Deshalb ist es wichtig, dass ich spreche. Egal, wie sehr mich die Erinnerung quält.

Wir Jesiden sind so etwas wie eine Minderheit in der Minderheit. Von der Nationalität her zählen wir zu den Kurden. Von der Religion her zum Jesidentum, nicht wie die anderen mehrheitlich zu den Muslimen. Wir haben eine friedliche Religion, sie ist älter als das Juden- und Christentum und deutlich älter als der Islam. Da wir keine heiligen Bücher wie den Talmud, die Bibel oder den Koran haben, gelten wir unter radikalen Muslimen als Ungläubige. Unsere heiligen Bücher »Kitaba Resh« (Schwarzes Buch) und »Kitaba Jilve« (Buch der Offenbarung) sind verschwunden.

*»Im Jesidentum verschmelzen verschiedene
Strömungen miteinander. Historisch betrachtet,
gehört das Jesidentum zu den iranischen Religionen
wie der Zorasthrismus. Man findet darin aber
auch Elemente des Christentums und des Islam sowie
des Sufismus und des Schamanentums. Alle Kinder
werden getauft, die Jungen beschnitten.«*
(Jan Kizilhan)

Da ich weiß, dass jedes Interview von mir das Todesurteil für meine Verwandten in der IS-Gefangenschaft bedeuten könnte, berichte ich unter Pseudonym. Ich bin 18 Jahre alt. Und ich lebe noch. Dafür möchte ich Gott danken.

DER HÄSSLICHSTE FLECK IM SCHÖNEN SINDSCHAR-GEBIRGE

In der Region Sindschar und in der Gegend um Mossul leben seit jeher mehrheitlich die Jesiden. Sindschar ist auch der Name einer Stadt und eines heiligen Gebirges, das einen rund 60 Kilometer langen und knapp 1500 Meter hohen Bergrücken bildet. Ob ich gerne zurück an meine Heimat in Hardan denke? Nein! Mir fällt nichts Schönes mehr ein, wenn ich heute den Namen meines Dorfes höre. Genau genommen, handelt es sich um den hässlichsten Fleck in der wunderschönen Sindschar-Ebene. Das liegt daran, dass wir Jesiden umgeben von Arabern lebten. Wir hatten sie als unsere Freunde betrachtet. Unsere Söhne aus Hardan saßen bei ihnen auf dem Schoß, als sie beschnitten wurden. Diese Ehre wird nur Menschen zuteil, denen wir uns tief verbunden fühlen. Wir haben unseren muslimischen Freunden unsere Kinder und unser Leben anvertraut, aber was haben sie damit angefangen? Sie haben uns ein Messer in den Rücken gerammt. Diesen Menschen klebt das Blut Tausender unschuldiger Jesiden an den Händen! Heute verbinde ich mit Hardan vor allem Verrat und Tod.

Von unserem Haus ist nur ein Steinhaufen übrig geblieben. Damit wir nicht zurückkehren, haben die IS-Truppen Sprengfallen gelegt und Zufahrtswege vermint. Auf »Youtube« sieht man die wackeligen Kameraaufnahmen der mittlerweile mit deutschen Waffen ausgerüsteten Peschmerga-Kämpfer bei der Rückeroberung Hardans im Dezember 2015. Strommasten hängen schief. Zwischen Mauerresten ist ein Mann mit abgerissenen Beinen hingestreckt. Arabische Schriftzüge wie »Allah ist groß« sind auf Wände gesprüht. Mein Dorf Hardan gehört nun den Toten, es ist ein Geisterort. Überall wandern die Seelen, und man hört aus jeder Ecke ihre Schreie. Ihre Schreie um Hilfe. Wer möchte schon einen Ort mit Toten teilen?

Diese Terroristen haben mir das Heiligste geraubt: meine Familie. Aus all diesen Gründen ist meine Heimat heute der hässlichste Fleck im wunderschönen Sindschar-Gebirge.

HEIMWEH

Als Kind habe ich diese Bedrohung um mich herum gar nicht wahrgenommen. Wir fühlten uns in unserem Dorf gut behütet. So frei. So glücklich. Gemeinsam mit unseren arabischen Nachbarn haben wir gefeiert. Noch vor einem Jahr war Hardan ein kleines beschauliches Örtchen in der Wüste. Hier und da grüne Flecken, darauf zottelige Schafe mit dürren Beinchen und zwischendrin ein kleines Bäumchen. In meinem Dorf lebten etwa 200 Familien, insgesamt vielleicht 1800 Einwohner. Nur diejenigen, die genug Geld besaßen, bauten sich stabile Häuser aus Stein. Es kam auch schon mal vor, dass wir einen Stromausfall hatten, aber wir waren an diese Umstände gewöhnt.

Das Leben im Nordirak kann man mit dem in Deutschland nicht vergleichen. In meinem Dorf kannte jeder jeden beim Namen. Wir waren wie eine riesengroße Familie. Unsere Mütter mussten sich nicht um uns Kinder sorgen, wenn es abends mal spät geworden ist. Wir haben alle aufeinander aufgepasst. Unsere heiligen Feste hat das ganze Dorf zusammen gefeiert, Brot und Wasser haben wir miteinander geteilt.

Das Leben war einfach und schön. Ja, einfach schön. Unser

Lehmhäuschen bestand aus zwei Zimmern, einer Küche und einem Bad. Als ich noch nicht auf der Welt war, schöpfte Mutter das Wasser noch aus dem Brunnen. In meiner Generation waren Dusche, Kühlschrank oder Handy bereits eine Selbstverständlichkeit. Es war so gemütlich bei uns. Die ganze Familie hat abends eng aneinandergekuschelt geschlafen. Etwa mit acht Jahren habe ich mich in ein anderes Zimmer zu meiner drei Jahre älteren Schwester Felek zurückgezogen und meine beiden kleinen Geschwister nach und nach zu mir geholt. Sie waren für mich wie Babys. Leyla ist neun Jahre und Kemal sechs Jahre jünger als ich.

In Deutschland, so habe ich manchmal das Gefühl, leben die Menschen mehr aneinander vorbei. Jeder ist für sich. In Hardan hatten wir zwar sehr wenig, aber wir hatten doch einander – und das reichte, um erfüllt zu sein. All das zusammen ist Hardan. Nein, das *war* Hardan. Die Landschaft, die Häuser, alles, selbst der Wind ist anders bei euch. Hier kann ich nicht so frei atmen wie daheim. Der Wind – das war für mich der Duft der Freiheit und des Friedens. Ich denke so oft zurück. An meine Heimat, wie sie einmal war.

Um das Sindschar-Gebirge herum ist es vor allem kahl und karg. Ockergelb mit viel Gestein. Dafür aber grünt, plätschert und blüht es in unserer Tempelstadt Lalisch, dem Heiligtum des Jesidentums. Der Legende nach soll dort die Arche Noah beim Abklingen der Sintflut das erste Mal festen Boden berührt haben, bevor sie zum Berg Ararat weitergetragen wurde. In Lalisch ruhen seit 1162 die Gebeine von Sheikh Adi, unserem wichtigsten Scheich. Diese Region, die der heilige Mann damals entdeckt hatte, war von so großer Schönheit, dass er dort den Rest seines Lebens verbringen wollte. So wie die Muslime nach Mekka pilgern, sollte jeder Jeside mindestens einmal in seinem Leben in Lalisch gewesen sein.

Lalisch liegt in einem abgelegenen Tal, nur 60 Kilometer nordöstlich von Mossul, aber sehr weit von unserem Dorf entfernt; mit dem Auto sind es bestimmt sieben Stunden Fahrzeit. Deswegen sind die IS-Truppen bisher noch nicht dorthin gelangt. Als kleines Kind bin ich einmal da gewesen. Nach der Gefangenschaft noch mehrmals. Das hat mir bei der Heilung geholfen. Wenn ich heute in Deutschland die Obstbäume und Gärten blühen sehe, beißt mich das Heimweh. Dann denke ich an die bunten Wildblumen in Kurdistan. An Wassermelonen, Datteln, Feigen und Tomaten, die einige Dorfbewohner hinter den Mauern in ihren Gärten angepflanzt und auf den Märkten verkauft haben.

»Früher waren die Eziden gefürchtete Rebellen
und Räuber, die sich gegen alle Übergriffe und
Gewalttaten der anderen unerschrocken wehrten.
Ihre Treue dem gegebenen Wort gegenüber und ihre
Loyalität wurden auch von ihren Feinden anerkannt.
Sie sind fleißige Land- und Gartenbauer und
Viehzüchter, die ihren Nachbarn an Geschicklichkeit
überlegen sind ...«
(Handwörterbuch des Islam,
Wensinck & Krämer 1941, 806–811)

Unsere eigene Familie besaß keinen großen Garten, dafür aber die Nachbarn und auch unser Onkel. Ich wollte Vaters Bruder ständig in seinem Dorf besuchen, aber Papa hatte nicht die Zeit, uns zu ihm zu bringen. Wir besaßen auch kein Auto. Sobald aber die Sommerferien anfingen, hat uns der Onkel mit seinem Wagen selbst abgeholt. Im Schatten der Bäume haben wir uns mit ausgestreckten Beinen hingesetzt und genüsslich diese besonders großen und saftigen Früchte verspeist. Mir erschien das wie eine kleine Oase mitten in der steinigen Wüste. Der Wind, der in Deutschland weht, lässt sich nicht mit dem in der Heimat vergleichen. Im Heimatwind rieche ich meine Familie. Wenn ich in Deutschland versuche, tief Luft zu holen, habe ich das Gefühl, als ob die Zeit hier langsamer verginge. Bei einem Spaziergang habe ich neulich Schafe, Kühe und Kälber auf einer Weide entdeckt und dabei kurz den Duft unseres früheren Dorflebens wieder in der Nase gehabt. Für ein paar Minuten habe ich mich wie zu Hause gefühlt. In Hardan haben die Bauern mit Vieh ihr Geld verdient. Letztens bin ich vor lauter Heimweh in den Zoo gelaufen und habe mir, glücklich lächelnd, Ziegen, Tauben und Esel angesehen.

Wenn in Hardan morgens die Sonne aufging und die Hähne krähten, die Schafe blökten und der Bäcker seine Brotlaibe in Form schlug, freute ich mich auf den Tag. Selbst das Bellen der Straßenhunde am Abend klang in meinen Ohren wie eine vertraute Melodie. Wenn ich mein Gesicht an die warme Haut meiner Mutter gedrückt habe, dann spürte ich Heimat. Das war der Ort, an dem ich verstanden wurde. Ich habe schreckliches Heimweh.

HEIMAT:
Kinder des Lichts

HARDAN

Am ersten April 1996 bin ich auf Mutters Bett in Hardan zur
Welt gekommen. Meine Oma mütterlicherseits unterstützte sie
dabei als Hebamme. Alle meine Geschwister sind zu Hause ge-
boren worden. Wenn ein Baby zur Welt kommt, möchten die
Verwandten es als Erstes vor den bösen Blicken anderer schützen. Ist das Kind besonders reizend, zieht man es bloß nicht zu
hübsch an, damit es nicht noch schöner wird. Sonst könnte das
den Neid anderer erwecken. Zum Glück war ich ein ganz normal aussehendes Baby.

Meine ältere Schwester Felek kennt ihr Geburtsdatum bis
heute nicht. Zu ihrer Zeit war das weder besonders noch wichtig. Erst bei den Kindern in meinem Alter hat man angefangen,
Geburtstage zu feiern. Eine Torte steht auf dem Tisch, und
drum herum sitzt die ganze Familie und feiert. Traditionen verändern sich manchmal. Aus meiner Sicht zum Guten hin.

Für verheiratete Frauen aus der Generation meiner Mutter
und Großmutter galt es beispielsweise noch als Pflicht, nach
der Eheschließung vornehmlich blütenweiße Kleider zu tragen.
Dazu eine schwarze Strickjacke und meistens, locker umgelegt,
ein helllilafarbenes oder weißes Kopftuch. In unserer Generati-

on trägt keine Frau mehr Kopftuch. Und selbst Ehefrauen ziehen sich heute gerne farbenprächtig an.

Meine Freundinnen liefen alle mit wehenden offenen Haaren herum. Unter uns Jesiden findet man alle Haartypen und Haarfarben. Es gibt eine Ortschaft im Sindschar-Gebirge, da sind alle blond und blauäugig. Manche sind auch rothaarig und grünäugig. Während einige Familien vom Teint her eher dunkel sind, erscheinen andere Jesiden so hellhäutig wie Europäer. Ich habe dieselben goldbraunen Augen wie meine Mutter.

> *»(...) Die Yezidi sind ein schöner, langgelockter Menschenschlag, mit dem Selbstwertgefühl des unabhängigen Bergbewohners, von meist gewaltigem Körperbau. Die unverschleierten Frauen sind von eigenartiger Regelmäßigkeit der Gesichtszüge.«*
> *(Handwörterbuch des Islam,*
> *Wensinck&Krämer 1941, 806–811)*

Jede Familie ist ihrem eigenen Sheikh zugeordnet. Dessen Aufgabe ist es, Zeremonien durchzuführen und Streit zu schlichten. »Wir Jesiden regeln die Dinge lieber untereinander als vor Gericht«, begründete Mutter uns das. Es ist der Sheikh, der den kleinen Jungen spätestens im elften Monat drei Locken abnimmt. Erst ab da dürfen die Eltern dem männlichen Nachwuchs die Haare schneiden. Zwei Locken werden den Eltern gegeben, eine behält der heilige Mann. Mit der Haarbeschneidung wird der Sohn offiziell Mitglied unserer Religion.

Wir Shingalen-Mädchen dürfen uns die Haare nicht schneiden. Meine Mutter hat mir das verboten, und zwar mit den Worten: »Das ist eine Sünde.« Als Mädchen habe ich mein hellbraunes Haar immer zu einem langen Pferdeschwanz zusammengeflochten. Erst wenn jemand aus der Familie stirbt, schneidet man den Zopf ab und legt ihn auf das Grab. In der ISIS-Gefangenschaft habe ich meinen Zopf abgeschnitten und einem meiner Vergewaltiger vor die Füße geschmissen. Heute fängt das Haar an, wieder nachzuwachsen. Bis zur Schulter reicht es schon.

In den kalten Monaten haben wir in unseren Häusern geschlafen. Die Lehmwände haben die Wärme darin gut gespeichert. Unser Winter ist aber von seinen milden Temperaturen her nicht einmal mit eurem Herbst zu vergleichen. Wir Jesiden-Mädchen haben uns in Deutschland alle gewundert: »Oh, wie kalt das hier schon im September ist. Wie wird das erst im Winter sein?«

Ebenso haben wir über die Zentralheizungen gestaunt, an denen man nur drehen muss, damit es warm wird. In unserem Lehmhäuschen heizte ein bullerndes Holzöfchen die Zimmer. Im Nordirak regnet es zwar im Winter fast jeden zweiten Tag, aber der Regen ist warm, sodass man trotzdem spazieren gehen kann.

Unsere Sommertage sind unglaublich heiß, mit Temperaturen bis zu 50 Grad. Es herrscht eine solche Bruthitze, dass die Männer zur Mittagszeit die Arbeit liegen lassen und im Haus ein Nickerchen einlegen, weil es draußen nicht zum Aushalten ist. Je heißer es am Tag war, umso schöner ist es dann in der Nacht. Draußen im Hinterhof haben meine Schwestern und ich unsere Betten aufgebaut.

Auf dem Rücken liegend, blickten wir in den Sternenhimmel. Wenn ich die Augen schließe, erscheint dieser Teppich aus silbrig-weißem Licht wieder vor mir. Eine Sternschnuppe nach der anderen zieht ihren Schweif am nachtschwarzen Himmel entlang. Die Sterne leuchteten so klar, dass meine kleine Schwester Leyla mit beiden Händen versucht hat, sie vom Himmelszelt herunterzupflücken. Kein Fleck ohne Sterne. Es fühlte sich an, als atmeten wir das Licht und die Farbe des Himmels in uns ein. Ja, als wäre der Himmel in einem selber und wir in ihm. Über uns die Unendlichkeit, unten um uns herum der sanfte nächtliche Wind.

Tagsüber flirrte die Luft zwischen den Häusern von den hohen Temperaturen. Hinter den Mauern, die unsere Häuser umschlossen, begannen Wüste und Berge. Hatte sich dort draußen zwischen den kahlen Felsen versehentlich ein Bäumchen ausgesamt, so dauerte es meist nicht lange, bis es wieder verdorrte. Wären unsere Berge so bewachsen wie eure in Deutschland, dann wären nicht so viele Menschen bei der Flucht im letzten Sommer an Hunger, Durst und Schwäche elendig zugrunde gegangen. In der Not haben sich die Vertriebenen von den Blättern der dornigen Sträucher ernährt. Sicher gibt es da oben schattige Höhlen, aber man findet in dieser Steinwüste keine Quelle weit und breit. Und überall lauerten Gefahren: Steinschlag, Skorpione, Scharfschützen …

»ICH HOFFE, GOTT SCHENKT DIR EINEN SOHN«

Wir Kinder sind in Freiheit aufgewachsen. Stundenlang haben Mädchen und Jungen draußen gespielt. Bis zu einem gewissen Alter wenigstens. Etwa ab acht Jahren haben uns die Mütter zur Seite genommen. »So, du wächst langsam zu einer Frau heran und musst dich in der Gesellschaft entsprechend benehmen. Mit den Jungen darfst du nicht mehr spielen.« In unserer Gesellschaft wurden die Jungen höher wertgeschätzt als die Mädchen. So wünschten die Leute einer Schwangeren: »Ich hoffe, Gott schenkt dir einen Sohn.«

Wenn Gott einem Paar aber sechs Töchter hintereinander schenkte, freute sich der Vater immer noch und hoffte unverdrossen weiter auf männlichen Nachwuchs. Schließlich sorgten die Männer für Geld und Nahrung, die Frauen für Haushalt und Kinder. Falls dem Vater etwas passierte, brauchte man einen Ersatz. Es gab viele Witwen im Ort, weil die meisten Männer zum Militär geschickt und dort getötet worden waren. Wenn der Vater nicht mehr da war, musste der älteste Sohn dessen Aufgabe als Ernährer übernehmen. Es verhält sich aber nicht so, dass die Frau dem Mann untergeordnet ist. Beide haben die gleichen Rechte und Pflichten.

Mittlerweile hat es sich fast im ganzen Sindschar-Gebirge herumgesprochen, dass Bildung einen hohen Wert hat – auch für Mädchen. Meine Mutter musste zu ihrem eigenen Bedauern die Schule abbrechen, um ihrer Mutter im Haus zu helfen. Mein Vater war als Bauarbeiter in regelmäßigen Abständen mehrere Monate außerhalb des Dorfes beschäftigt. In seiner langen Abwesenheit hat Mutter dafür gesorgt, dass zu Hause alles seine Ordnung hatte. Mein Bruder Dilshad schimpfte mit uns, wenn wir Geschwister mal wieder miteinander gestritten hatten. Er war nur ein Jahr älter als ich.

In unserem Haus ging es meist sehr lebhaft und lustig zu. Wir hatten oft Besuch von Freunden oder aus unserer großen Verwandtschaft. Meine Großeltern väterlicherseits habe ich nicht so gut gekannt, sie sind früh gestorben. Auf diese Weise blieb ihnen das Grauen im Sommer 2014 erspart.

UNTERSCHIEDE ZWISCHEN JESIDEN UND ARABERN GAB ES NICHT

Meine schönsten Erinnerungen habe ich an die Schulzeit. Dabei hat es gar nicht gut angefangen ... In Schuluniform, das heißt mit schwarzem Rock und weißer Bluse, bin ich den zehnminütigen Fußweg plärrend zur Schule gestolpert. Ich hatte Angst vor den großen Hunden, die mich unterwegs angekläfft haben, und vor diesem riesigen Menschenauflauf. So etwas war ich nicht gewohnt. Ich hatte meine drei Jahre ältere Schwester Felek an der Seite, aber sie war zwei Klassen über mir und ließ mich mitleidlos allein im Gedränge zurück. All diese Leute, das laute Gerede, dieses Durcheinander. Und auf einmal saß ich zwischen 71 Schülern, denn die erste und zweite Klasse waren zusammengelegt worden. Um mich herum jede Menge fremder Gesichter. Zu allem Überfluss stapfte auch noch so ein Lehrer herein und wollte einen unterrichten. Vor Entsetzen habe ich gleich wieder angefangen, wie ein Wolf zu heulen, und nach meiner großen Schwester verlangt. Da es dem Lehrer unmöglich war, bei mir den »Aus-Schalter« zu finden, hat er nach ihr rufen lassen. »Bring mich nach Hause! Ich möchte nie mehr in die Schule!« Felek hat mich leicht abschätzig gemustert und an der Hand genommen.

Erst nach einer Woche habe ich mich beruhigt und begriffen, wie wichtig die Schule für mich ist. »Je besser du lernst, desto mehr Einfluss kannst du später mal im Leben haben«, hatte Mutter mir zugeredet. Die Idee fand ich gut. Von da an wollte ich auch nicht mehr mit meiner großen Schwester zur Schule laufen. Das war peinlich. Stattdessen haben sich meine neuen Freundinnen bei mir untergehakt. Später hat mich Mutter oft damit aufgezogen, wenn ich mich vor meinen kleinen Geschwistern wichtiggemacht habe, weil sie zu schüchtern waren, im Unterricht den Mund aufzumachen. »Na, kannst du dich noch daran erinnern, wie ängstlich du selber mal als kleines Kind warst?«

Bis zur vierten Klasse waren Mädchen und Jungen in einer Klasse gemischt, darunter Araber und Jesiden. Die Araber haben überwiegend »Kurmandschi« gesprochen, also unseren kurdischen Dialekt, weil sie mit uns Jesiden groß geworden sind und die Lehrer an dieser Schule auch fast alle Jesiden waren. Es gab natürlich auch eine Schule, in der nur auf Arabisch unterrichtet worden ist; da aber diese Kinder unsere Sprache gelernt hatten, haben sie in der Regel auch unsere Schule besucht. Als die Dschihadisten des IS später hier eingedrungen sind, haben sie genau diese Tatsache gegen uns ausgenutzt. Sie haben uns die Schuld dafür gegeben, dass ihre Kinder ihre eigene Sprache vergessen hätten.

Aus Erzählungen wusste ich, dass manche tiefgläubigen Muslime, ob Araber oder Kurde, aus unseren Händen nichts Essbares annehmen wollten. Die Speise galt durch unsere Finger quasi als beschmutzt. Auch die Kurden untereinander sind sehr zerrissen. Sie sind nicht nur auf verschiedene Länder verteilt, sondern es gibt auch unterschiedliche Religionen, Dialekte, Clans und politische Parteien. Über Jahrzehnte haben sie aneinander Verrat geübt oder sich die Treue geschworen. Wir

Jesiden sind eine verfolgte Gruppe innerhalb einer verfolgten Gruppe. Ich selber aber hatte nie solche Probleme oder Vorurteile erlebt. Muslimische Kurden, Araber und Jesiden gehörten für mich wie eine große Familie zusammen. Erst als die Terroristen die Macht ergriffen haben, wollten unsere Nachbarn plötzlich nicht mehr mit uns gemeinsam das Brot teilen. Unter meinen Freundinnen waren viele Araberinnen. Unsere Eltern hatten uns gegenseitig zur Aufrichtigkeit, Toleranz und Gerechtigkeit gegenüber jedem Menschen erzogen. Die Gebete der Jesiden ermahnen die Gläubigen zur Bescheidenheit:»O Antlitz Ali Muhammads, gesegnet seiest du! Erlöse die Völker, helfe allen Menschen und öffne auch unseren Kindern eine Tür!« Wir wären überhaupt nicht auf die Idee gekommen, Unterschiede zu machen, bloß weil jemand eine andere Religion hat.

»Die Geschichte der Jesiden ist eine Geschichte von Verfolgung und Zwangsislamisierung.« Das riefen die Alten uns Kindern ins Gedächtnis und blickten dabei schmerzvoll in die Ferne, als sähen sie dort noch heute das Blut der Toten im Sand. »Von Türken und Arabern wurden wir unterdrückt, weil wir Kurden sind. Und von den Muslimen, weil sie uns für Ungläubige halten.«

Heute erstreckt sich unser Siedlungsgebiet vom Nordirak über die Türkei bis nach Syrien und in Teile der ehemaligen Sowjetunion.»Diese Massaker können sich jederzeit wiederholen«, glaubte Vater und zupfte sich dabei mit sorgenvoller Miene an seinem schwarzen Schnauzer.

»Der Konflikt um die Jesiden ist mehr als 1000 Jahre alt; ihre Geschichte wird auf mehr als 4000 Jahre geschätzt. Durch die Islamisierung der kurdischen Gebiete im Irak, in Iran, Syrien und der Türkei seit

*637 hat eine unglaubliche Odyssee der Kurden
stattgefunden, die bis heute anhält. Ich gehe davon
aus, dass in den letzten 700 Jahren ca. 1,8 Millionen
Jesiden im Nahen Osten zwangskonvertieren
mussten und ca. 1,2 Millionen von ihnen
umgebracht worden sind.«
(Jan Kizilhan)*

Unser Volk trägt die Angst vor Verfolgung in sich. Schon allein
deshalb war für uns ein Gefühl der Verbundenheit mit anderen
Minderheiten selbstverständlich. Ob Kakai, Shabak, Mandäer,
Aleviten, Schiiten oder Christen, die heute die IS-Milizen in
Syrien und im Irak bekämpfen.

*»Die Jesiden (…) sind edlen Charakters und
gastfreundlich. Dies wurde offenbar bei ihrer
Aufnahme der Christen, um sie vor den Verfolgungen
und den Blutbädern zu retten; sie gaben sogar ihr
Leben für die Christen und ertrugen die
Plünderungen ihrer Häuser, um die Christen zu
schützen. Dadurch hinterließen sie große Liebe und
Wertschätzung in den Herzen aller Christen.«
(aus Quarabash, Aabed Mschiho Na'man:
Vergossenes Blut. Geschichten der Greuel, die an
den Christen in der Türkei verübt wurden,
Losser-Holland 2002)*

Im Religionsunterricht waren wir zwar getrennt von den arabischen Klassenkameraden, aber das spielte keine Rolle. Wenn
die Muslime ihre Feiertage begingen, haben sie uns Jesiden gerne zu sich eingeladen. Wir haben zusammen getanzt und uns
aneinander gefreut. Es war ein enges Miteinander. Einige jesi-

dische Mädchen aus unserem Dorf haben auch lieber die arabische Schule besucht. Meine Mutter aber wollte, dass ich neben Arabisch auch Englisch lernte, und das war nur an unserer kurdischen Schule möglich.

In den nächsten Jahren war ich auf jeden Fall eine etwas vorlaute und manchmal zu lebenslustige Schülerin. Gelegentlich hat mich im Unterricht auch mal ein Lachkrampf geschüttelt. Ich konnte einfach nicht mehr aufhören zu lachen. Das Gesumme der Lernenden um mich herum verstummte, meine Nachbarin stimmte kichernd mit ein, und schließlich hielten sich alle in der Klasse die Bäuche. Der Lehrer dachte wahrscheinlich, dass ich den Verstand verloren hätte, und führte mich hinaus. »Wenn du fertig bist, darfst du wieder hereinkommen.«

Der Höhepunkt war, wenn ich ein Schuljahr erfolgreich bestanden hatte und mich bereits auf die nächste Klasse freute. Zum Abschluss des Jahres haben meine Eltern mir jedes Mal eine Kleinigkeit geschenkt. Es war immer etwas, das mein Herz höher schlagen ließ. Ein neues Paar Schuhe oder eine Strickjacke, manchmal habe ich auch einen Strauß Blumen von meinem ältesten Bruder bekommen. Das sollte mir die nötige Motivation schenken, um so fleißig weiterzumachen wie bisher.

Wissbegierig saugte ich den Lernstoff auf und erledigte in meiner schönsten Handschrift die Hausaufgaben. »Einst war Mesopotamien die Wiege der menschlichen Kultur. Das Zweistromland liegt zwischen den Flüssen Euphrat und Tigris, von denen die Christen erzählen, sie würden im Paradies entspringen.« Mein Vater war mächtig stolz auf mich, weil sogar den Leuten im Dorf aufgefallen war, dass ich so gute Noten hatte. Selbst mein arabischer Mathematiklehrer Ibrahim ging auf ihn zu und lobte ihn: »Deine Tochter macht sich hervorragend. Sie ist sehr intelligent.«

Vater stolzierte dann hoch erhobenen Hauptes durch das Dorf. Er war kein großer Mann, aber er hatte ein beeindruckendes Erscheinungsbild: volles schwarzes Haar, große Augen und eine karamellfarbene Haut, weder zu dunkel noch zu hell. Seine Lippe schmückte ein prächtiger schwarzer Schnauzer. Ein guter Jeside sollte seinen Oberlippenbart nicht rasieren. Vater war ein Jeside wie aus dem Bilderbuch. Meist trug er Hemd, Hose und noch eine Weste dazu.

Sobald der Freitag kam, habe ich meine Schultasche in die Ecke gestellt und bin hinausgelaufen. Dort habe ich das Nachbarsmädchen an der Hand gefasst, und wir sind zum nächsten Haus gegangen; da hakte sich die Nächste ein und noch eine und noch eine. So sind wir plappernd und lachend durch den Ort gezogen. Unsere Eltern saßen in verschiedenen Grüppchen draußen zusammen und haben die Köpfe zusammengesteckt, bis es tiefer Abend war. Das Vertrauen untereinander war sehr groß.

TEUFELSANBETER,
DIE AN KEINEN TEUFEL GLAUBEN

Im Gegensatz zu vielen anderen Religionen wird unser Glaube nur mündlich weitergegeben. Die Alten schrieben unsere Lieder und Gebete nicht nieder, weil sie fürchteten, dass die Bücher verbrannt und die Gläubigen verfolgt werden könnten. Die zehn Gebote und der besondere Respekt vor der Natur gehören unter anderen zu den Inhalten dieser Überlieferung. »Jeside« bedeute so viel wie »von Gott erschaffen«, setzte Vater uns Kindern auseinander. »Jeside« wird man nur durch Geburt, wobei beide Eltern jesidischer Abstammung sein müssen. Gott ist allmächtig. Er schuf die Welt und sieben Engel aus einem Licht.

Die sieben Erzengel, die auch im Judentum, Christentum und Islam erwähnt werden, folgen Gott und werden in unsere täglichen Gebete mit einbezogen. Der Überlieferung nach hat Gott einst Adam eine Seele eingehaucht und dann alle Engel aufgefordert, vor dem Menschen niederzuknien. Nur Taus-i Melek weigerte sich, den Befehl auszuführen. »Mein Schöpfer, ich habe deine Worte zuvor nicht vergessen, niemand anderen als Dich anzubeten.« Gott hat ihm vergeben und Taus-i Melek daraufhin für seine Treue zum obersten Engel ernannt. Diese

Geschichte aber weist Ähnlichkeiten zum gefallenen Engel »Iblis« aus dem Koran auf. Im Islam verkörpert er den Satan und schmort für seinen Ungehorsam in der Hölle, während wir ihn als Engel verehren.

Aus Sicht der ISIS ist das ein schweres Verbrechen. Dafür beschimpfen sie uns als »Teufelsanbeter«, obwohl wir weder an eine Hölle noch an einen solchen Dämon wie sie glauben. Das Wort »T...fel« dürfen wir nicht einmal aussprechen, andernfalls würden wir die Existenz des Bösen akzeptieren. Unserer Meinung nach gibt es keinen Gegenpart zu Gott, denn Gott ist einzig. Wie sonst sollte Gott auch allmächtig sein, wenn neben ihm noch ein Widersacher existierte?

Gott hat Taus-i Melek als seinen irdischen Vertreter beauftragt, die Jesiden auf der Erde zu beschützen. Seine Inkarnation ist ein Pfau mit aufgestellten Schwanzfedern, die zugleich die Sonne symbolisieren. Für mich ist der Pfau eines der schönsten und anmutigsten Tiere. Wir Jesiden gehen davon aus, dass wir direkt von Adam abstammen, nicht aber von der zum Bösen verleitenden Eva. Das Böse existiert unserer Meinung nach nur im Menschen selbst.

DER STICH DES SKORPIONS

Blinzelnd blickte ich in die rote Morgensonne, die den Sandboden und die Felsmassen hinter Hardan in goldene Farben tauchte. Macht und Schönheit der Natur sind einzigartig. Was von Menschenhand erschaffen ist, erscheint dagegen als gering. Aus Respekt vor Gottes Werk dürfen wir nicht einmal auf die Erde spucken. Gleichzeitig haben wir aber auch gelernt, uns vor Gefahren in unserer Umwelt in Acht zu nehmen. So lauern die schwarzen Skorpione ihrer Beute nachts in der Nähe von Höhlen oder anderen Unterschlupfmöglichkeiten auf. Deswegen kriechen sie auch in unsere Häuser hinein. Ihr Stachel fährt blitzschnell über ihren Kopf hinweg und injiziert ihr Gift in das Beutetier. Bei einer tödlichen Dosis tritt der Tod bei einem Menschen innerhalb von fünf bis 20 Stunden durch Atemstillstand ein.

Die Skorpione sind unsere Feinde. Diese Tiere haben wir später auf den Namen ISIS getauft, weil sie so schwarz und todbringend wie deren Kämpfer sind. Es gibt auch sehr viele Schlangen. Mein Vater aber warnte uns: »Tötet sie nicht!« Unseren Legenden nach war es nämlich einst eine schwarze Schlange gewesen, die ein Leck in der Arche Noah mit ihrem

Körper verschlossen und dadurch die Menschheit vor dem Untergang gerettet hatte. Aus Dankbarkeit dafür ehren wir diese Reptilien noch heute. Wenn sich mal eine Schlange unter oder ins Bett verirrt hatte, fing Vater sie in aller Seelenruhe ein und setzte sie andernorts wieder aus. Ließ man diese Tiere in Ruhe, haben sie einen auch nicht angegriffen. Nur die Skorpione haben wir getötet.

Einmal aber ist Mutter gestochen worden. Wir haben sie sofort ins Krankenhaus im Dorf gefahren. Ich hatte solche Angst, dass meine Mama sterben müsste. Man hatte uns Kindern beigebracht:»Wenn ein Opfer des Skorpions bereits angefangen hat, sich zu erbrechen, ist der Tod nah.« Mama hat sich ständig erbrochen. Wenn ich heute daran denke, wünschte ich mir, dass meine Mutter besser tausendmal von einem Skorpion angegriffen worden wäre anstatt von den IS-Kämpfern, denn sie wäre lieber durch das Gift dieses Tieres umgekommen als durch Folter und Vergewaltigung dieser Kannibalen. Meine Mutter hatte mehrmals die Möglichkeit gehabt zu fliehen. Aber sie hat immer zu mir gesagt:»Ich werde erst fliehen, wenn ich weiß, dass du in Sicherheit bist.« Danach aber war es zu spät.

Die Ärzte im Krankenhaus haben meiner fiebernden Mutter Spritzen gesetzt und sich darum gekümmert, dass es ihr bald besser ging. Nach zwei Tagen durfte sie wieder nach Hause. Ihr Bein war aber noch stark angeschwollen, sie hatte auch ein stark gelblich verfärbtes Gesicht. Die ganze Zeit über hatte sie nicht zugeben wollen, wie erbärmlich ihr zumute gewesen war. Erst als sie wieder auf den Beinen war, hat sie leichthin bemerkt, dass sie kurz davor gewesen sei, aus dem Leben zu scheiden. Ich geriet völlig aus dem Häuschen.»Warum hast du mir das nicht von Anfang gesagt? Du hast immer behauptet, alles wäre gut.«»Hätte ich dir die Wahrheit gesagt, wärst du nur verrückt vor Sorge geworden«, gab sie lachend zurück. Mutter hat ein Lachen, das direkt aus dem Herzen kommt.

Meine Mutter ist meine beste Freundin. Es gibt keinen Menschen auf der Welt, der so viel über mich weiß wie sie. Wenn mir etwas auf dem Herzen lag, habe ich ihr meinen Kummer anvertraut. Mit niemand sonst habe ich ein solch intensives Verhältnis wie mit ihr.

Vom Aussehen her sind wir drei Schwestern sehr nach ihr geraten. Während meine Haare allerdings braun ausgefallen sind, haben meine Schwestern das schwarze Haar von Vater und Mutter geerbt. Wir Mädchen sind eher klein, etwas rund und haben schmale Nasen im Gesicht. Meine beiden Brüder aber überragen uns, mit etwa 1,70 Meter, um gut anderthalb Köpfe. Alle zusammen haben wir einen zimtfarbenen Hautton.

Meine Mutter hat uns Kinder gelehrt, nach welchen Regeln wir leben sollen.

KINDER DES LICHTS

Einerseits waren meine Eltern sehr streng, andererseits ließen sie mir viele Freiräume. Sie haben mich so erzogen, dass ich über unsere Sitten und unsere Moral Bescheid weiß, aber mir dabei gleichzeitig ihr Vertrauen geschenkt. »Wir haben dir diese Ratschläge mit auf den Weg fürs Leben gegeben, aber wir lassen dich deine eigenen Erfahrungen machen und so leben, wie es für dich am besten ist.«

Religiöse Texte und Gebete haben wir nicht in der Schule gelernt. Während die Muslime Islamunterricht erhielten, haben uns weise Männer aus dem Dorf vorgemacht, wie man das Abend- und das Morgengebet spricht. So etwas wie ein Gotteshaus haben wir nicht. Beim Beten drehen wir uns mit dem Gesicht immer der Sonne zu; die Hände vor dem Körper, stehen wir barfuß im Sand.

Für uns ist dieser leuchtende Himmelskörper ein sichtbarer Beweis Gottes. Ohne Sonne könnte kein Mensch leben. Sie verkörpert das ewige Feuer am Himmel, den Widerschein des göttlichen Lichts. Da wir die Sonne verehren, nennt man uns Jesiden auch »Kinder des Lichts« oder »Töchter der Sonne«. Ihre Strahlen legen sich auf unsere Gesichter wie eine liebevolle

Hand, während wir unsere Gebete sprechen: »Gott schütze erst die 72 Völker und dann uns.«

Wir sind ein friedfertiges Volk, das gerne feiert. Gelegentlich müssen wir uns aber auch im Verzicht üben. Aus Dankbarkeit für die Erschaffung der Erde soll jeder Jeside drei Tage lang im Dezember fasten. Mein Lieblingsfest aber ist das Neujahrsfest, das auf den ersten Mittwoch im April fällt. Übersetzt heißt es so viel wie »Der rote Mittwoch«. Der Überlieferung nach steigt jedes Jahr an diesem Tag Gottes Engel Taus-i Melek zur Erde herab, um den Gläubigen Gesundheit, Schutz und Wohlstand zu schenken. Zu dieser Zeit fängt alles in den Gärten zu blühen an. Da werden Eier bemalt, und die Hauseingänge werden mit prächtigem Blumenschmuck behängt. Bunt, weil mit dem Frühling die Farben der Pflanzen Einzug halten. Eier und Pflanzen wiederum sind die Anfänge des Lebens. Diese Farbenpracht habe ich einfach nur als herrlich empfunden. Wir haben zusammen gebacken, eine Familie hat die andere besucht.

Wenn die Schatten der Nacht das Dorf umfingen, haben wir ein riesiges Feuer entfacht. Die Flammen warfen ihren rötlichen Schein auf die Gesichter, während ich mit meinen Freundinnen zusammen der Musik gelauscht habe. Die Männer zupften die Saiten ihrer Tambur, einer Art Laute mit langem Hals, und sangen mit Inbrunst dazu. Unsere Lieder sind voller Melancholie und Sehnsucht. Immer geht es um Geschichten aus früheren Zeiten. Um Heimat, aber auch um verlorene Liebe und Schmerz, um Mord, Tod und Verlust. Man wird keine anderen Themen finden. Flackernd wie kleine Zungen sprangen Funken und Flammen zum Himmel hoch. Aufmerksam habe ich den Worten gelauscht. In Deutschland möchte ich diese Gesänge nicht mehr hören. Ich will nicht mehr an all das Leid denken. Ich habe selber genug davon erfahren.

Doch es ist wichtig, dass wir als Kinder mit diesen Geschichten aufgewachsen sind. Wir sind in dem Wissen erzogen worden, dass sich so ein Blutbad jederzeit wiederholen könnte. Unser Volk ist aufgrund seiner Erfahrungen vorsichtiger und misstrauischer als andere. Wir leben zurückgezogener. Das ist die eine Seite von uns. Unsere andere Seite zeichnet sich durch große Toleranz und Gastfreundschaft aus. Egal, wer bei uns zu Besuch kam, er durfte nicht wieder zur Tür hinaustreten, ohne vorher etwas gegessen zu haben. Immer neue Runden servierte Mutter an Gebäck, Fladenbrot und Obst.

Selbst in den ärmsten Flüchtlingslagern ist das nicht anders. Wenn jemand in das Zelt eines Jesiden tritt, geht er nicht, ohne vorher mindestens einen Tee getrunken zu haben. Alles andere empfände der Gastgeber als grobe Beleidigung. Selbst wenn man den eigenen Kindern nichts anbieten kann, versucht man wenigstens, dem Gast eine kleine Freude zu bereiten.

Bei anderen Feierlichkeiten binden die Großen uns Kindern ein rot-weißes Bändchen ums Handgelenk. Das soll uns Glück bringen und so lange am Arm bleiben, bis es von selber kaputtgeht. Meines hat mir ein IS-Kämpfer heruntergerissen.

»VORSICHT! DIE HAT MAL WIEDER IHRE FÜNF MINUTEN«

Bis zum August 2014 verlief unser Leben normal. Wie in tausend anderen Familien auch. Ich war ein freches Kind und habe einiges angestellt. Auch ein bisschen streitsüchtig und eigensinnig war ich. Sobald ich mich mit meinen Geschwistern angelegt und wild mit den Füßen aufgestampft habe, hat Mama die anderen ermahnt: »Lasst sie bloß in Ruhe, denn sie hat mal wieder ihre fünf Minuten. Sie wird sich schon wieder beruhigen.« Dann drehte sie sich zu mir und sagte: »Wir haben dich wohl ein bisschen zu sehr verwöhnt.«

Selbstverständlich wollte ich am meisten von allen Kindern geliebt werden. Und selbstverständlich ging es meinen Geschwistern genauso. Für gewöhnlich habe ich mit meinen Brüdern und Schwestern über irgendeine Nichtigkeit gezankt. Wegen der Fernbedienung oder wenn der Vater der kleinen Schwester neue Stifte geschenkt hatte, mir aber nicht. Dann habe ich meine Mutter zur Rede gestellt: »Ich bin in einer höheren Klasse, habe viel mehr Hausaufgaben und viel mehr zu erledigen, warum bekomme ich diese neuen Stifte nicht?« Das nennt man wohl ein ausgeprägtes Gerechtigkeitsbewusstsein oder auch Pubertät. Meine Eltern haben versucht, keines von uns Kindern zu benachteiligen; sie waren stets um Ausgleich bemüht.

Eifersüchteleien blieben trotzdem nicht aus. Ich habe jedes Mal abgewartet, bis Felek den Raum verlassen hatte, damit ich mich allein mit Mutter besprechen konnte, ohne dass meine ältere Schwester mithörte. Sonst hätte sie meine Schwächen bei passender Gelegenheit gegen mich verwendet und mir ständig unter die Nase gerieben, wie blöd ich sei.

Ganz gleich, wie sauer ich war, Mutter hat es nicht gestattet, dass jemand am Esstisch streitet oder schlechte Laune verbreitet. Daran haben wir uns alle gehalten. Beim Essen haben wir wieder miteinander normal geredet, als wäre nie etwas gewesen. Doch sobald wir wieder aufgestanden sind ...

Waren meine Eltern auswärts zu Besuch, ließ Mutter mir für Leyla Geld da, damit ich ihr zur Beruhigung etwas zum Naschen kaufen konnte. Kemal war alt genug, um selbst auf sich aufzupassen. Listig habe ich meiner kleinen Schwester vorgeschlagen: »Gehen wir uns was Süßes kaufen.« Im Laden habe ich dann unter Seufzern vorgegeben, ich würde mein Erspartes für sie ausgeben, sonst hätte mir die Kleine am Ende nichts von ihren Süßigkeiten abgegeben. So aber haben wir uns beide gefreut, und es herrschte Ruhe. Manchmal blieben meine Eltern bis weit nach Mitternacht weg. Meine Schwester habe ich in der Zeit fernsehen lassen, während ich mit meinen Freundinnen bei »Facebook« gechattet habe.

Wenn Leyla Probleme in der Schule hatte oder von ihren Freundinnen geärgert worden war, ist sie nach Hause gelaufen, um Mutter ihr Herz auszuschütten. Bevor aber Mutter noch Luft für eine Antwort sammeln konnte, habe ich schon meine Lebensweisheiten zum Besten gegeben. Ich war bemüht, meine kleine Schwester ganz in meinem Sinne zu erziehen. Allerdings besaß sie ihren eigenen Sturkopf. Genau wie ich.

Unsere Familie hat eng miteinander gelebt, nicht nebeneinander her. Wir haben viele Gemeinsamkeiten geteilt und gerne geredet. Wir Kinder hatten großen Respekt vor unseren Eltern, aber keine Angst.

»Familie und Blutsverwandtschaft spielen in den traditionellen Gesellschaften eine wichtige Rolle. Die Familienmitglieder sind so eng miteinander verbunden, dass Fremde kaum deren Platz in dieser Gemeinschaft einnehmen können. Ohne ihren starken Zusammenhalt wären die Jesiden vielleicht längst auseinandergetrieben worden. Die kurdische Familie ist die Grundlage jeder Solidarität und sichert das Überleben.«

(Jan Kizilhan)

JEDER KURDE BAUT SEIN HAUS MEHRMALS IM LEBEN AUF

Sehr oft hat Mutter über die Diktatur unter Saddam Hussein geklagt, die 1979 begonnen hatte. »Nichts von dem, was die Jesiden in ihren Dörfern angepflanzt haben, durften sie behalten.« In den 1990er-Jahren seien unsere Männer gezwungen worden, sich für drei Jahre dem irakischen Militär anzuschließen. Dabei durften sie nicht offen sagen, dass sie Kurden sind. Stattdessen sollten sie behaupten: »Wir sind zwar Jesiden, aber unsere Herkunft und unsere Wurzeln sind arabisch.« Hätten sie die Wahrheit gesagt, hätte man sie getötet. Deserteure sind auch sofort erschossen worden.

Ihre Neugeborenen durften die jesidischen Soldaten nicht nach ihrem eigenen Namen benennen. Die Kinder mussten arabische Namen annehmen. Um das zu verhindern, haben die Väter in der Not die Kinder auf den Namen ihres Bruders angemeldet, der nicht beim Militär war.

Offenbar war Saddam der Ansicht: »Der ganze Irak gehört nur mir allein.« Schon immer aber träumten die Kurden von ihrer Unabhängigkeit. Immerhin zählen wir zur größten ethnischen Gruppe der Welt ohne eigenen Staat. So kam es zu »Al-Anfal«. Der Begriff stammt aus der achten Sure des Korans und heißt »Kriegsbeute«. Unter diesem Namen hat das Baath-Regime im Februar 1988 begonnen, 4000 kurdische Dörfer zu zerstören. Sie wurden mit Baggern eingeebnet, die Brunnen mit Beton zugeschüttet, die Felder mit Gift unbrauchbar gemacht. Wer überlebte, den steckten Saddams Leute in Konzentrationslager.

Am 16. März 1988 gab der Diktator seinem Cousin, der als »Chemie-Ali« bekannt wurde, den Auftrag, das Problem ein für alle Mal zu lösen. Hubschrauber warfen Napalmbomben und chemische Waffen über Halabdscha ab, einer 50 000-Einwohner-Stadt nahe der iranischen Grenze. »5000 Menschen starben auf der Stelle«, das hat uns der Lehrer anhand von Bildern im Unterricht veranschaulicht. Verkrümmt lagen Kinder neben ihren Müttern auf dem Boden. Viele Tausende flohen über die Berge in den Iran.

Im Anschluss an den Giftgasangriff starben zahlreiche Menschen an Krebs und an Krankheiten, die man zuvor noch gar nicht gekannt hatte. Dieser Anschlag fand gar nicht weit entfernt von Lalisch statt, unseren heiligen Stätten. Die Jesiden dort hatten Angst, dass der Geruch des Todes auch zu ihnen herüberwehen könnte.

Nach der Niederlage des Baath-Regimes im Zweiten Golfkrieg erhoben sich die Kurden 1991 im Aufstand und errangen Autonomie. Nachdem sie sich 2003 an der Seite der Amerikaner am Irakkrieg beteiligt hatten, konnten sie ihre autonome Region noch vergrößern. Die neue Verfassung des Irak hat Kurdistan in einem föderalen Staat als Autonome Region Kurdistan mit eigener Regierung und eigenem Parlament in der Hauptstadt Erbil anerkannt.

Als ich von diesen Angriffen auf das kurdische Volk erfuhr, schmerzte mich das furchtbar in der Seele. Ich war damals 14 Jahre alt und musste weinen, weil ich verstanden hatte, was den Menschen Schreckliches zugestoßen war. In Kurdistan schien es normal, dass man sein Haus im Lauf des Lebens mehrere Male wieder aufbauen musste. Da habe ich mich zum ersten Mal gefragt: »Warum passiert so etwas?« Sie greifen uns nur deshalb an, weil wir einem anderen Volk angehören. Bloß weil wir Kurden sind? Für uns Kurden schien allein das Überleben als Volk schon ein Sieg zu sein. Das ging nicht in meinen Kopf hinein.

Da habe ich angefangen, an dem ganzen System zu zweifeln. An Gerechtigkeit, Recht und Frieden. Ich hatte verstanden, dass wir als Kurden ständig auf der Hut sein mussten. Meine Freundinnen waren einer Meinung: »Wenn sie uns damals schon gemeuchelt haben, werden sie das auch weiterhin tun!«

Später hat meine Mutter das Regime des IS wiederholt mit dem damaligen Terrorregime verglichen. »Saddam war zwar ein Diktator und Mörder, sein Regime war schlecht, aber es war tausendmal besser als das, was wir im Moment erleben.«

»LASS DICH NICHT IN GESPRÄCHE MIT FREMDEN MÄNNERN VERWICKELN«

In unserer Freizeit kleideten wir Mädchen uns nach Lust und Laune. Manchmal trug ich ein langes, knallbuntes Kleid, zwischendurch auch mal eine Hose. Die Jungen betrachteten wir am liebsten aus sicherer Entfernung. Nicht mal mehr mit meinem Cousin habe ich zusammen am Tisch gegessen. Ein Mann, so nah bei mir, das hätte mich bloß in Verlegenheit gebracht.

In der Schule himmelten uns die Jungen verstohlen an, bis sie mitbekommen haben, dass auch wir sie genauestens im Visier hatten. Sofort schauten wir dann möglichst unauffällig in der Gegend herum und taten so, als wüssten wir überhaupt nichts von ihrer Anwesenheit, während sie begannen, auf alle mögliche Weise anzugeben, um unsere Bewunderung zu erringen. Manchmal haben wir uns auch mal über ein paar Köpfe hinweg etwas zugerufen, aber nie sind wir direkt aufeinander zugegangen. Unter uns Mädchen war das eher so ein gegenseitiges Kichern und Flüstern.

Unzählige Ratschläge hat mir Mutter mit auf den Weg gegeben, um mich vor allem vor muslimischen Männern zu behüten. Unsere jesidischen Jungen würden sich von selber an die Regeln halten. Je älter wir geworden sind, desto mehr haben wir gespürt, dass wir anders als die anderen waren. Mutter verlangte auch jedes Mal, dass ich mein rot-weißes Stoffbändchen am Armgelenk versteckte, wenn ich unterwegs war. Daran erkannte man uns Jesidinnen nämlich gleich.

»Sobald ein muslimischer Mann in der Nähe ist, begrüße ihn freundlich als Nachbar mit ›Hallo‹ und ›Auf Wiedersehen‹, mehr aber bitte nicht«, legte Mutter mir ans Herz, »lass dich nicht in irgendwelche Gespräche verwickeln.« Wenn ich zur Schule aufbrach, wies sie mich darauf hin, dass ich sicherheitshalber von Fremden keine Getränke oder Speisen annehmen sollte. »Kaufe dir lieber selber etwas oder gehe zu einer Freundin, deren Familie wir gut kennen.« Gerüchten zufolge hatte ein muslimischer Junge einem Mädchen unauffällig K.-o.-Tropfen in ihr Getränk gemischt.

An die Ermahnungen meiner Mutter habe ich mich gehalten. Meine muslimischen Freundinnen fingen zu der Zeit an, dauernd mit ihren Fragen in unserer Religion herumzustochern. Das klang sehr vorwurfsvoll. »Warum habt ihr kein Gotteshaus?« Ich habe versucht zu erklären, dass wir überall draußen unter freiem Himmel beten könnten. Gerne piesackten sie uns auch mit albernen Sprüchen, wie: »Los, sag ›Teufel‹! Sag das! Warum sagst du das nicht?« Weiter ärgerten sie uns: »Ja, aber wenn ihr nicht fünfmal am Tag betet wie wir, kommt ihr nicht ins Paradies, weil ihr euch nicht reinwaschen könnt von euren Sünden.«

Wenn ich entnervt diese Fragen an Mutter weitergereicht habe, hat sie mir schlicht dargelegt: »Solange du nicht stiehlst, jemanden belügst, jemanden tötest oder jemandem schadest, bist du ein guter Mensch, hast ein reines Herz und wirst das bekommen, was du verdienst.« Dafür müsse ich nicht fünfmal am Tag beten. Am nächsten Tag wollten meine muslimischen Freundinnen etwas anderes in Erfahrung bringen: »Warum betet ihr eigentlich der Sonne entgegen, das ist doch nichts Göttliches. Wir Muslime beten direkt zu Gott, und Gott erhört uns. Ihr betet zu einer Sonne, die verschwindet doch irgendwann am Abend.« Mutter beurteilte das folgendermaßen:»Es mag sein, dass die Sonne irgendwann verschwindet, aber dafür geht der Mond auf. Und beides sind Zeichen Gottes für uns.« Uns Jesiden sind Naturphänomene, wie die Gestirne, aber auch Sandstürme und Erdbeben, heilig. Sie gelten als Zeichen der Macht Gottes.

In dieser Art liefen die Diskussionen unter Muslimen und Jesiden immer häufiger ab. Wir selber haben deren Glauben aber nicht infrage gestellt. Bei uns ist vor Gott jeder gleich, und keine Religion ist die einzig wahre. Uns ist es auch nicht erlaubt, andere zu missionieren. Wozu auch? Es gibt ohnehin keine Möglichkeit, zum Jesidentum zu konvertieren. Man kann nur durch Geburt Jeside werden.

In erster Linie ist der Mensch für sein Handeln selbst verantwortlich. Gott hat uns unseren Verstand geschenkt, damit wir eigenständig den richtigen Weg wählen können. Wir glauben an Inkarnation und nicht daran, dass Gott die Menschen im Himmel sortiert:»Du gehst ins Paradies und du nicht …« Nach unserer Betrachtungsweise ist das Leben kreisförmig. Deshalb bezeichnen die Jesiden den Tod nicht als Ende, sondern man drückt das in unserem Dialekt so aus:»Er hat nur sein Kleid gewechselt …« Das bedeutet»Seelenwanderung«.

Der Mensch kehrt ins Leben zurück mit einer anderen Seele. Noch zu Lebzeiten sucht sich ein Jeside auch einen Bruder oder eine Schwester für das Jenseits aus. Diese Geschwister übernehmen dann gegenseitig moralische Verantwortung für ihre Taten. Ich selber habe mir noch keine Schwester für das Jenseits ausgewählt.

Als guter Mensch wird man in einem besseren Zustand wiedergeboren. Als schlechter Mensch, wie ein IS-Kämpfer hingegen, wird man in einem entsprechend niedrigen Status auf die Erde zurückkehren. Vielleicht als Esel oder als Hund, denn Hunde stehen für diese Terroristen auf der untersten Stufe. Sie verkörpern bei ihnen Schmutz und Unreinheit.

BOLLYWOOD LÄSST GRÜSSEN

Heiraten darf man nur in seiner eigenen Kaste. Ein striktes Kastensystem regelt unser Zusammenleben. Das weltliche und religiöse Oberhaupt, der Emir, steht an der Spitze dieser Pyramide, ihm folgen zwei geistliche Kasten, die der »Sheikhs« als Lehrer und die der »Pirs« als Priester. Sie sind der Wegweiser der untersten Kaste, der »Murids«, des einfachen Volkes. Mitglied einer Kaste wird man allein durch Geburt. Keiner kann diese Kaste verlassen. Keiner ist aber besser oder schlechter als der andere. »Jesiden halten zusammen«, hatte Mutter uns von Kindesbeinen an eingetrichtert.

Meine Familie gehört zu den Murids. Als Murid-Mädchen haben wir es möglichst vermieden, mit Jungen aus einer anderen Kaste in Kontakt zu treten, damit sich Gefühle gar nicht erst entwickeln konnten. Zu Menschen aus anderen Kasten herrschten eher geschwisterliche Gefühle. Ich habe nie mitbekommen, dass sich eines unserer Mädchen aus dem Dorf mal in einen Mann aus der falschen Kaste verliebt hätte. Dieses Kastensystem habe ich nicht hinterfragt. Für mich war das kein Problem.

*»(...) Solch eine klare Trennung und die
Unmöglichkeit, zu einer anderen Kaste zu wechseln,
verhindern einen Machtkampf zwischen den Kasten.
Jeder ist sich seines sozialen Status bewusst und hat
keine Möglichkeit, ihn zu ändern.«*
(Jan Kizilhan)

Über mein Bett hatte ich das Poster einer indischen Schauspielerin gepinnt. Abends saßen wir gebannt vor dem Fernseher auf dem Sofa und schmolzen angesichts der indischen Liebesfilme dahin. Bevorzugt schauten wir »Bollywood«-Produktionen an. Hollywood oder amerikanische Filme tauchten in unserem Programm nicht auf.

Klar, auch bei uns im Dorf haben wir die westlichen Einflüsse gespürt. Jeans und Cola waren normal. Doch es ist nicht so, dass wir mit Freunden ausgegangen sind, um in einer Bar oder einem Café etwas zu trinken. Man hat die Leute eher zu sich eingeladen oder besuchte andere zu Hause. Alkohol trinken war nicht verboten, aber wir Frauen ließen meistens von selber die Finger davon. Auch der größte Teil der Männer hielt sich zurück. Wenn aber bei Festen getrunken wurde, gab es vor allem Raki, verdünnt mit Wasser.

Über den Westen wussten wir nicht viel. In der Schule haben wir darüber nichts erfahren. Vielleicht wollten uns die Lehrer nicht auf den falschen Geschmack bringen? Umso besser kannte ich die Strukturen im Irak. Lähmende Bürokratie und übliche Bestechung. Die Jesiden, die nach Saddams Terror als Asylanten in Deutschland anerkannt worden sind, haben sich bei Besuchen in Hardan begeistert gezeigt: »In Deutschland machen sie keine Unterschiede zwischen den Religionen.« Das hat mich angezogen. Eines Tages, so dachte ich mir, wollte ich dieses Land einmal als Touristin bereisen. Dass sich dieser

Wunsch auf ganz andere Weise einmal erfüllen würde, konnte ich nicht ahnen. Meine Sehnsuchtsstadt aber war und bleibt Paris! Damit verknüpfte ich Lebendigkeit, Vielfalt und Freiheit. Das hat sich auch nach dem Terror und den Anschlägen des IS dort nicht geändert.

In den Fernsehnachrichten haben wir zwar mitbekommen, was in der Welt vor sich ging, aber als Heranwachsende habe ich mich für Politik und Ausland nur wenig interessiert. Unser Gesprächsthema Nummer eins war die Sendung »Arab Idol«. Das ist so etwas Ähnliches wie bei euch »Deutschland sucht den Superstar«. Auf dem Pausenhof quatschten wir über unsere Favoriten, auch Kurden haben bei diesem Wettbewerb nämlich mitgesungen. Ansonsten haben wir mit Vorliebe über Lehrer gelästert.

Nach der Schule habe ich mich mit meinen Freundinnen bei uns im Hof zusammengesetzt. Eigentlich wollten wir ungestört sein, aber mein kleiner Bruder war eine furchtbare Nervensäge. Dieser Zwerg wollte ständig bei uns sitzen und unbedingt mit meinen Freundinnen flirten; schließlich hat er sogar beschlossen, eine von ihnen zu heiraten. Die Mädchen haben sich darüber ausgeschüttet vor Lachen. Ich dagegen habe genervt mit den Augen gerollt. Wenn wir ihn abgeschüttelt hatten, blieb endlich Zeit für die wichtigen Dinge des Lebens. Für die Kunst des Schminkens zum Beispiel. Meine Freundinnen sahen umwerfend aus. Pechschwarzes Haar und helle Porzellanhaut. Die großen Augen mit Kajal umrahmt, dazu rot bemalte Lippen.

Ich wollte mich auch gern schminken, aber meine Mutter war der Ansicht:»Du bist von deinen Freundinnen die Schönste mit deinen mandelförmigen Augen – auch ohne Make-up. Lass es!« Ärgerlich betrachtete ich meine mandelförmigen Augen im Spiegel. Es half nichts. Für uns Mädchen blieb die Mutter die wichtigste Bezugsperson. Unsere Mütter hatten uns mit den Worten großgezogen: »Vertraue deine Geheimnisse niemandem an.« Ich hatte zwar eine Lieblingscousine, bei der ich häufig übernachtet habe, aber selbst sie wusste über keines meiner Geheimnisse Bescheid.

Mutter kannte immer noch den besten Rat. Hätte ich mich etwa heimlich verliebt und ohne ihr Wissen einen Mann gewählt, würde ich mir damit bloß selber in den Finger schneiden. Denn was sollte ich tun, wenn mich der Mann am Ende unglücklich machte? Meine Mutter wusste besser, was für mich gut war. Immerhin hatte sie mich großgezogen und nicht der Mann, für den ich schwärmte.

DER IRAK FÄLLT ZUSAMMEN WIE EINE FAULIGE FRUCHT

Seitdem ich denken kann, erinnere ich mich nur an einen von den Amerikanern besetzten Irak. Mit dem Einzug der amerikanischen Truppen im März 2003 ging es den Menschen im Land auf einmal sehr schlecht. Die Amerikaner hatten Bedingungen geschaffen, unter denen diese IS-Milizen überhaupt erst entstehen konnten. So schrecklich es auch unter Saddam Hussein gewesen sein mag, der Irak war vorher nicht so instabil gewesen. Es war ein funktionierendes Land, auch für die religiösen Minderheiten. Gott sei Dank hatte ich selber Saddams Regime nicht mehr miterlebt. Aus diesen Gründen möchte ich nicht beurteilen, ob die Amerikaner schuld daran sind, dass der Irak heute in sich zusammenfällt wie eine faulige Frucht. Viele Jesiden im Ort waren auch der Ansicht, dass die amerikanischen Truppen 2011 zu überstürzt wieder abgezogen seien, dass sie das kriegsverwüstete Land sich selbst überlassen hätten. Seit dem Sturz Husseins besetzten die Schiiten auch zentrale Regierungsstellen und Militärposten im Land. Sie waren nicht bereit zu teilen. Die Sunniten fühlten sich brutal unterdrückt. Der Konflikt kochte hoch.

Mit eigenen Augen habe ich gesehen, wie die amerikanischen Soldaten vereinzelt im Sindschar-Gebirge unterwegs gewesen sind. Mein Onkel hat sogar mit ihnen geredet. Sie waren durchaus freundlich und haben einzelnen Männern die Hand hingestreckt. Meine Mutter aber ist von ihrem harten Urteil nicht abgerückt. »Die Amerikaner sind an allem schuld.« Das hat sie immer wieder gesagt. »Wären die Amerikaner nicht hier im Land, wäre all das nicht passiert.«

Einer guten Freundin von ihr aus Hardan war auf der Straße ein amerikanischer Panzer entgegengekommen. Da die Freundin ihr Auto nicht umgehend angehalten hatte, haben die Amerikaner sofort losgeschossen. Die Frau wurde schwer verletzt. Solche Vorkommnisse geschahen oft im Land.

Die Amerikaner galten als ängstlich und schießwütig. Sie kannten das Land nicht. Sie schossen auf jeden, der ihnen zu nahe kam. Als sie merkten, dass sie eine unschuldige Zivilistin getroffen hatten, haben sie die Schwerverwundete mit dem Hubschrauber ins Krankenhaus transportiert. Sie haben ihr Operation und Nachsorge bezahlt und sogar angeboten, die Verletzte mit ihrer Familie nach Amerika zu bringen, aber sie hat das abgelehnt. Zeitlebens litt Mutters Freundin unter Schmerzen. Sieben Jahre später ist sie gestorben. Ihre Verletzungen in der Brust waren zu schwer.

RECHTSANWÄLTIN OHNE AKTENKOFFER

Gleich nach dem Abitur wollte ich meine Tasche für das Studium packen. Mir gefiel der Gedanke, als Rechtsanwältin andere Benachteiligte, aber auch mich selber verteidigen zu können. Und das nicht mit hilflosen Worten, sondern auf Grundlage der Gesetzestexte. Mein Plan stand fest. Ich wollte in die nächstgrößere kurdische Stadt umziehen und dort wie die anderen Studenten auf dem Campus der Universität leben. Meine Eltern hätten mich sofort ziehen lassen.

Mein Vater hat mich im Spaß gerne geneckt: »Du bist eine Rechtsanwältin ohne Aktenkoffer.« Damit meinte er, dass ich sehr selbstbewusst, sehr frech und sehr von mir überzeugt sei. Nur das wichtigste Rüstzeug zur echten Anwältin fehlte mir eben noch: der Aktenkoffer.

Beim Spinnen meiner Zukunftspläne habe ich mir das Leben meiner Mutter als Beispiel genommen. Das heißt aber nicht, dass ich genauso leben wollte, wie sie es getan hat. Meine Mutter hatte nämlich viel zu früh geheiratet. Sie war erst 12 Jahre alt gewesen. Mein Vater gerade 17 Jahre alt. Mutter wusste noch nicht einmal, was eine Ehe genau bedeutete. Sie hatte ihren Bräutigam vorher nie gesehen.

Mutter hat zwar immer gesagt:»Ich bereue nicht, so früh geheiratet zu haben, denn dein Vater war immer sehr gut zu mir.« Dennoch hat sie uns Töchter ermahnt:»Heiratet ihr lieber nicht so früh.« Sie war ja noch ein Kind, konnte weder kochen noch einen Haushalt führen, noch hat sie von sich selbst irgendetwas verstanden. So plötzlich in die Rolle der Ehefrau hineingezwängt zu werden, das hat sie als extrem schwierige Aufgabe empfunden. Und daraus habe ich meine Lehren gezogen.

Diese arrangierten Ehen gibt es heute Gott sei Dank nicht mehr. Heutzutage lernen sich Mädchen und Jungen erst einmal kennen, bevor sie sich füreinander entscheiden. Zwei Jahre lang stand ich mit einem jungen Mann in Kontakt, um ihn erst rigoros abzulehnen, dann zögerlich und schließlich immer schneller lieb zu gewinnen ...

Kennengelernt habe ich Telim in einem Nachbardorf, etwa eine Fahrstunde von Hardan entfernt. Dort habe ich regelmäßig mit Mutter zusammen unsere Bekannten besucht. Als ich bemerkte, wie dieser junge Mann interessiert in meinem Gesicht forschte, habe ich die Nase gerümpft und ihm meinen Hinterkopf zugedreht. Ich war 15 Jahre alt. Er war Englischstudent und sieben Jahre älter als ich. Bei uns dauert ein Studium nicht so lange wie in Deutschland. In zwei oder drei Jahren wäre er bereits Lehrer gewesen.

Dieser Typ war mir völlig gleichgültig. Er hat mich überhaupt nicht berührt. Allerdings hat er sich sehr beharrlich bei unseren Bekannten nach mir erkundigt.»Wer ist das? Woher kommt sie? Ich würde sie so gerne kennenlernen.« Diese Familie erbarmte sich schließlich und rief abends bei mir an.»Da möchte dich jemand gerne sprechen. Dürfen wir deine Nummer weitergeben?« Da ich prinzipiell ein neugieriger Mensch bin, habe ich mein Einverständnis erteilt. Bei unserem ersten

Telefonat haute ich dem jungen Mann aber erst einmal meine Meinung um die Ohren:»Pass bloß auf, du gefällst mir überhaupt nicht!«Als Jugendliche fühlte ich mich sehr stark. Fast unbesiegbar. Und ich hatte unabhängige Gedanken im Kopf, die mir keiner nehmen konnte. Ich war viel zu selbstbewusst, um ihn meiner für würdig zu befinden.

Das lag nicht an seinem Aussehen. Schwarzes Haar, so klein wie ich, helle Haut, schwarze Augen, sehr schlank. Er war attraktiv, aber um das Äußere ging es mir nicht. Vom Charakter her konnte ich ihn nicht einschätzen, deswegen war ich ihm gegenüber so ablehnend. Telim hat meine Abfuhr aber nicht sonderlich beeindruckt. Mit behutsam gesetzten Worten versuchte er, mich übers Handy für sich zu gewinnen. Ich stieß ihn jedoch fort. Er versuchte es noch einmal und noch einmal mit sanften Worten, und ich versetzte ihm erneut einen Schubser. Telim jedoch wollte so lange kämpfen, bis ich ihm gegenüber wenigstens ein bisschen offener sein würde. Drei Monate lang habe ich ihn danach erst einmal zappeln lassen und kein Wort mehr mit ihm gewechselt.

Als er das nächste Mal anrief, habe ich ihm eisern vorgehalten:»Es tut mir leid, aber du gefällst mir wirklich nicht.« Er lachte darüber.»Ich werde dir schon noch gefallen.« Da sagte ich:»Das glaube ich aber nicht.« Wieder stieß ich ihn weg, diesmal aber etwas weniger ablehnend. Geduldig wartete er ab. Er hat sich wirklich Mühe gegeben, mich um den Finger zu wickeln. Wie er das letztlich geschafft hat? Auf jeden Fall nicht mit Komplimenten oder Schmeicheleien wie:»Du bist die Schönste der Welt.« Schließlich wusste ich selber, dass das nicht stimmte. Damit hätte er mein Herz nicht gewinnen können. Deshalb hat er das auch gleich wieder bleiben lassen.

Erst als ich gemerkt hatte, dass er sich genauso interessiert wie ich an Schule und an Bildung zeigte, habe ich in meinem

Widerstand allmählich nachgegeben. Nach einem halben Jahr habe ich schließlich eingeräumt: »Doch, ich mag dich auch.« Kurze Pause. »Ein bisschen.« Er hat fröhlich gesagt: »Na, siehst du!« Da habe ich das Telefonat sofort beendet, damit er bloß nicht zu überheblich wird.

Beim nächsten Mal hat Telim bereits darüber fantasiert, wie ein Leben zu zweit weitergehen könnte. Über eine Ehe und eine gemeinsame Zukunft. Bei alldem hat er immer wieder hervorgehoben: »Ich werde alles für dich machen. Ich werde dich wie eine Königin behandeln.« Doch ich habe ihm deutlich gemacht: »Ich möchte gar nicht wie eine Königin behandelt werden. Das Einzige, was ich von dir verlange, ist, dass du mich meine Schule beenden und mich dann studieren lässt.« Er stand vollkommen hinter dieser Idee. Gerade, weil noch viel zu wenig jesidische Mädchen bisher diese Chance auf eine gute Bildung ergriffen hatten, fand er meinen Ehrgeiz und Elan umso bewundernswerter.

So ein Kennenlernen zwischen Mann und Frau läuft im Sindschar-Gebiet anders ab als in Deutschland. Bei uns ist es äußerst schwierig, sich zu treffen, ohne dass einen dabei mindestens hundert Augen beobachten. Telim und ich waren uns einzig und allein dieses eine Mal begegnet. Seither standen wir nur noch telefonisch in Kontakt.

Als ich meinen 16. Geburtstag feierte, war meine Schwester Felek schon unter der Haube. Nur Leyla, Kemal und mein ältester Bruder Dilshad waren noch im Haus. Noch öfter als vorher hat Mutter mir gegenüber tadelnd den Zeigefinger erhoben. »Heirate bloß noch nicht! Begehe nicht den gleichen Fehler wie deine Schwester. Sie bereut nämlich jetzt schon, dass sie ihr Studium nicht beendet hat.« Dilshad hingegen hätte sehr gerne geheiratet, aber Mutter war dagegen. »Warte lieber noch. In zwei Jahren bist du reifer dafür.« Dilshad war ein hervorragender Athlet und wollte etwas in Richtung Sport studieren.

Um wenigstens unbeobachtet mit meinem Verehrer telefonieren zu können, habe ich mir ein Schulbuch geschnappt und meine kleinen Geschwister weggeschickt. »Ich muss lernen. Ich brauche absolute Ruhe!« Dann bin ich in den Hof gegangen, habe mir ein schattiges Eckchen gesucht und dort mit ihm telefoniert. Oft hatten wir aber nicht die Möglichkeit zu solchen Gesprächen.

Trotzdem habe ich immer öfter angefangen, an ihn zu denken. Vorher hatte ich nie Schlafprobleme gehabt, aber plötzlich lag ich nachts wach und habe mit offenen Augen geträumt. Je eifriger ich mich bemühte, mich auf meine Hausaufgaben zu konzentrieren, umso mehr schweiften meine Gedanken ab. So gab ich schließlich mit einem Seufzer auf und ertappte mich dabei, wie ich mein Handy hypnotisierte und mir miserabel zumute war, weil es nicht klingelte.

DIE FRAUEN SIND DIE EHRE UND DER STOLZ DER MÄNNER

Ehre und Stolz verkörpern die Frauen, die Töchter, die Schwestern eines Mannes. Die Jungfräulichkeit ist für uns Jesidinnen ein hoher Wert. Sie steht für die Reinheit einer Frau. Und diesen Gedanken an die Unantastbarkeit, dass sich eine Frau unbefleckt und unberührt in eine Ehe begibt und nur mit dem einen auserwählten Mann ihren Körper teilen wird, um mit ihm den Rest des Lebens zu verbringen, finde ich unglaublich schön. Unsere Religion sieht übrigens vor, dass sich auch der Mann bis zur Ehe aufbewahrt.

Der Gedanke, vielleicht später auch mit einem zweiten oder dritten Partner zusammen sein zu wollen, ist für uns Jesidinnen völlig ausgeschlossen. Wir achten sehr auf unser Benehmen. Auf Höflichkeit und Respekt, besonders auch den Älteren gegenüber. Selbst im Umgang mit Cousins oder Onkeln wahrt man Abstand. Man berührt einander nicht vor anderen Leuten, schon gar nicht aus Übermut.

Waren mein Vater oder Dilshad zu Hause, habe ich mir etwas Hochgeschlossenes angezogen. Es hätte mich auch vor meinem Vater verlegen gemacht, wenn meine Bluse nur leicht verrutscht oder mein Ausschnitt zu sehen gewesen wäre. Die

Frauen sind es, die den Ruf der Familie aufrechterhalten müssen, indem sie in ihrem Benehmen über jeden Zweifel erhaben sind.

Meine Eltern haben mir nie gedroht, welche Konsequenzen ein moralisches Fehlverhalten nach sich ziehen würde. Das war auch nicht nötig, denn das verbot sich von selbst. Deshalb weiß ich auch nicht, was man mit so einem Mädchen gemacht hätte. Zwei wichtige Regeln in Bezug auf Hochzeit lernen wir von Kindheit an. Erstens: Der Auserwählte darf nur ein Jeside sein. Zweitens: Nur ein Murid kommt infrage. »Und wenn ein solcher Mann dir nicht besonders gut gefällt, halte dich einfach von ihm fern«, hat Mutter gesagt. In Hardan habe ich es nie erlebt, dass eine Frau sich nicht an diese Regeln gehalten hätte.

Sicher aber ist mir die Geschichte von dem Mädchen Du'a Khalil Aswad aus dem Dorf Baschika nahe Mossul bekannt. Damals wurde unser Volk, nach der Diktatur Saddams, das erste Mal wieder von einer Welle der Gewalt überrollt. Hintergrund war, dass die 17-Jährige einen Muslim heiraten wollte und zum Islam übergetreten war. Ihre Eltern haben das geduldet, aber ihre Onkel und Vettern haben sie dafür zur Strafe gesteinigt. Im Internet gingen Aufnahmen mit ihrer Ermordung herum. Radikale Muslime ernannten sie daraufhin zur »Märtyrer-Schwester« und drohten dafür mit Rache.

Das ist die Geschichte, die verbreitet wird. Wir Jesiden aber kennen eine andere Version. Dieses Mädchen hat vielleicht einmal von der Religion her zu den Jesiden gehört, aber wir betrachteten sie als Araberin. Die Familie dieser jungen Frau hat nämlich nicht mal die Muttersprache der Jesiden gesprochen. Ihre Mörder haben in diesen Internet-Aufzeichnungen »Allahu akbar« gerufen, als sie das Mädchen gesteinigt haben. Deswegen ist unklar, welcher Religion diese Familie eigentlich angehörte.

Die Folgen allerdings waren schrecklich für unsere Landsleute. Im April 2007 haben sunnitische Extremisten ihre Androhung wahr gemacht und 23 Jesiden erschossen, die auf der Heimfahrt von der Arbeit in einem Bus saßen. Im August töteten zwei Selbstmordattentäter mithilfe von mit Sprengstoff beladenen Lkws mehr als 400 Menschen in jesidischen Dörfern westlich von Mossul.

Ich kann mir nicht vorstellen, dass in meinem Dorf oder in meinem näheren Umfeld so etwas wie eine Steinigung denkbar wäre. So ein brutales Töten gibt es bei uns nicht. Wenn ein Mädchen meint, sie möchte einem anderen Glauben folgen, so soll sie gehen und nicht mehr wiederkommen. Man wird sie nicht länger als Familienmitglied zählen. Sie wird auch keine Jesidin mehr sein. Der Ausschluss aus unserer Gesellschaft ist die höchste Strafe. Das Mädchen wird von der Familie verstoßen, aber sicher wird sie nicht getötet. Diejenigen unserer Frauen, die sich gegen eine Beziehung mit einem Jesiden entscheiden, leiden bestimmt nach einiger Zeit an Heimweh und wollen zurück – doch zurück geht es dann nicht mehr.

Eine Frau muss bestens abwägen, welchen Mann sie auswählt. Sich einfach wieder scheiden zu lassen? Das sehen die deutschen Jesiden bestimmt lockerer als wir im Nordirak. Für mich persönlich wäre das undenkbar. Selbst wenn mich ein Ehemann schlecht behandelte, würde ich mich nicht von ihm trennen. Ich würde ihm bis zum Ende seiner Tage die Treue halten, weil ich das beim Ehegelöbnis so versprochen habe. Wenn er mich aber nicht mehr mag, soll er selber die Entscheidung treffen und die Ehe wieder lösen. In unserem Dorf Hardan habe ich keine Scheidungen erlebt. Die Paare halten zusammen, bis der Tod Frau und Mann wieder voneinander trennt.

In aller Stille habe ich mir manchmal schon meine Hochzeit ausgemalt. Wie ich wohl im langen, weißen Kleid aussehen

würde? Geschminkt mit roten Lippen und Kajal um die mandelförmigen Augen. Zuerst aber müssten der Vater und das
Oberhaupt aus dem Ort des Bräutigams meine Familie aufsuchen und um meine Hand anhalten. Vater würde daraufhin
klarstellen:»Das Schicksal meiner Tochter liegt in ihrer eigenen Hand. Wie sie sich entscheidet, überlasse ich allein ihr.
Aber wenn sie am Ende unglücklich ist, braucht sie nicht zu
mir zurückzukommen.« Es ist jedem Mädchen bewusst, dass
es mit seiner Entscheidung leben muss.

Vor der Hochzeit wird die Braut aus dem Haus ihrer Familie abgeholt, um zu demonstrieren:»Du musst deine Eltern nun
verlassen, du gehörst fortan zu uns.« Dabei fließen viele Tränen bei den Frauen. Nach der Zeremonie begibt sich das frisch
getraute Paar in der Regel in das Elternhaus des Mannes. In der
folgenden Hochzeitsnacht verliert das Mädchen seine Jungfräulichkeit. Morgens kommt die Schwiegermutter kurz herein
und prüft das Laken auf Blutspuren hin. Wie genau das alles
vor sich geht? Davon hatte ich keinen blassen Schimmer. Keiner hat uns über Sexualität aufgeklärt. Das war ein Tabu.

Auf jeden Fall wollte ich mir mit Telim hundertprozentig
sicher sein. War er überhaupt mein Typ? Hatten wir dieselben
Pläne? Bis dahin musste ich meine Gefühle noch verbergen und
zahlreiche durchgrübelte Nachmittage und Nächte auf mich
nehmen, ohne mit jemandem meine Sorgen zu teilen. Erst dann
plante ich, Mutter von ihm zu erzählen. Nur nicht unnötig die
Pferde scheu machen …

DER ÜBERFALL:
August 2014

DIE BEDROHUNG NICHT ERKANNT

Seit 2013 stand das Sindschar-Gebiet, das zur Autonomen Region Kurdistans zählt, unter dem Schutz der Peschmerga-Soldaten. Über alle Dörfer verteilt, hatten sie ihre Stützpunkte aufgebaut. In ihren Tarnuniformen, die Gewehre umgeschnallt, haben sie über uns gewacht. Die Peschmerga hatten uns beteuert: »Wir garantieren für eure Sicherheit.« Dasselbe hatten auch die arabischen Nachbarn den Kurden zugesichert. Und zu den Kurden, egal ob jesidisch oder muslimisch, zählten nun mal auch wir. Wir hatten diesen Versprechen geglaubt. Nur deshalb sind wir im Sindschar-Gebiet geblieben.

Wir fühlten uns sicher, denn die Peschmerga-Truppen patrouillierten wie Polizisten um unser Dorf herum. Vater behielt jedoch trotz allem seinen düsteren Blick auf die Geschehnisse. »Es ist nicht mehr die Frage, ob ein Krieg kommt, sondern nur noch, wann er kommt.« Dass die ISIS-Kämpfer aber so schnell und so tief ins Land vordringen könnten, damit hatte selbst er nicht gerechnet. Nur einzelne Mahner hatten das Unglück vorausgesehen. Doch denen haben die anderen entgegengehalten: »Sollen sie ruhig kommen, wir haben doch unsere Peschmerga.«

In Hardan haben wir ziemlich isoliert vom Rest der Welt gelebt. Die Auseinandersetzungen zwischen Sunniten und Schiiten ist mir aber trotzdem nicht entgangen. Jedem war bekannt, dass sich die sunnitische Minderheit von der schiitisch beherrschten Regierung Nuri al-Maliki an den Rand gedrängt fühlte.

Offensichtlich betrachtet sich ein Teil dieser sunnitischen Gemeinde jedoch als die einzig wahren Muslime, weil sie Allah anbeten und Mohammed verehren. Sie hassen alle, die einen anderen Glauben haben. Zwar gibt es zwischen der schiitischen und der sunnitischen Glaubensausrichtung nur wenige Unterschiede, aber Schiiten gelten trotzdem in den Augen der Sunniten als Ketzer. Ihre Moscheen und Grabmäler werden von der sunnitischen Terrormiliz des IS pulverisiert.

Alle anderen, die wie die Christen zu einem Jesus beten oder wie die Jesiden einen Gottes-Engel namens Taus-i Melek als Vertreter Gottes oder wie die Schiiten einen Ali und Hussein verehren, sind für sie Ungläubige. Christen bezeichnen sie als »ungläubige Kreuzritter«.

»Nach Ansicht der IS-Anhänger sind Jesiden schlimmer als die Menschen, die ein Heiliges Buch besitzen, wie Christen und Juden. Diese können sich der Sklaverei durch die Zahlung einer monatlichen Abgabe entziehen. Jesiden dagegen ist es nicht möglich, sich mit einer Geldzahlung vom Gefängnis freizukaufen.«
(Jan Kizilhan)

Den Bürgerkrieg in Syrien verfolgten meine Eltern und Verwandten angespannt. Wie Baschar al-Assad sein eigenes Volk mit Fassbomben und Chemiewaffen vernichtete. Wie die einzelnen Parteien, die aufeinander losgingen, immer unübersichtlicher wurden. Wir ahnten nicht, wie verheerend diese Folgen waren. Wir sahen nicht voraus, dass sich die kleine radikale Gruppe irakischer Aufständischer, die dort mitmischte, immer weiter ausbreitete wie eine ansteckende Krankheit. Anfangs war es diesen Dschihadisten ja selbst in Syrien schwergefallen, an Bedeutung zu gewinnen. Dort aber waren sie an Waffen gelangt, die eigentlich für die Freiheitskämpfer bestimmt waren. Zügig marschierten sie zurück in den Irak und eroberten im Juni 2014 Mossul. Der dortige Provinzgouverneur musste machtlos mit ansehen, wie die zweitgrößte Stadt im Irak in nur wenigen Stunden nahezu kampflos gefallen ist. Einige Menschen bejubelten sogar den Einzug der Terroristen, die Süßigkeiten ans Volk verteilten. Diejenigen, die geklatscht haben, sahen die korrupte Regierung anscheinend als schlimmeres Übel an.

In Mossul ist den sunnitischen Kämpfern die militärische Ausrüstung, die die Amerikaner bei ihrem Abzug zurückgelassen hatten, in die Hände gefallen: Jeeps, Panzer, Kanonen, Munition ... Dazu das Gold aus den Banken. Seitdem ist ein Monster herangereift, das mit seiner Gewalt die ganze freie Welt ersticken möchte.

Ich selber habe den Namen ISIS zum ersten Mal gehört, als diese Mörder in Hardan eingezogen sind. Mit dem Kürzel konnte bei uns bis zu diesem Zeitpunkt noch keiner etwas anfangen. Die Buchstaben standen für »Islamischer Staat im Irak und in Syrien«. Als sie im Juni 2014 ihr Ziel in Syrien und im Irak erreicht hatten, nannten sie sich nur noch IS, um zu zeigen, dass sie ab sofort ihren sogenannten Islamischen Staat auf der ganzen Welt errichten wollten. Da ich diesen Anspruch nicht für berechtigt halte, nenne ich sie mal ISIS oder mal IS. Diese »Daesh«, das ist die arabische Abkürzung für ISIS, wün-

80

schen sich zurück ins Mittelalter. Für sie ist dies das Goldene Zeitalter. Der Höhepunkt ihrer Macht. Für uns ist das die Finsternis.

»Tatsache ist, dass diese Täter der Vision des ›Ur-Islams‹ um 622 nach Christus folgen. Damit wird auch ihre patriarchalische Struktur, in der normalerweise der Vater das Familienoberhaupt ist, auf den Kopf gestellt. Die Terrororganisation und ihre Mitglieder übernehmen diese Rolle in der Gesellschaft und bestimmen, wie die Familie fortan zu leben und zu denken hat. Nicht der Vater, sondern der junge Terrorist, der bereit ist, im Krieg zu sterben, ist das neue Vorbild.«
(Jan Kizilhan)

Und wir? Wir hatten doch unsere Peschmerga. Der Präsident der Autonomen Region Kurdistans, Masoud Barsani, meinte überdies, dass wir Kurden uns nicht in die Kämpfe zwischen Sunniten und Schiiten einmischen wollten. »Das ist nicht unser Krieg«, hatte er die Lage eingeschätzt. Zudem handelte es sich doch nur um einige Tausend ISIS-Kämpfer, denen hochgerüstete Soldaten gegenüberstanden.

Die Hoffnung, dass sich in unserem Land etwas wie Demokratie entwickeln und die verschiedenen religiösen Gruppen friedlich zusammenleben könnten, hat sich an einem einzigen Tag zerschlagen. Denn alles, was nicht sunnitisch ist, ist für diese Terrormilizen nicht-muslimisch. Also falsch. Deswegen beschimpfen sie uns und schlachten uns ab.

DIE SOLDATEN DER PESCHMERGA RENNEN WEG

Am 3. August 2014, um 6:50 Uhr, war mit einem Schlag alle Normalität für uns nur noch Erinnerung. Pläne hatte ich für diesen Tag noch nicht. Es stand nur fest, dass ich mit Telim telefonieren wollte. Ich freute mich schon darauf. Wir hatten bis dahin nicht mitbekommen, dass die ISIS-Kämpfer Stück für Stück immer näher auf Hardan vorrückten.

Felek war über Nacht bei uns zu Besuch gewesen. Morgens saßen wir zusammen am Frühstückstisch, ich habe gerade meinen Joghurt gelöffelt, als mein ältester Bruder ins Haus gestürmt kam. »Passt auf! Die ISIS kommt, und die Peschmerga sind alle weg.« Dilshad war furchtbar aufgeregt und sprach zwischen heftigen Atemstößen. »Wer hier unter unseren Leuten noch die Uniform eines Peschmergas findet, soll sie sofort verbrennen!« Da erst wurde mir bewusst, dass die Peschmerga über alle Berge waren. Zu diesen kurdischen Soldaten hatte ich bis zu dieser Stunde ehrfürchtig aufgeblickt. Sie hatten versprochen, uns Jesiden zu beschützen, so wie Eltern ihre Kinder. Sie waren Kurden wie wir und hatten als Muslime unserer Religion viel Respekt entgegengebracht.

»Peschmerga« heißt übersetzt so viel wie »die dem Tod ins

Auge Sehenden«. Für uns war das der Inbegriff der Heimatverbundenheit. Jeden Abend hatten wir die Uniformierten auf den Straßen im Ort herumlaufen gesehen, sie waren Gäste in unseren Häusern, doch plötzlich waren all ihre Stützpunkte wie leer gefegt. Keiner hat noch länger unser Dorf geschützt. An dem Morgen, als uns die Terroristen angegriffen haben, waren sie längst weggerannt. Wahrscheinlich aus Angst um ihr eigenes Leben. Vielleicht waren sie aber auch nicht gut genug ausgerüstet gewesen.

Der Chef der christlichen Partei Kurdistans, Dschunadan Kanna, soll später über sie gespottet haben: »IS-Kämpfer geben ihr Leben dafür, um mit dem Propheten Mohammed zu Mittag zu essen. Die Peschmerga-Kämpfer aber geben ihr Leben dafür, um mit ihren Frauen und Kindern zu Abend zu essen.« Hinterher habe ich gehört, dass in anderen Städten wie Makhmur und Kirkuk die Peschmerga-Kommandeure sogar das Flehen vieler Bewohner ignoriert hatten, ihnen Waffen zu überlassen, damit sie sich selbst gegen die Dschihadisten verteidigen könnten.

Diese Angst der Menschen hat den ISIS-Kämpfern zu zahlreichen Siegen verholfen. Barsani soll gedroht haben, diejenigen Peschmerga zu töten, die sich seinem Befehl verweigert hatten, die Jesiden zu beschützen. Verschwörungstheorien machten die Runde, dass sich die muslimischen Peschmerga mit den IS-Kämpfern abgesprochen hätten. Doch das glaube ich nicht. Ich glaube, dass sie einfach um ihr Leben gerannt sind. Diesen radikalen Dschihadisten ging es nicht nur um das Töten. Sie wollten sich gegenseitig in ihrer Bestialität überbieten, um die Menschen einzuschüchtern, und sie hatten damit Erfolg. Es gibt auch Stimmen, die Barsanis Neffen die Schuld gaben, weil die Führung jenes Verbandes der Peschmerga in seiner Hand gelegen war. Sein Name stand für die Korruption in Kurdistan. In diesem ganzen Chaos weiß man manchmal nicht mehr, auf wen man noch hören soll.

Wir hatten nicht mitbekommen, wann unsere Beschützer verschwunden waren, ob um Mitternacht oder erst zu Sonnenaufgang. Es hatte kein Voranzeichen dafür gegeben. Wenigstens hätten sie uns warnen können. Die Einzigen, die noch einen Teil dieser Peschmerga zu Gesicht bekamen, waren die Jesiden, denen die Flucht in die Berge gelungen war. Unter sie hatten sich auch die kurdischen Soldaten gemischt.

Wo auch immer die schwarze Flagge, das Erkennungszeichen der ISIS, gehisst wird, beginnt der Albtraum der Bevölkerung.

DER ÜBERFALL

Um 7 Uhr morgens sind sie bei uns aufgetaucht. Ein Konvoi weißer Pick-ups und beiger Jeeps, vermutlich ehemalige Geländewagen der Amerikaner, rollte in unser Dorf hinein, hinter sich eine Staubwolke herziehend. Wir steckten noch in unseren Nachthemden. Vater war beruflich hoch im Norden Kurdistans unterwegs. Das hat ihm das Leben gerettet.

Natürlich haben wir sofort erkannt, dass es sich um eine Invasion handelte, aber wir haben das trotzdem nicht richtig einordnen können. Mutter wiegte nachdenklich den Kopf hin und her. »Es wird schon nichts Schlimmeres geschehen.« Wir waren schließlich keine Schiiten, die sie hassten. Wir waren nur Jesiden, über die sie die Kontrolle haben wollten.

Hastig haben wir unsere langen Kleider über die Schlafsachen gestreift. So sind wir auf die Straße gelaufen und haben die einfahrenden Kämpfer angestarrt. Sie schwenkten ihre schwarzen Fahnen mit der weißen arabischen Aufschrift in der Luft.

Die ersten Gesichter aus den an uns vorbeifahrenden Fahrzeugen waren uns bestens bekannt. Egal ob Handwerker, Lehrer oder Ärzte, alle unserer arabischen Nachbarn schienen sich offenbar der »ISIS« angeschlossen zu haben. Sie hatten sich sogar deren Gewänder angezogen. Die typischen fast knielangen Hemden und weiten Hosen, die ihre Fußknöchel frei ließen. Kemal sind vor Staunen fast die Augen aus dem Kopf gekugelt. Mutter atmete laut hörbar und sichtlich erleichtert auf. »Wenn unsere Freunde dabei sind, kann uns ja gar nichts passieren.« Hinter ihnen aber folgten uns unbekannte Männer. Ungeniert haben sie uns Mädchen und Frauen von oben bis unten gemustert und dabei ständig so dreckig gelacht. Ihr Anblick löste Ekel und Angst bei uns aus, auch weil ihre Bärte so lang und ungepflegt waren. Stehenden Fußes sind wir Frauen, Mädchen und Kinder wieder hinter die schützenden Mauern unserer Häuser geflüchtet. Keine Frau ist danach noch vor die Tür getreten.

Unterdessen beteuerten unsere Nachbarn über ihre Lautsprecher, dass wir Dorfbewohner nichts zu fürchten hätten, solange wir uns ruhig verhielten. »Wir sind alle Schwestern und Brüder ...« Dabei fuhren sie langsam mit einem Wagen im Dorf auf und ab und sprachen abwechselnd muslimische Gebete. Ihre Sprache war uns vertraut. Schließlich hatten wir sie beim Spielen mit unseren arabischen Freunden gelernt. Wir glaubten ihren Worten. Nur meine neunjährige Schwester Leyla war schlauer. Sie hat umgehend alle ihre Lieblingskleider in eine Tasche eingepackt. »Ich lass das nicht hier, bei diesen Männern. Das sind meine Sachen.«

Im nächsten Moment hat mein Handy geklingelt. Es war Telim. Er klang sehr atemlos. Die ISIS-Anhänger seien bei ihm im Dorf eingefallen. Sie hätten ihnen vorgemacht: »Wir wollen euch nichts tun.« Mein Freund redete ohne Pause und ohne Luft zu holen. Ihm und seiner Familie sei es gelungen, in die Berge zu entkommen. »Die lügen euch an! Die töten die Männer und nehmen sich die Frauen und Mädchen. Lauft weg! Die sind auf dem Weg zu euch! Bitte, lauft weg!« Genauso abrupt, wie das Gespräch begonnen hatte, endete es auch wieder. Irritiert lauschte ich dem Tuten noch eine Weile nach. Aber das da draußen waren doch unsere Nachbarn? Wir waren so blind. Wir haben die Gefahr nicht erkannt.

Einige unserer Männer aus dem Dorf versammelten sich an der Schule und diskutierten dort lebhaft mit unseren arabischen Bekannten. Die Männer, die sich dem IS angeschlossen hatten, waren bemüht, die Wogen zu glätten. »Wir übernehmen hier nur die Führung, ihr braucht euch keine Sorgen zu machen. Nehmt erst einmal eure kurdischen und irakischen Flaggen weg!« Sie setzten ihnen auseinander, dass alle Jesiden demnächst zum Islam konvertieren sollten. »Dann passiert euch, euren Frauen und Kindern nichts.« Sie haben ihnen auch versichert: »Wenn die Verstärkung der ISIS hier eintrifft, dann werden wir ihnen sagen: ›Ihr seid jetzt alle Muslime.‹ Und da ihr ja unsere Freunde seid, werden sie euch kein Haar krümmen.« In der Hoffnung, sich noch am selben Abend in die Berge absetzen zu können, haben unsere Männer in dieses falsche Spiel eingewilligt: »Gut, wir werden konvertieren.«

Unsere bunten Fahnen verschwanden vom Himmel. Das Grün darin steht für Glück und Natur. Das Rot für die Blutopfer der im ständigen Überlebenskampf getöteten Jesiden. Das Gelb für die Sonne. Das Emblem in der Mitte zeigte den Engel-Pfau Taus-i Melek, der zwischen Gott und den Jesiden vermittelt. Die schwarzen Fahnen zogen sie hoch.

Diese ISIS-Milizen haben sich sehr selbstbewusst und sicher gefühlt. Besonders, nachdem sie bemerkt hatten, dass die Peschmerga längst das Weite gesucht hatten. Vom irakischen Militär hatten sie sowieso nichts zu fürchten. Die Regierung war zerstritten, die irakischen Soldaten wechselten mit fliegenden Fahnen die Seiten oder machten sich rechtzeitig aus dem Staub. Nach all den Jahren der Kriege und Kämpfe existierte keine schlagkräftige Armee mehr.

Unsere Männer kehrten wieder in ihre Häuser zurück, um die Familien über das Vorhaben dieser Eindringlinge zu informieren. Dilshad tobte. »Lieber sterbe ich, als zum Islam zu konvertieren.« Dieser Stolz war so typisch für ihn. Da aber die älteren Männer auf unsere Frauen mäßigend einwirkten: »Nein, die wollen euch nichts tun«, glaubten wir ihren Worten.

Wenn Mutter nicht gerade das Handy am Ohr hatte und sich mit Vater oder Verwandten abstimmte, bemühte sie sich, möglichst gelassen zu wirken und sogar so etwas wie unseren Alltag weiterzuführen. Wir sollten uns umziehen und aufräumen. Sie hat geputzt und gekocht. Mittags hat Mutter uns aufgefordert, zu Tisch zu kommen und zu essen. Es gab Frischkäse und Joghurt, Fladenbrot und Wasser. Meine kleine Schwester und mein kleiner Bruder haben brav gehorcht. Mein großer Bruder aber hat keinen Bissen hinuntergebracht. Er ist aufgesprungen. »Wenn wir jetzt nicht fliehen, werden sie uns töten! Ich werde mich jetzt aufs Fahrrad setzen ...«

Mit großer Ruhe, aber auch mit einer gewissen Schärfe in der Stimme hat Mutter ihn gebeten, sich wieder hinzusetzen. Da Vater nicht zu Hause war, hat sie von ihrem 18-jährigen Sohn ein verantwortungsvolles Verhalten eingefordert. Dilshad war nun unser Beschützer. »Wo willst du denn jetzt noch hin? Wir sind umzingelt«, hat sie ihm die Situation aufgezeigt, »wenn wir fliehen, dann alle zusammen.« Vielleicht wäre es besser gewesen, Dilshad auf sein Fahrrad steigen zu lassen. Vielleicht hätte er dann noch eine größere Chance gehabt ...

FLUCHTPLÄNE

Eine gleißende Sonne lag über der Ebene und brannte unbarmherzig. Die meiste Zeit über kauerte ich in einer Ecke des Sofas und wagte nicht mal, einen Blick aus dem Fenster zu werfen, damit ich diese hässlichen Gesichter da draußen nicht sehen musste. Nervös zupfte ich an meinem Kleid herum. Mutter hat Kemal und Leyla verboten hinauszugehen. Auch als mein kleiner Bruder quengelte.»Du bleibst hier!« Das sagte sie lauter als sonst.

Felek rührte sich kaum vom Stuhl. Dilshad tigerte wie ein eingesperrtes Tier hin und her. Die Spannung in der Luft war mit Händen zu greifen. Als Leyla anfing zu weinen, habe ich nicht einmal versucht, sie zu trösten. Ich hatte selber so große Angst. Mutter hat dauernd auf uns eingeredet.»Ihr braucht euch nicht zu fürchten, euch passiert nichts.« Sie bemühte sich, möglichst normal zu wirken, aber wir haben alle gemerkt, dass sie selber Angst hatte.

Mein großer Bruder war sehr aufgebracht.»Die sind nicht aus Freundlichkeit hier oder um Brüderlichkeiten mit uns auszutauschen, die wollen uns alle umbringen. Und wir sitzen hier und essen ganz gesellig zusammen, oder wie?«Ich fühlte Mutters strafenden Blick zu Dilshad hin, obwohl ich in dem Moment auf meinen Teller starrte. Mutter beharrte darauf. »Nein, wir glauben an das Beste. Wir werden trotzdem alle beisammensitzen und essen.« Fast trotzig hat sie hinterhergeschoben. »Ich glaube nicht, dass die ISIS uns mitnehmen wird. Wozu auch?«

Nachdem wir das Geschirr abgeräumt hatten, führte Mutter weiter ein Telefongespräch nach dem anderen. Zwischenzeitlich hatten ihr Leute aus anderen Nachbardörfern bestätigt, dass die Dschihadisten in jedem Dorf Frauen und Mädchen mit sich genommen hatten. Unverzüglich hat sie Vater verständigt. »Wir werden versuchen zu fliehen. Wann wir bei dir sein werden, kann ich schlecht einschätzen.« Vater hat ihr den Rücken gestärkt und versucht, sie zu beruhigen. »Gut, sagt mir, wo ihr genau seid, damit ich kommen und euch holen kann.« Danach ist Mutter, genau wie Dilshad, hektisch und fahrig geworden.

Heimlich haben die Dorfbewohner miteinander kommuniziert. Dilshad und meine Mutter sind über eine Leiter auf unser Flachdach und an der Satellitenschüssel vorbei zum Onkel ins Haus hinübergestiegen. In fliegender Hast bereitete der Onkel alles für den Aufbruch vor. Um mich draußen besser zu verdecken, habe ich trotz der Hitze über mein weißes T-Shirt und den schwarzen Rock noch ein langes Kleid gezogen. Es hatte weit über 40 Grad.

Gegen 16 Uhr haben die IS-Kämpfer unserem Oberhaupt im Dorf die Nachricht überbracht: »Wir werden euch nichts tun, solange jeder Vater uns um 18 Uhr seine Töchter herausgibt.« In zwei Stunden wollten sie die Mädchen aus den Häusern abholen. Wie ein Lauffeuer hat sich das verbreitet. Unser Oberhaupt hat die Leute auch selber angerufen: »Nehmt eure Töchter, versucht zu rennen! Sie werden sonst eure Töchter und Frauen mitnehmen!« Die Nachricht flog von Haus zu Haus, von Mund zu Mund. Und dann ist das Chaos ausgebrochen.

Die Leute sind hinaus auf die Straße zu ihren Autos gestürzt. Als Mutter das beobachtete, informierte sie sogleich Vater darüber. »Wenn ihr jetzt nicht flieht, seid ihr dran!«, machte er Druck. Über das Dach ist Dilshad erneut zum Onkel hinübergeklettert und hat ihm noch von oben zugerufen: »Wir müssen jetzt weg! Jetzt sofort!«

Alle Dorfbewohner waren in Aufruhr. Mutter schrie: »Wenn ich auch meine Töchter auf Knien bitten muss zu fliehen. Wenn es auch noch so sehr schmerzt, sie werden keine meiner Töchter in ihre Hände bekommen!« Das halbe Dorf hat versucht, die Straße in Richtung Dohuk zu nehmen. Ich spürte, wie mir das Blut in den Kopf schoss, und wollte nur noch mein Handy retten, damit wir Vater jederzeit erreichen könnten. Nicht mal unsere Pässe haben wir mitgenommen. Nichts. Nur unsere Jüngste hatte ihre Tasche bereits am frühen Morgen gepackt.

Die ersten Autos sind an uns vorbeigerast. Schulter an Schulter haben wir uns durch das offene Tor hinausgedrängt. In den nächsten Sekunden wollte der Onkel mit laufendem Motor vorfahren. Dahinter würden zwei weitere Autos mit unseren Verwandten folgen. »Los!« Mit einem Aufschrei hat Mutter Felek, Leyla und mich auf die Rückbank zu Tante und Cousine hineingeschoben. Ins Auto hinter uns sprangen Kemal und Dilshad. Kurz atmete ich durch. Keiner ahnte, wie sinnlos dieser Versuch war. Hinter uns hörten wir vereinzelte Rufe der ISIS-Kämpfer: »Haltet sie auf!« Die Mehrzahl unter ihnen aber wirkte seltsam ungerührt. Sie wussten scheinbar genau, dass wir ohnehin nicht weit kommen würden. An diesem Tag im August hatte die ISIS systematisch sämtliche Dörfer im Sindschar-Gebiet mitsamt der 40 000-Einwohner-Hauptstadt Sindschar eingenommen. Ich war 17 Jahre alt.

MÄNNER UND FRAUEN
WERDEN GETRENNT

Mein Onkel drückte so fest auf das Gaspedal, dass ich fürchtete, unser Wagen würde sich jeden Moment überschlagen. Kaum aber hatten wir das Dorf hinter uns gelassen, erkannten wir in der Ferne einen neuen Konvoi mit Jeeps und Transportern. Die Mörderbande donnerte uns aus Richtung Syrien entgegen. Wir saßen in der Falle.

Mit zittrigen Händen hat mein Onkel vom Handy aus die hinter uns folgenden Autofahrer gewarnt. »Schnell, findet einen anderen Weg. Sie sind vor uns.« Die meisten Dorfbewohner haben ihre Fahrzeuge einfach stehen gelassen und sind losgerannt. Mitten hinein in die Wüste. Auf die Berge zu. IS-Kämpfer jagten in ihren Jeeps hinter ihnen her und feuerten Maschinengewehrsalven auf sie ab. Wer es von unseren Leuten mit heiler Haut bis auf die Gipfel geschafft hatte und sich auf der anderen Seite wieder ins vermeintlich sichere Tal in die kurdischen Regionen des Nordirak hinabwagte, lief erneut direkt Raketen, Mörsern und Maschinengewehrsalven der ISIS entgegen. Die Menschen waren eingekesselt. Wer aber oben blieb, verdurstete oder verhungerte. Die Flüchtlinge konnten weder vor noch zurück.

Wie gelähmt saßen wir auf der Rückbank und sahen die
Jeeps immer näher kommen.

»Durch den Angriff des IS im August 2014
in den jesidischen Gebieten um Sindschar wurden
7000 Jesiden getötet. Fast alle Entführten sind
Frauen und Kinder. Jesidische Männer wurden von
den IS-Kämpfern oft sofort ermordet.«
(Jan Kizilhan)

Vielleicht, so war unsere Hoffnung, würden die Entgegenkom-
menden uns auch durchwinken. Sie wollten doch nur unser
Land und nicht die Menschen dazu. Stattdessen haben sie uns
den Weg abgeschnitten. Mein erstes Gefühl war panische
Angst. »Nur weg!« Mein zweites Gefühl war: »Das kann nicht
wahr sein.« Ich habe Mutter gefragt: »Träume ich gerade oder
ist das die Wirklichkeit?« Mutter redete wie zu sich selber.
»Das ist die Wirklichkeit, und wir sind alle am Ende.« Sie hat
auf ihre Hände geblickt und geflüstert: »Die werden euch mir
wegnehmen ...« Schwarz Maskierte haben uns angehalten.
Nur Augen und Münder waren durch Schlitze zu sehen. »Alle
aussteigen!«, kommandierten sie. Dass diese IS-Kämpfer
schwer bewaffnet waren, bemerkte ich erst jetzt. Sturmgeweh-
re hingen über ihren Schultern. Ich wagte kaum zu atmen. Wir
sollten uns auf der Straße versammeln.

»Wer von den Männern war beim irakischen Militär?«,
schnauzte einer der Uniformierten. Keiner hat einen Laut von
sich gegeben. »Wer gehörte zu den Peschmerga?« Stille. Tiefe
Stille, so lautlos, dass ich meinem eigenen Atem zuhörte. Da
fingen diese Typen an, uns zu beleidigen: »Und ihr wollt jesidische Männer sein? Feiglinge seid ihr! Warum sagt ihr denn
plötzlich nichts mehr?«

Routiniert fingen sie an, die jesidischen Männer von den Frauen zu trennen. Kleine Jungen, wie Kemal, schickten sie in unsere Richtung. Die Männer haben sie gezwungen, sich im Schneidersitz auf den Boden zu kauern oder sich hinzuknien. »Nein! Trennt uns nicht von unseren Männern und Söhnen!« In ihrem Entsetzen haben Kinder wie Mütter angefangen zu schreien. Um uns zu beruhigen, haben sie uns getäuscht: »Sobald eure Männer zum Islam konvertiert sind, dürfen sie ihre Familien wieder zu sich holen. Sie bekommen dann sogar ein Haus von uns gestellt.«

Wir waren etwa 300 Frauen, Mädchen und Jungen. Grüppchenweise hat man uns hinten auf die Transporter verteilt. »Du gehst da lang, du da lang …« Das ging »zack, zack«. Felek haben sie in einen anderen Wagen gesteckt, wahrscheinlich zu den bereits verheirateten Frauen. Zutiefst erschrocken hielt ich mich an Mutters Arm fest. Kemal und Leyla blickten mit großen verängstigten Augen abwechselnd zu Mutter und mir. Schützend legte Mutter ihren Arm um die Kleinen herum.

»Nächster«, kommandierte ein IS-Kämpfer. Und der nächste Wagen rollte vor. Bevor wir einstiegen, haben wir noch einmal Blickkontakt zu Dilshad gesucht. Doch er hat uns den Rücken zugekehrt. Er wollte nicht, dass wir die Angst in seinen Augen sahen.

FAHRT NACH NIRGENDWO

Im Transporter pressten sich Frauen und Kinder eng aneinander. Solange noch eine kleine Lücke übrig war, hieß es: »Rein mit euch!« Zuletzt kletterte zu unserer Bewachung noch ein Maskierter mit auf die Ladefläche hoch. Es war dunkel. Wir konnten nichts erkennen. Wir haben kaum geredet. Wir wussten nicht, wohin es ging. Es gab keine Frau, die nicht geweint hätte. Zwischen dem Schluchzen hörte man nur abgebrochene Sätze wie »Unser Leben ist zerstört« oder »Wir haben keine Zukunft mehr«.

Die ganze Zeit über hielt ich mich an Mutters Oberarm fest, während Leyla und Kemal sich an ihre Hüfte gekrallt haben. Immer wieder aufs Neue hat Mutter mir zugeraunt: »Solange du bei mir bist, ist alles gut. Solange du bei mir bist, ist alles gut …« Aber in ihrer Stimme lag so eine bleierne Schwere, dass die Worte wirkten, als habe sie gesagt: »Alles ist aus. Alles ist aus …« Die ganze Fahrt über hat sie das wiederholt.

Nach etwa anderthalb Stunden gab der Motor seinen Geist auf. »Aussteigen!«, bellte jemand. Verängstigt drängten wir Frauen uns nah am Straßenrand zusammen. Es war sehr windig, der Sand blies uns in die Augen. Wir haben nichts gesehen außer den ISIS-Kämpfern um uns herum. Nach einer Weile aber ließ der Wind ein wenig nach, und eine der Frauen rief: »Wir sind in Tal Afar!«

Diese Großstadt liegt im Nordwesten, strategisch günstig an der Schnellstraße, die Mossul mit der syrischen Grenze verbindet. Einmal war ich bereits in Tal Afar gewesen, um dort meinen Pass zu beantragen. Die meisten ihrer 200 000 Einwohner waren Turkmenen, der andere größere Teil Schiiten. Im Juni hatte die Terrormiliz sich auch diese Stadt einverleibt und zu einer ihrer Hochburgen gemacht. Schon damals waren sie dabei kaum auf Gegenwehr gestoßen.

Der Sandsturm legte sich, und plötzlich erkannten wir das Leben um uns herum. Ich war erstaunt, dass der Alltag in Tal Afar scheinbar ganz normal weiterlief. Einkaufsstraßen, Werbetafeln, Teestuben. Einige Männer, die dort ihre Läden betrieben, eilten auf uns zu und erkundigten sich bei unseren Wachen. »Wer ist das denn?« Unser Anblick beunruhigte sie. »Was sind das für Frauen und Kinder?« Sie wussten nicht, was mit uns Jesiden geschah. Einer der Maskierten klärte sie lachend auf: »Das sind jesidische Mädchen, die haben wir als Kriegsbeute.« Eine halbe Stunde später fuhr ein anderer Lkw vor.

In meinen schlimmsten Momenten hatte ich gefürchtet, dass sie vielleicht unsere Männer erschießen könnten. Nie im Leben aber hätte ich mir ausmalen können, was sie mit uns Frauen und Mädchen vorhatten. Noch hofften wir auf die Worte unserer arabischen Nachbarn. Ich dachte mir: »Selbst wenn wir eingesperrt werden, wollen wir damit zufrieden sein, solange wir eines Tages unsere Brüder, Männer und Verwandten wiedersehen dürfen.«

Monate später haben verschiedene kurdische Einheiten es geschafft, große Teile des Sindschar-Gebirges und die Stadt

96

Sindschar zu befreien. Was genau in Hardan mit all unseren Männern passiert ist, weiß ich bis heute nicht.

»In Hardan wurde der größte Teil der Männer,
wie in dem Dorf Kocho, ermordet und in
Massengräbern verschüttet. Einige Massengräber
wurden später von Peschmerga-Kämpfern
ausgehoben. Aus der Hosentasche eines Toten fielen
ein paar Perlen einer Gebetskette und ein Ausweis.
Ein weißes Tuch, die typische Kopfbedeckung älterer
Jesiden, wies dort, wo es normalerweise den
Hinterkopf bedeckt, drei Einschusslöcher auf.
An einer Stelle fanden sie Kleidung, Frauenschuhe
und einen Schnuller.«
(Jan Kizilhan)

GEFANGENSCHAFT:
Über Bomben, gestohlene Spielsachen
und geraubte Jungfrauen

DIE SCHULE

Etwa gegen 20 Uhr hielt der Transporter im Zentrum von Tal Afar vor einer Schule. An dem Vorplatz säumten bereits andere Frauen aus anderen jesidischen Ortschaften den Weg. In der Menge fanden wir auch Felek wieder. Erleichtert hielten wir uns kurz umschlungen.

Einer der maskierten IS-Führer forderte von seinem Helfer: »Kontrolliert sie!« Die Aufseher sollten überprüfen, ob jemand Wertgegenstände oder ein verstecktes Handy bei sich hatte. Jede Frau wurde einzeln abgetastet, zum Glück aber nur sehr oberflächlich. Keine hat sich getraut, dagegen aufzumucken. »Solange es nur das Gold ist, was sie haben wollen, sollen sie's haben«, murrte Mutter. Wir mussten unsere Handys, unseren Schmuck und alle Wertgegenstände abgeben. Das machten sie mit allen Gefangenen so. Überall gingen sie mit der gleichen Systematik vor. Kleinen Mädchen haben sie die Ohrringe entrissen, sodass ihre Ohrläppchen bluteten und sie begonnen haben zu weinen. Unsere rot-weißen Glücksbändchen haben sie uns, einer nach der anderen, mit einem heftigen Ruck von den Handgelenken gerissen. Das Weiß steht für die Reinheit. Das Rot für die Blutopfer …

Nachdem sie uns Frauen und Kindern unseren letzten Besitz abgeknöpft hatten, ließen sie uns eintreten. Den Eingang bewachten zwei junge IS-Kämpfer mit langen, zotteligen Bärten, das Haar bis zur Schulter oder länger. Immer hatten sie die über den Rücken gebundene Waffe dabei. Im Gebäude waren bereits sehr viele Menschen eingesperrt, darunter Säuglinge, Kinder, Heranwachsende, Mütter und Großmütter. Die ISIS-Kämpfer haben sich besonders darüber gefreut, dass sie so viele Mädchen gefangen genommen hatten.

»In Tal Afar wurden jesidische Frauen und Kinder
versammelt und dann später auf Orte verteilt.
In einer Schule wurden etwa 3000 Frauen und
Kinder bis zu drei Wochen festgehalten.«
(Jan Kizilhan)

Die Tür haben sie hinter sich wieder abgesperrt. Das ziemlich große Gebäude besaß zwei Etagen. Oben war ich nicht, aber unten war es sehr voll. Nichts war auf die Ankunft dieser Tausenden von Menschen vorbereitet. Keine Matratzen, Decken oder Ähnliches. Ein Körper drückte sich neben den anderen. Meine Mutter, meine zwei Schwestern, Kemal und ich sind vorsichtig über die Sitzenden gestiegen. In einem Klassenzimmer haben wir eine Wand gesucht und uns dort nebeneinandergezwängt.

Kurz darauf haben die Maskierten Essen vor der Tür abgestellt und die jüngeren Kinder dazu aufgefordert, herzukommen und die Speisen hineinzutragen. Selber haben sie unseren Raum nicht betreten. Mit »Teufelsanbetern« wie uns wollten sie nichts zu tun haben. Auch das Geschirr sollten wir danach selber waschen. Sie wollten die Teller, von denen wir gegessen hatten, nicht mit ihren Händen berühren.

Es gab gebratene Hähnchen, Reis, Süßigkeiten, sogar Getränke. Das waren die einzigen Tage in unserer Gefangenschaft, an denen wir etwas Warmes vorgesetzt bekommen haben. Mit dem Essen haben wir die Kinder versorgt. Wir Erwachsenen spürten keinen Hunger.

Kaum waren die Kinder satt, haben die Mütter sie losgeschickt, um sich in der Schule umzusehen und Fluchtwege auszukundschaften. Wir waren uns sicher, dass die IS-Wachen ihnen nichts antun würden. Sie sollten aus den Fenstern blicken und prüfen, was drum herum vor sich ging. Kemal kam keuchend mit den anderen Jungen zurück und berichtete, die Arme in die Seiten gepresst: »Die sind überall. Wirklich überall. Man kann hier nirgendwo fliehen.«

Müde setzte sich mein kleiner Bruder zu uns. Leyla wackelte an ihrem Milchzahn herum. Wir hatten noch nicht einmal Platz genug, um uns hinzulegen, aber an Schlaf war ohnehin nicht zu denken. Wenn mir die Augen zugefallen sind und ich weggenickt bin, bin ich im nächsten Moment schon wieder hochgeschreckt. Ich blickte in die abgeschafften Gesichter meiner Geschwister und meiner Mutter. Ich beobachtete, wie sich ihre Gesichtszüge langsam entspannten und einen zufriedenen Ausdruck annahmen. Ihr Anblick strahlte Trost aus. Während ich in meine Betrachtungen versunken war, wachte Felek mit einem leisen Schrei wieder auf und wischte sich seufzend über die Augen. »Wie konnte ich nur einschlafen?!«

Drei Tage lang haben wir uns von diesem Platz nicht weggerührt. Auch nicht die Füße vertreten. Angst und Verzweiflung waren zu groß. Nicht mal auf die Toilette mussten wir, weil wir weder getrunken noch gegessen noch geschlafen haben. Wir stellten uns tot. Wir wollten unsichtbar sein, in der Menge verschwinden und keinesfalls von diesen Kerlen identifiziert werden. Zu Recht befürchteten wir, dass sich arabische Bekannte unter den schwarzen Masken verbargen, die uns verraten oder bestrafen wollten. Für was auch immer. Wir hatten nicht geahnt, welchen Hass sie in ihren Herzen verbargen.

Ständig waren wir Gefangene damit beschäftigt, einen Ausweg zu suchen. Irgendwie musste man doch hier herauskommen? Dauernd musste ich auch an meinen 18-jährigen Bruder denken. Was Dilshad wohl machte? Mutter grübelte unterdessen: »Wie können wir Vater bloß erreichen? Er muss wissen, wo wir sind.« Vereinzelt war es einigen mutigen Frauen gelungen, ihr Handy in der Kleidung verschwinden zu lassen. Mithilfe einer dieser Frauen hat Mutter heimlich Vater verständigt.

»Wie geht es euch?«, wollte er gleich wissen. Mutter schluchzte: »Unser Leben ist zerstört. Wir sind jetzt gefangen. Für uns gibt es keine Hoffnung mehr.« Die zweite Frage galt Dilshad. »Wo ist er?« Als Nächstes erkundigte er sich nach unserem Onkel und den anderen Verwandten. »Wo sind sie?« Mutter hat nur gestöhnt: »Wir wissen es nicht.« Beiden war klar, dass sie entweder längst ermordet oder woanders gefangen waren. Da hat Vater gesagt: »Gut, auch mein Leben ist damit beendet, wenn ihr alle fort von mir seid.«

ACHT MÄDCHEN

Überall um die Schule herum streiften Wachen. Das waren 15-bis 18-jährige Jungen, noch richtige Milchgesichter. Die etwas Älteren waren ihre Oberhäupter. Sie haben sich die Hände nicht mit dieser Arbeit schmutzig gemacht. Sie tauchten nur auf, wenn es darum ging, sich Frauen auszusuchen. Eingangs hatten diese Anführer uns eingelullt: »Wir rühren die verheirateten Frauen auf keinen Fall an.« Aber was war mit den anderen?

In diesen drei Tagen sind sie zweimal aufgetaucht. Sobald wir das Stapfen ihrer Stiefel gehört haben, senkten wir die Köpfe und pressten uns mit den Rücken an die Wand. »Hauptsache, sie sehen uns nicht an«, zischte Mutter uns zu. Beim ersten Mal haben sie die jungen, noch unverheirateten Mädchen begutachtet. Sie fassten aber keine von uns an. Sehr deutlich gaben sie zu erkennen, dass das für sie abstoßend und dass es eine Sünde sei, weil man sich als gläubiger Mensch nicht mit dem Schmutz Ungläubiger verunreinigen sollte.

»Die Mädchen werden gekauft, müssen sich vor der Vergewaltigung waschen, damit sie rein sind, wie es im Islam vorgeschrieben ist, und dürfen

*›dann genommen werden‹. Durch die Vergewaltigung
werden sie sozusagen zu ›Muslimen‹. IS-Milizen
bestellen gelegentlich auch örtliche Kosmetikerinnen,
die diese Mädchen bekleiden und schminken.«*
(Jan Kizilhan)

Ihre eigenen muslimischen Frauen mussten sich völlig ver-
schleiern. Es wäre ein Vergehen, wenn ein anderer Mann auch
nur einen flüchtigen Blick auf ihre unbedeckten Hände hätte
erhaschen können. Bestenfalls würden sie für solch ein scham-
loses Verhalten mit Peitschenhieben bestraft. Zu uns Mädchen
aber haben sich diese IS-Führer ungeniert hinuntergebeugt und
uns direkt in die Augen geblickt. »Die ist blauäugig, die gefällt
mir«, hieß es dann oder: »Ich will lieber die mit den braunen
Augen«. Von denjenigen, die sie schön fanden, schrieben sie die
Namen auf. »Wie heißt du?«, herrschte einer sie an. Die Mädchen mussten antworten, wessen Tochter sie wären und wie ihr
voller Name lautete.

Am zweiten Tag hat einer der Maskierten nacheinander die
Namen auf der Liste laut aufgerufen. »Mitkommen!«, hieß es
dann. An meiner Wand habe ich mich noch kleiner gemacht,
als ich ohnehin schon war. »Malik!«, hallte es durch den Raum.
Obwohl es so schwül war, fröstelte es mich, als ich ihren Namen hörte. Malik war unsere Nachbarin. Die Kleine war nicht
nur süß und wunderhübsch mit ihrer schmalen Figur, sie war
auch sehr pfiffig. Sie war etwas größer gewachsen, obwohl sie
erst 12 Jahre alt war.

»Malik!« Erneut verlangte die Männerstimme nach ihr. Unsere Freundin hat nicht reagiert und versucht, ihre großen
dunklen Augen hinter ihrem lockigen schwarzen Haar zu verbergen. Da hat dieser IS-Anführer sie auf Arabisch zur Rede
gestellt. Malik aber hat sich dumm gestellt und nur mit den

Schultern gezuckt, als ob sie der Sprache nicht mächtig wäre. Da es aber ein arabischer Nachbar war, der sie für sich haben wollte, lachte er sie nur aus. »Natürlich verstehst du Arabisch, du bist doch auf unsere Schule gegangen. Und wir wissen doch alle, dass du ein intelligentes Mädchen bist.«

Ganz Hardan hatte auch die 19-Jährige, die als Nächste, mit hängendem Kopf, hinaustreten musste, für ihre Schönheit bewundert. Sie sah aus wie euer Schneewittchen. Vom Körperbau her war sie ähnlich wie ich, eher klein, rundlich und mit einem breiten Gesicht. Die Haut wie mit Kalk bestrichen, umrahmt von vollem, schwarzem Haar. Das dritte Mädchen aus unserem Dorf war 20 Jahre alt, gerade erst seit sieben Monaten frisch verheiratet. Und derjenige, der sie auserwählt hatte, sagte zu ihr: »Ich fand dich schon vor deiner Hochzeit sehr schön und wollte dich schon immer für mich haben.« Diese Männer waren alle maskiert. Nur ihre Augen konnten wir sehen. Erst nach zwei Monaten haben sie ihre Masken abgenommen. Da haben wir in die Gesichter all unserer arabischen Nachbarn geblickt.

*»Nach Angaben der kurdischen Regierung sind
7000 Frauen und Kinder in IS-Geiselhaft geraten.
Nur knapp 500 konnten bislang fliehen oder
wurden freigekauft.«
(Jan Kizilhan)*

Auf acht Mädchen war die Wahl der Terroristen gefallen, drei davon aus Hardan. Unter den Müttern kam es zu lauten Protesten, als die Maskierten die Mädchen in Richtung Ausgang trieben. Eine große Unruhe flammte in den Räumen auf. Die Mütter haben verzweifelt nach ihren Töchtern gerufen. Manche Frauen haben geschrien: »Lasst unsere Mädchen hier!« Die

IS-Milizen haben ihren Tonfall abgemildert, um den Tumult zu dämpfen. »Wir lehren sie erst einmal nur den Koran, dann bringen wir sie zurück.« Und als die Frauen nach ihren Männern und Söhnen fragten, wiederholten sie: »Eure Männer werden zum Islam konvertieren, danach führen wir euch wieder zusammen, sodass ihr am Ende alle Muslime seid.« Allah sei groß und barmherzig.

Ihre Höflichkeit war geheuchelt. Ihre Worte waren gelogen. »Eure verheirateten und älteren Frauen tasten wir nicht an.« Sie haben vorgegeben, dass sie uns lediglich in Fragen der Religion eines Besseren belehren wollten, doch sie vergaßen zu erwähnen, dass sie einige unserer Mädchen wie Ziegen in Käfige sperrten, sie aushungerten, auf Märkten verkauften, bestialisch folterten ...

> *»In diese Käfige werden 10 bis 12 Mädchen*
> *gesteckt und öffentlich zur Schau gestellt.*
> *Das sind Machtdemonstrationen des IS.*
> *In solchen Käfigen haben sie auch die gefangenen*
> *jordanischen Piloten mit Benzin überschüttet*
> *und bei lebendigem Leib verbrannt.«*
> *(Jan Kizilhan)*

Mit einem Knall war die Tür wieder hinter ihnen ins Schloss gefallen.

MIT DEM STIEFEL WIE EINE LÄSTIGE KATZE WEGGETRETEN

Felek drängte mit mir und den anderen an die Fenster. Von dort verfolgten wir, wie sich die acht Mädchen im Schulhof in einer Reihe aufstellen mussten. Unter Aufsicht der Wachen sollten sie stehen bleiben und abwarten, ob der Anführer vielleicht noch eine Neunte fände, die ihm gefiele. Das war aber nicht der Fall.

Kurz bevor die IS-Wachen aufbrechen wollten, hat sich die 19-Jährige vor einen der Kerle auf die Knie geworfen, ihn mit Händen an die Füße gefasst. »Bitte, lasst mich bei meiner Mutter und bei meiner Großmutter bleiben. Bitte trennt uns nicht voneinander! Bitte nehmt mich nicht mit!« Sie hat ihn angefleht, an seine Vernunft und an seine Moral appelliert. Doch er hat sie einfach mit seinen Stiefeln weggetreten wie eine lästige Katze, die einem um die Beine streicht.

Mit ihren Kalaschnikows haben die Kerle dann die Mädchen vor sich hergescheucht. Noch hinter der Mauer haben wir sie schreien und weinen gehört. Wir wussten nicht, was da genau vor sich ging. Wir wussten nicht, dass diese Mädchen, die sie mitgenommen haben, nicht mehr zurückkehren würden. Es brauchte ungeheuer viel Zeit, bis wir es wagten, dieses Wort »Vergewaltigung« überhaupt auszusprechen.

>*Hinter den Vergewaltigungen steckt eine perfide Strategie der IS-Milizen. Streng konservativ organisierte Teile der Jesiden sehen den Verlust der Jungfräulichkeit der jungen Mädchen als Entehrung für sie und die gesamte Familie. Kulturell spielt auch das Gefühl des ›Gesichtsverlustes‹ eine Rolle. Erschwerend dazu kommt, dass die Männer den Eindruck haben, beim Beschützen ihrer Familie versagt zu haben.«*
(Jan Kizilhan)

Von Malik hat sich bis heute jede Spur verloren. Die 20-Jährige befindet sich nach wie vor in den Händen ihrer Folterer. Der 19-Jährigen ist es später gelungen, sich zu retten.

Mutter hat sich mit ein paar anderen Frauen zu den Müttern der acht Mädchen aufgemacht, um tröstliche Worte für sie zu finden, aber sie waren nicht ansprechbar. Zu schwer lasteten Gram und Kummer auf ihnen. Es war das einzige Mal in den drei Tagen, dass Mutter ihren Platz verlassen hatte. Danach hat sie Leyla, Felek und mich ins Gebet genommen. »Hört auf, euch zu waschen oder herzurichten!« Möglichst unattraktiv sollten wir auf diese Männer wirken. Ab sofort sollte ich immer bei Leyla bleiben und so tun, als ob sie meine Tochter wäre. Damit die sogenannten »Gotteskämpfer« glaubten, dass ich bereits verheiratet sei. Denn, so viel hatten wir kapiert, für die Jungfrauen interessierten sie sich am meisten.

Meine Schwestern und ich haben kaum geredet, weil Mutter ohnehin dauernd damit beschäftigt war, uns aufzurichten. »Dir passiert nichts«, hat sie jede von uns einzeln bestärkt und sich abschließend noch zu Kemal hingewendet. »Uns allen geschieht nichts, wir werden bald nach Hause zurückkehren. Wir werden euren Bruder wiedersehen.« Wir haben den Worten unserer

Mutter gelauscht wie beruhigender Musik. Maliks Mutter aber blieb verstummt. Sie war in völliger Teilnahmslosigkeit in sich zusammengesunken und ließ sich nicht aufrütteln. Sie saß da und schwieg. Im Schweigen erstarrt. Nach und nach erst hat sie wieder angefangen zu reden und ist dabei immer lauter geworden. »Wenn sie mir mein jüngstes Kind nehmen, sollen sie doch auch mich selber mitnehmen! Für mich hat das Leben seinen Sinn verloren.«

In der Zwischenzeit hatten einige Frauen im Verborgenen per Handy ihre Verwandten über unseren genauen Standort in Kenntnis gesetzt. Sogar die Straße hatten sie benennen können. Auf der Stelle ist diese Information an die einzige jesidische Abgeordnete im irakischen Parlament weitergeleitet worden. Vielleicht, so hofften sie, würde das Militär Soldaten zu unserer Rettung aussenden?

Am Nachmittag des dritten Tages stellte sich ein arabischer Arzt in der Schule ein. Dieser Mann war ehemals im Zentralkrankenhaus in der Sindschar-Region beschäftigt gewesen. Er war gekommen, um sich vornehmlich die Kinder anzusehen und sie zu untersuchen, ob sie krank seien oder nicht. Die Frauen aber waren voller Argwohn, dass er den Kleinen etwas Giftiges spritzen oder verabreichen könnte. Doch nichts dergleichen geschah. Nachdem dieser Mediziner wieder seinen Arztkoffer gepackt hatte, haben die IS-Wachen uns zum Weitertransport im Hof versammelt. Der Himmel war knallblau. Ich kniff die Augen zusammen und hielt mein Gesicht zur Sonne hin. Die Strahlen brannten auf der Haut.

Plötzlich hörten wir ein Flugzeug nahen. Das Motorengeräusch wurde immer lauter. Ich weiß nicht, wer von den Alliierten den Bomber geschickt hatte. Vielleicht die Amerikaner oder die Franzosen? Auf jeden Fall war die Maschine nicht mehr weit weg von uns. Unsere Aufpasser rannten kopflos davon, wie die Hühner vor dem Fuchs, und versteckten sich in der Schule.

Das Flugzeug drehte nun direkt über dem Hof seine Runden. In unserer Angst haben wir uns auf den Boden geschmissen und mit den Händen die Köpfe gehalten. Es gab aber auch Frauen, die stehen geblieben sind und mit zum Himmel gerichteten Armen nach Hilfe geschrien haben. »Rettet uns!« Wiederum andere haben sich den Tod gewünscht. »Erlöst uns von diesem Elend und bringt uns endlich alle um.« Nicht einmal wenn jetzt ein Flugzeug in der Nähe seine Bomben abwerfen würde, wäre das zu unserem Nutzen gewesen. Dann wäre nämlich das Chaos ausgebrochen. Die IS-Kämpfer hätten blindlings auf uns geschossen. Lieber sofort von einer Bombe zerrissen werden und sterben als jeden Tag in der Gefangenschaft ein Stück.

In der näheren Umgebung detonierte wenige Sekunden später eine Bombe. Der Einschlag war so furchtbar laut, dass wir uns die Ohren zugehalten haben. Als das Flugzeug wieder abgedreht ist, hatten es die IS-Milizen sehr eilig, ihre »Kriegsbeute« wegzuschaffen.

WO SIND WIR?

Mehrere Busse mit abgedunkelten Scheiben standen mit laufenden Motoren vor der Schule bereit. Meine Ohren waren immer noch taub von diesem Einschlag. »Los, schneller, macht schneller …!« Die IS-Kämpfer haben uns regelrecht in die Wagen hineingestoßen. Das musste alles in hohem Tempo passieren. Sie hatten Angst, dass das Flugzeug zurückkehren könnte. Mit einem Satz federte ein IS-Kämpfer vom Boden ab und schnellte vorne zum Fahrer hinein. Türen zu. Los ging es. »Wohin fahren wir?«, verlangten die Frauen aufgelöst zu wissen. Doch die Antwort darauf blieben die Kerle uns schuldig.

Der Innenraum war derartig mit Körpern vollgestopft, dass wir kaum atmen konnten. Mit meiner Nase klebte ich förmlich an Feleks Gesicht. Die Scheiben waren mit Farbe zugesprüht oder mit Säcken verhängt. Es war so dunkel, als wäre es mitten in der Nacht. Unmöglich zu erkennen, ob alle Busse hintereinanderfuhren. Selbst innen teilte noch ein Vorhang den Raum ab.

Die ersten paar Stunden war der Bus noch klimatisiert. Ich weiß nicht, ob sie die Klimaanlage dann ausgeschaltet haben oder ob sie kaputtgegangen ist, denn zum Ende hin war es so heiß, dass wir fast erstickt sind.

Wir hatten kaum geschlafen, kaum gegessen, wir rangen nach Luft. Eng aneinandergedrängt wie Tiere auf dem Transport zum Schlachthof. Still haben wir uns gefragt:»Was geschieht als Nächstes?« Geredet aber haben wir nicht miteinander. Dazu fehlte uns die Kraft. Wir haben darauf gewartet, rasch aussteigen zu dürfen. Endlich wieder frei atmen zu können. Nach vielleicht fünf Stunden öffneten sich die Türen. Luft! Endlich Luft!

Die Sonne ging rot leuchtend unter, als wir aus dem Bus stolperten. Ich legte den Kopf in den Nacken und sog mit offenem Mund die Abendluft tief ein. Erneut sprachen einige der Frauen die maskierten Aufpasser an.»Wo sind wir?« Wieder aber gaben sie uns keine Antwort darauf.

Schließlich haben wir es selber erkannt. Hohe Mauern. Stacheldraht oben drauf. Es war das Gefängnis Badusch, vielleicht 15 Kilometer von Mossul entfernt. Wir wussten aus Geschichten unserer Väter und Großväter, dass dort viele Jesiden inhaftiert worden sind. Wir wussten, dass das Gefängnis in Badusch eines der schlimmsten und eines der größten im Irak ist.

»Noch während der ersten Angriffe auf Mossul
im Juni hat die ISIS das Badusch-Gefängnis
eingenommen. Die Terroristen haben
670 Inhaftierte hingerichtet.«
(Jan Kizilhan)

DAS BADUSCH-GEFÄNGNIS

Durch ein rundes Tor, das sich sogleich wieder hinter uns schloss, sind wir eingetreten. Von dort gelangten wir in einen Hof. Die Fläche war so riesig, dass alle Gefangenen ausreichend Platz fanden. Ich erinnere mich nur noch, dass ich mich an Ort und Stelle auf den Betonboden gelegt habe und in einen besinnungslosen Schlaf gefallen bin. Die Erschöpfung war zu groß.

Als früh am Morgen die ersten Sonnenstrahlen unsere Gesichter kitzelten, war es bereits zu heiß, um liegen zu bleiben. Als Erstes hat mein Blick den meiner Mutter getroffen. Sie saß noch genauso neben mir wie am Abend zuvor. Die Ellbogen auf den Knien und das Kinn in die Hand gestützt. Die ganze Nacht über hatte sie kein Auge zugemacht.

Staunend habe ich mich umgeblickt. Erst in dem Moment ist mir bewusst geworden, wie groß die Anzahl der gefangenen Jesidinnen in diesem Gefängnis war. Vorher hatten wir uns nur in diesem einen Klassenzimmer in der Schule aufgehalten, aber hier auf diesem Hof habe ich erst die ganze Dimension erfasst. »Mama!« Die Augen reibend, habe ich mich aufgesetzt. »Die haben ja komplett Sindschar gefangen genommen.« Meine kleine Schwester und mein Bruder schliefen noch neben mir. Da aber waren schon die IS-Wachen, die lange Mähne mit Bandanas zurückgebunden, im Anmarsch.

In der Schule hatten sich unsere arabischen Nachbarn noch etwas distanzierter uns Frauen gegenüber verhalten. Diese Typen aber gehörten zu den IS-Anhängern aus Mossul. Ihnen eilte der Ruf voraus, noch radikaler zu sein. Über die Kampfanzüge hatten sie Magazin-Westen gestreift. Unvermittelt sind diese Typen zwischen die Mädchen getreten, haben sie brutal an den Armen gepackt und gerüttelt. »Aufstehen! Dreckspack!« Diese Männer trugen auch keine schwarzen Masken. Sie mussten sich vor niemandem verstecken wie unsere arabischen Nachbarn. Sie waren alle noch ziemlich jung, zwischen 18 und 20 Jahre alt.

»Hopp, hopp, ihr Bräute ...« Spottend haben sie uns ins Gebäude hineingescheucht. Gleich in der ersten Zelle landete Mutter mit mir und meinen Geschwistern. Insgesamt zählten wir 23 Frauen und Kinder. Meine Tante war darunter, aber auch einige Frauen aus unterschiedlichen Dörfern aus dem Sindschar-Gebiet. Mit Kemal waren es fünf kleine Jungs, mit Leyla zusammen vier kleine Mädchen. Die Kleinen verhielten sich die ganze Zeit über sehr ruhig.

Mehr als einen Betonboden und ein vergittertes Fenster gab es in dem Raum nicht. Im vorderen Trakt bei uns war es relativ kühl, in den weiter hinten gelegenen Zellen dagegen extrem stickig. Erst nach zwei Tagen haben die IS-Wachen Matratzen, Kissen und Decken vor die Zellen geschmissen. »Mit schönen Grüßen von euren schiitischen Freunden.« Die Bettwaren stammten aus geplünderten Läden der Schiiten. Nachdem wir den ganzen Boden mit Matratzen ausgelegt hatten, rieb sich Mutter zufrieden die Hände. »Oh, unsere Unterkunft ist ja richtig schön geworden! Hier gehen wir nicht mehr weg, hier bleiben wir«, sagte sie, und wir haben alle gelacht, bis uns die Gesichtsmuskeln davon schmerzten. Nach diesen langen Tagen des Sitzens haben wir uns gefreut, uns endlich wieder ausstrecken zu dürfen. Jede Familie oder vielmehr das, was davon übrig geblieben war, hat sich nebeneinandergelegt.

Unsere Zellentüren standen immer offen. Drum herum aber waren wir von hohen Mauern eingeschlossen. Wir hätten uns von einer Zelle zur anderen bewegen können, haben das aber möglichst gemieden. Im Flur lungerten nämlich sechs Aufpasser in ihrem Wachraum herum und beobachteten uns rund um die Uhr. Sie schlichen sogar mitten in der Nacht zwischen den Schlafenden herum und beugten sich über uns Mädchen. Mutter aber hat über unseren Schlaf gewacht. Morgens hat sie dann mit dunkel umschatteten Augen berichtet: »Um 2 Uhr nachts sind die Kerle gekommen und haben sich jedes Mädchen genau angesehen. Dann sind sie weiter in die nächste Zelle.«

Mich grauste die Vorstellung, dass mir nachts ein Fremder ins Gesicht blickte und ich wehrlos vor ihm lag. Mich tröstete, dass meine Mutter auf mich aufpasste. Ich blendete aus, dass sie mich im Notfall auch nicht gegen diese schwer bewaffneten Horden hätte schützen können.

»Immer wieder kamen die IS-Milizen ins Badusch-Gefängnis und holten sich junge Mädchen, die sie nach Mossul oder Rakka brachten, weil die Anfrage so groß war. Immer mehr IS-Krieger, aber auch Interessierte aus Saudi-Arabien, Ägypten, Tunesien etc. wollten diese Frauen kaufen. Daher gab es eine ständige Bewegung der Gruppen.«
(Jan Kizilhan)

Die täglichen Nahrungsrationen fielen spärlich aus. Nach Sonnenaufgang fuhren die IS-Kämpfer mit einem Transporter am Gefängnis vor. Wir haben die kleinen Kinder losgeschickt, um das Essen am Tor abzuholen. Morgens gab es Weintrauben, mittags ein Brötchen und abends erneut Weintrauben. Wir teilten die Trauben miteinander. Danach aber knurrte unser Magen noch lauter. »Ab sofort sollen die jungen Frauen das Essen abholen, nicht mehr die kleinen Kinder«, haben die zwei Aufpasser bei der Ausgabestelle verlangt und sich dabei albern kichernd über ihre Bärte gerieben. Sie wollten herausfinden, wo genau unter uns die Unverheirateten steckten. Wir haben uns aber geweigert und weiter die kleinen Kinder als Boten laufen lassen.

Das hat die zwei Kerle ärgerlich gemacht. »Wenn die Mädchen ihren Fraß nicht selber abholen, kriegen eure Mütter eben nichts mehr zu essen!« Wir hatten aber Angst, uns vor diesen Männern zu zeigen. Und unsere Mütter wollten lieber hungern und ordneten uns an: »Ihr bleibt!« So erledigten Kemal und Leyla und all die kleinen Kinder viele Laufarbeiten, während wir Jugendliche unsere Tücher noch höher vors Gesicht zogen und uns darunter versteckt hielten.

In unserem Trakt befand sich auch ein Raum, in dem die Kinder einen Kanister mit Wasser abfüllen durften, wenn er nicht, wie meistens, abgesperrt war. Das Wasser war brühwarm. In unmittelbarer Nähe beäugten die IS-Leute alles, was um sie herum vor sich ging.

GERAUBTE SPIELSACHEN IM GEFÄNGNIS

Ganz ausweichen konnte man diesen Kerlen aber nicht. Im Gang befanden sich die Toiletten. Sogar Duschen gab es, aber wir haben sie bewusst nicht genutzt. »Du musst schlecht riechen und dich so hässlich wie nur möglich machen«, hatte Mutter mir eingebläut. Auf dem Weg zur Toilette kam an einer Zelle vorbei, die aus irgendwelchen Gründen ausgebrannt war. Dort sind wir unverheirateten Mädchen jedes Mal mit den Händen an der Wand entlanggestreift und haben uns den Ruß in die Gesichter, über Hände und Arme geschmiert.

In regelmäßigen Abständen haben die Wachen alle Gefangenen im Hof versammelt und ihre Befehle erteilt. »Ihr schrubbt jetzt eure Zellen!« Selbstverständlich sollten diese Putzarbeiten wieder speziell von den unverheirateten Mädchen ausgeführt werden. Ich habe mich geweigert mitzugehen und bin bei Mutter geblieben. Weiter habe ich so getan, als ob ich längst verheiratet und Leyla meine Tochter sei.

Einmal haben die Wachen für die Kleinen gestohlene Spielsachen auf den Boden geworfen. »Bitte schön, hier haben wir ein paar schöne Geschenke aus den Läden in Sindschar.« Ihr zynisches Grinsen war wie in ihre Gesichter eintätowiert. Die

Kinder aber haben diese Bosheit nicht verstanden. Sie haben sich gefreut, über einen Fußball oder auch ein paar Süßigkeiten. Wir Älteren aber sind zusammengezuckt. Wir wussten, dass das aus den Geschäften unserer Leute stammte und dass sie ihnen vielleicht längst die Kehle durchgeschnitten hatten.

Uns überlief eine Gänsehaut, als sie für die Frauen neue Kleider herbeischleppten. Unsere eigenen starrten vor Dreck, aber wir haben uns geweigert, diese Sachen überhaupt anzusehen. Kaum waren die Kerle weg, hat eine Frau mit bitterer Miene gesagt: »Warum verwöhnen sie unsere Kinder denn so sehr? Wenn sie ihnen wirklich etwas Gutes tun möchten, können sie ihnen doch ihre Väter, ihre Brüder und ihre Schwestern bringen.« Verächtlich schob sie hinterher. »Nicht dieses Diebesgut!« Vor den IS-Wachen aber hat es keine gewagt, den Mund aufzumachen.

Glücklich hielt Kemal eine Dose Kakao in seinen Händen. Leyla fing gleich an, mit einer kleinen Puppe und einem aufziehbaren Hund zu spielen. Nachdenklich strich Mutter der Kleinen über das schwarze Haar. Leyla zog lächelnd die Lippe hoch und zeigte dabei stolz ihre neue Zahnlücke.

Am vierten Tag haben die Wachen alle älteren Frauen aufgefordert, aufzustehen und mitzukommen.

SIE HOLEN DIE KLEINEN JUNGEN!

»Die Älteren werden zum Arzt gebracht und untersucht«, lautete die neueste Anweisung unserer Wachen. Danach würden sie die Frauen wieder zurückbringen, hieß es. Mutter ist sofort mit den anderen aufgestanden. Nur waren diese deutlich älter als sie, vielleicht um die 60 Jahre; sie hatten alle bereits graues Haar. Mutter war mit ihren 37 Jahren noch jung und ansehnlich. »Dich nehmen wir nicht mit. Du bist gesund. Setz dich!«, ordnete der Aufpasser an und zwinkerte seinem Kollegen zu.

Den Alten war es sogar erlaubt, die Kleinkinder mit zur ärztlichen Behandlung zu nehmen, nur die kleinen Jungen sollten bleiben. »Die brauchen wir hier noch!« Warum? Da ist zum ersten Mal der schreckliche Verdacht in uns herangereift, dass sie die Jungen vielleicht für ihre Koranschulen einbehalten wollten. Kurz darauf haben sich die Großmütter, mit vielen Kleinkindern an den Händen, von uns verabschiedet. Sie sind nicht mehr wiedergekommen.

Wir waren uns sicher, dass die IS-Kämpfer sie alle umgebracht haben. Völlig aufgelöst, schlug sich Mutter die Hand vor den Mund. »Gott sei Dank bin ich nicht mitgegangen.«

Am fünften Tag kündigten sie an, die Jungen wegzunehmen. Am sechsten Tag haben sie ihre Drohung wahr gemacht.

Es gab einige Buben, die bereits am Vortag angsterfüllt in die Kleider der Frauen geschlüpft waren, um sich auf diese Weise zu verbergen. Kemal hatte sich unter unsere Decke verkrochen und ganz flach gemacht. In dieser Nacht haben die Mütter tröstend auf ihre Jungen eingeredet. »Keiner wird euch uns wegnehmen!« Mutter hat Kemal immer wieder umarmt und abgeküsst. »Ich lasse nicht zu, dass sie dich holen!« Die Frauen bestärkten sich gegenseitig. Gemeinsam wollten sie die Herausgabe ihrer Söhne verweigern. Dann würden die IS-Kämpfer von ihrem Plan wieder Abstand nehmen und die Jungen nicht mehr zwingen, sich zum Islam zu bekennen.

Abends haben Mutter und ich Kemal in unsere Mitte genommen. Mutter war fest überzeugt: »Wenn sie ihn nicht sehen, werden sie ihn vergessen.« Es war Nacht. Wir haben alle geschlafen, als sie kamen. In den anderen Zellen haben wir die Schreie der Mütter und Jungen gehört, dadurch ist auch Kemal wach geworden. Heiser hat er zu Mutter gesagt: »Mama, die nehmen die Jungen jetzt mit.« Mutter hat ihn schnell wieder unter der Decke versteckt und ihm zugeflüstert, dass er keinen Mucks mehr von sich geben solle. Felek, Leyla und ich haben uns ganz nah an ihn hingedrückt.

Dann nahten ihre Schritte. Zielgerichtet suchten sie, zwischen Frauen und Mädchen, nach den kleinen Jungen. Mutter und ich beugten uns so vor, dass man Kemal zwischen uns nicht gleich erkennen konnte. »Ich habe gar keinen Sohn«, beschied Mutter den IS-Milizen. »Warum holt er dann immer das Essen und das Wasser?«, zogen sie uns auf, »wir haben ihn doch gesehen, hol ihn mal lieber unter der Decke hervor.« Auch die kleinen Mädchen haben sie eingeladen mitzukommen. »Ihr dürft auch mit!« Leyla hat ihr Gesicht fest an Mutters Seite gepresst.

Kemal jedoch rührte sich nicht. Lässig in die Hüfte geknickt, stand einer der Wachen da und winkte meinen Bruder mit dem Zeigefinger heraus. Mutter hat beide Hände abwehrend wie einen Schild vor sich gehalten und geschrien:»Lasst ihn hier!« Fast gelangweilt kam zurück.»Verdammt, er soll jetzt endlich aufstehen!« Langsam ist Kemal unter seiner Decke hervorgekrochen und hat sich aufgerichtet.

Sein Gesicht gerötet, die Haare zerzaust, die dunklen Augen ein einziger Hilfeschrei, klammerte er sich an Mutters Arm fest. Da haben die Kerle meinen schmächtigen Bruder an den Armen gepackt und ihn zu sich gezogen. Mutters Stimme hat sich überschlagen.»Lasst ihn hier! Er hat nichts Böses getan! Er ist doch noch ein Kind!« Zwei dieser Kerle haben ihn weggeschafft. Ich habe überhaupt nicht mitbekommen, was sie mit den anderen Jungen in unserer Zelle angestellt haben. Ich hatte die ganze Zeit nur Kemal im Auge gehabt.

Bis zu diesem Augenblick hatten wir nicht geweint. Nicht in der Schule, nicht im Gefängnis. Wir hatten alle Schmähungen mit Verachtung angehört und jede Misshandlung ohne einen Schmerzenslaut ertragen, denn wir fühlten einen so großen Stolz in uns. In dieser Nacht aber hat keine Frau es noch länger geschafft, sich zusammenzunehmen. Mutter hat sich hingelegt und die Decke über den Kopf gezogen. Ihr Körper schüttelte sich wie in einem Krampf. Wir alle haben bis zum Morgengrauen hindurch geweint.

Die IS-Kämpfer hatten alle fünf- bis zwölfjährigen Jungen mitgenommen. Ich weiß nicht, was passiert war, ob ich innerlich ausgetrocknet oder irgendetwas in mir abgestorben war, aber nach dieser Nacht konnte ich nicht mehr weinen. Mir tat zwar innerlich alles weh, aber ich hatte keine Tränen mehr. Auch nicht, als wenig später Frauen und Kinder um mich herum in helle Panik ausgebrochen sind ...

BOMBEN

Am nächsten Vormittag herrschte große Aufregung unter den Gefangenen. Alle haben wild durcheinandergeredet. »Wenn sie erst unsere Älteren mitnehmen, und nun auch unsere kleinen Jungen, was machen sie dann mit uns?« Zwei Frauen war es gelungen, ihre Handys mit ins Gefängnis zu schmuggeln. Sie schafften es schließlich, Kontakt zur einzigen jesidischen Abgeordneten Vian Dakhil herzustellen. »Helft uns!«, baten sie inständig. Tatsächlich hat Vian Dakhil daraufhin im irakischen Parlament eine ergreifende Rede gehalten. Sie brauchte kein Mikrofon, um den Sprecher des Parlaments zu übertönen.

»Meine Brüder, vergessen wir die politischen
Querelen. Ich spreche zu euch im Namen der
Menschlichkeit. Rettet uns! Wir werden
abgeschlachtet. Wir werden ausgelöscht. Unsere
Religion ist dabei, von der Erdoberfläche getilgt
zu werden. Ich flehe euch im Namen der
Menschlichkeit an. Rettet uns!«
(Auszüge aus Vian Dakhils Rede
vom 12. August 2014)

Der Sprecher versuchte, sie zu unterbrechen, doch Vian Dakhil
ließ sich nicht stoppen. Nachdem sie geendet hatte, brach sie
weinend zusammen. Jedem von uns war klar, dass die irakische
Regierung zerstritten war und sich gegenseitig bekämpfte. »Die
größte Stärke dieser ISIS-Kämpfer ist die Schwäche ihrer Gegner«, brachten die Frauen die politische Lage auf den Punkt.
Doch in unserem Land spielten nicht nur einheimische Politi-
ker die Gruppen gegeneinander aus. Auch ausländische Mächte mischten sich mit ein. Oft ging es dabei weniger um Religion
als um Macht.

»... Iran will verhindern, dass an seiner Westgrenze
wieder feindliche Sunniten die Macht übernehmen.
Teheran unterstützt daher die Schiiten in Bagdad und
setzt auf eine Instabilität des Irak, damit dort weiter
die Schiiten herrschen und die Kurden keinen eigenen
Staat ausrufen. Die sunnitische Türkei will zwar
ebenfalls keinen kurdischen Staat, aber auch keinen
erstarkten Iran. Daher hat auch die Türkei Interesse
daran, dass in Syrien und teilweise im Irak
Instabilität herrscht, und möchte den Einfluss Irans
durch einen Sturz Assads weiter eindämmen.
Aus diesen Gründen bekämpft die Türkei den
IS weiterhin nicht ernsthaft.«
(Jan Kizilhan)

Ab sofort war dem irakischen Militär der neue Ort bekannt, an
dem die meisten jesidischen Mädchen im Nordirak gefangen
gehalten wurden.

Bald darauf hörten wir, wie ein Flugzeug das Badusch-Gefängnis einmal in einem großen Kreis umrundete und danach
wieder in der Ferne verschwand. Dafür haben uns die IS-

Kämpfer bestraft. Sie haben uns kein Wasser und kein Essen mehr gegeben. »Selber schuld«, wetterten sie. Noch aber wussten die IS-Wachen gar nicht, dass das Auftauchen des Fliegers wirklich den Frauen zu verdanken war. Die Stimmung unter uns war tief deprimiert. »Wir werden sowieso nicht befreit«, sagte eine.

Am achten Tag dröhnte erneut das Motorengeräusch über unseren Köpfen. Immer wieder kreiste die Maschine um das Gefängnis, bis wir das Rauschen der Bomben hörten, gefolgt von einer heftigen Erschütterung und einer dumpfen Detonation. Ein entsetzlicher Lärm. Wir haben alle geschrien. Die Mauern wackelten, die Wände bröckelten, der Putz rieselte auf unsere Köpfe. Noch aber hatte der Pilot nicht auf das Gebäude, sondern nur auf das umliegende Gelände gezielt. Er wollte den IS-Kämpfern Angst einjagen.

Über das Handy hat Vian Dakhil den Frauen die Anweisung gegeben: »Versammelt euch sofort im Hof, damit ihr nicht getroffen werdet! Die Zellen werden jetzt bombardiert!« Der Pilot sollte versuchen, das Tor zu sprengen, damit wir hinausrennen könnten. So der Plan. In Wirklichkeit aber haben sich die IS-Kämpfer diesmal nicht im Gefängnis versteckt, wie zuvor die Kerle in der Schule in Tal Afar, sondern sich unter uns Frauen und Mädchen im Hof gemischt, um uns als Schutzschilde zu benutzen.

Sie standen zwischen uns, sodass die meisten Frauen sich gar nicht getraut hätten, sich vom Fleck in Richtung Tor zu rühren. Von den dumpf krachenden Einschlägen rundherum hatten wir furchtbare Ohrenschmerzen. Immer wieder. Hämmernde Schläge, die mit voller Wucht das Blut in den Kopf schießen ließen. Dem Lärm nach zu urteilen, mussten vor dem Gefängnis riesige Krater klaffen. Der Pilot aber hat das Tor nicht getroffen.

In diesem Höllenkrach hat meine kleine Schwester so laut geschrien, dass sie fast an ihrem eigenen Weinen erstickt wäre. Solche Panik hat sie gehabt. Die Kinder haben geschrien und geschrien. Eine Frau schlug so lange um sich, bis sie ohnmächtig wurde. Alles drehte sich. Die Luft ging uns fast aus, wir sind im Staub versunken. Mit tränenverschleierten Blicken hat Mutter wie ein Roboter dauernd wiederholt: »Solange ich meine Söhne wiedersehe, wird alles gut. Sie sollen nur nicht meine Söhne umbringen. Mich können sie gerne umbringen. Wenn nur meine Söhne überleben.«

Als der Pilot mitbekommen hat, dass sich die IS-Kämpfer unter uns auf dem Hof versteckt hielten, warf er seine Bomben immer näher um uns herum ab und hat uns dabei fast getroffen. In der nächsten Sekunde spritzte eine Fontäne aus Steinen und Sand empor, und wir duckten uns noch tiefer auf den Boden. Der Luftdruck fegte eine Frau um ...

»WIR FAHREN MIT EUCH NACH PARIS!«

Plötzlich herrschte Stille. Das Flugzeug war abgedreht. Alle lauschten, blickten angstvoll nach oben. Ein Handy klingelte. Einer dieser jungen IS-Kämpfer nahm das Gespräch entgegen. Er sprach kaum ein Wort, dann ließ er das Handy sinken. Mit offenem Mund blickte er uns an. Stumm standen wir alle um ihn herum. Er hob sein Kinn und sagte. »Ich habe gerade einen Befehl bekommen. Ich soll euch alle erschießen.« Da begannen die Mädchen erst recht wieder, laut zu schreien und zu weinen.

Wie der Bewaffnete reagiert hat? Er ließ den Kopf hängen, hat geschluchzt und ist wortlos weinend weggegangen. Dieser IS-Kämpfer war noch ein Junge, gerade mal 16 oder 17 Jahre alt. Vielleicht war er einer von denen, die sich nicht unbedingt freiwillig diesem Terrorregime angeschlossen hatten. Es gab einige, denen die IS-Milizen angedroht hatten, andernfalls ihre Familie umzubringen. Vielleicht fand er sich auf einmal in diesem Dilemma wieder? Vielleicht hat er es auch einfach nicht über das Herz gebracht, wehrlose Frauen und Mädchen abzuknallen wie ein Jäger seine Beute. Wir haben ihn danach nicht mehr wiedergesehen.

Kaum war er hinter den Gefängnismauern verschwunden, haben die Frauen ihre weißen Kopftücher abgenommen und sie nach oben zum Himmel gehoben, um Gott um Hilfe anzuflehen. »Bitte, verschone uns!« Wir hatten solche Angst, dass die Wachen ihre Drohung wahrmachen und wir im nächsten Augenblick alle erschossen würden. Wir waren nur noch mit unseren Gebeten beschäftigt und haben zu unserem Engel Taus-i Melek gerufen: »Bitte, bitte, lass uns leben!« Tränen zogen Rillen durch den Staub auf ihren Gesichtern. Diese Bombardierung hatte schätzungsweise eine Stunde lang gedauert. Mir war es wie ein ganzes Jahr vorgekommen. Sobald der Pilot ausgemacht hatte, dass Busse vor dem Tor vorgefahren waren, um uns abzuholen, hatte er den Beschuss eingestellt. Die Bomben hatten nur eines bewirkt. Sie hatten unsere Kinder zu Tode erschreckt und uns alle fast umgebracht.

Eine der Frauen rang ihre Hände vor den IS-Wachen, die vor den Bussen auf und ab gingen. »Wir fahren direkt in eure Hölle, wenn wir mit euch zusammen sind!« Eine andere Frau neben mir war blutüberströmt. Sie war bei einem der Einschläge von Splittern am Kopf getroffen worden. »Warum macht ihr das mit uns?«, begehrte sie laut auf. »Womit haben wir das verdient? Wo wollt ihr uns denn jetzt wieder hinbringen?« Lächelnd antwortete einer dieser Aufpasser: »Wir fahren mit euch nach Paris. Paris ist nicht so schlimm.«

Wieder quetschten sie uns in dieselben Busse mit den abgedunkelten Scheiben. Wieder ging es zurück in Richtung Tal Afar. An der Stadtgrenze hielten wir an und stiegen erneut vor einer zweistöckigen Schule aus.

DIE ZWEITE SCHULE

Am Tor stand schon ein Aufpasser bereit, um uns ins Gebäude zu führen. Dieser IS-Kämpfer hatte jedoch offenbar keine Vorstellung gehabt, was für Gefangene er da in Empfang nehmen sollte. Er wusste nicht einmal, was Jesiden überhaupt sind. Angesichts unseres verstörten Haufens reagierte er gegenüber seinen Kumpanen fassungslos. »Warum sperrt ihr sie ein? Das sind doch ganz normale Frauen und Kinder! Ihr habt doch selber Töchter, ihr habt doch selber Mütter?!« Da er uns nicht einsperren wollte, taten es die anderen.

Wenigstens eine Freude aber blieb uns vergönnt. Unter den zahlreichen Gefangenen in den Klassenzimmern fanden sich auch die Großmütter aus dem Gefängnis in Badusch wieder. Sobald die IS-Wachen hinter sich zugeschlossen hatten, ist Mutter auf die alten Frauen zugegangen. Natürlich auch in der Hoffnung, etwas über Kemal und die anderen Jungen in Erfahrung zu bringen.

Sie schilderten, dass sie tatsächlich zu einer medizinischen Untersuchung geschickt worden seien. Sogar ein Arzt sei eingetroffen. »Allerdings war dieser Arzt allein dafür zuständig, uns davon zu überzeugen, zum Islam zu konvertieren«, führte eine der Großmütter aus. Doch dafür war das Ehrgefühl dieser alten Damen viel zu groß. Ihre Weigerung verstanden sie auch als eine Frage des Respekts gegenüber unseren Vorfahren, die trotz zahlreicher Massaker an unserem Volk für unsere Traditionen eingestanden waren und ohne die es uns heute wohl nicht mehr geben würde. Immer wieder hätten diese IS-Kämpfer versucht, sie dazu zu bringen, auf islamische Weise zu beten, doch sie hätten sich erbittert dagegen verwehrt. »Tötet uns lieber!« Sie haben die alten Frauen nicht getötet, sondern in diese Schule verfrachtet. Seitdem befanden sie sich hier.

Bei nächster Gelegenheit hat Mutter sich einen Ruck gegeben und einen der Maskierten angesprochen: »Was habt ihr mit unseren kleinen Jungen gemacht?«»Die bringen ihnen gerade den Islam bei, sie lernen den Koran und nehmen alle religiösen Texte durch. Sie kommen als Muslime wieder.« Erschüttert zog sich Mutter zurück. Vielleicht würde Kemal als ein anderer Mensch zu uns zurückkehren?

*»Dieser Koran-Unterricht besteht, neben täglicher religiöser Indoktrination, aus Kampfsport und Abhärtung gegen Schmerzen und Grausamkeiten. In Städten wie Tal Afar, Mossul oder Rakka müssen die Kinder zusehen, wie IS-Kämpfer Menschen steinigen, auspeitschen und enthaupten oder Körperteile auf öffentlichen Plätzen amputieren. Alles, was die Kinder bisher von ihren Eltern gelernt haben, soll bedeutungslos werden. Sie sollen verlässliche neue Kämpfer des IS werden.«
(Jan Kizilhan)*

Am nächsten Morgen fand sich einer der IS-Wachmänner vom Vortag in der Schule ein. »Dem Kerl, der euch gestern in Schutz

nehmen wollte, dem haben wir heute den Kopf abgehackt.«
Auch ihm pappte dieses schiefe Grinsen im Gesicht. »So, und
jetzt werden alle Familien einzeln und nacheinander in das
Klassenzimmer da drüben eintreten«, bestimmte er und zeigte
auf die ersten Köpfe, »da erhaltet ihr eure Strafe.«

In dem Raum sollten wir diesen Männern unsere Gesichter
zeigen, denn alle Frauen hielten weiter ständig ihre Kopftücher schützend vor Mund und Nase, sodass man nur ihre Augen sehen konnte. Jede hatte nur den einen Wunsch: sich vor
diesen schamlosen Blicken zu verstecken. Den Dreck auf meiner Haut empfand ich dabei wie eine Schutzschicht. »Irgendeine unter euch hat bestimmt ein Handy bei sich gehabt und
das Flugzeug gerufen. Eure Strafe ist, dass wir eure unverheirateten Töchter mitnehmen werden«, machte einer dieser Aufpasser uns klar.

Als unsere Familie an der Reihe war, traten Mutter, Felek,
Leyla und ich vor. Sie musterten uns und winkten mich mit
meinem rußverschmierten Gesicht zur Seite. Mir blieb fast das
Herz stehen. »Moment!«, protestierte ich. »Wieso wollt ihr
mich mitnehmen? Hier ist doch meine Tochter, ich bin verheiratet.« Sogleich nahm ich Leyla bei der Hand und zog sie mit
dem Kopf an meine Seite. Da haben sie mich mit meiner Familie wieder weggeschickt.

Mitten in der Nacht erwischten die Wachen in einem anderen Klassenzimmer eine 20-Jährige dabei, wie sie heimlich tele-
fonierte. Sie haben sowohl das Telefon als auch das Mädchen
mitgenommen. Sie war noch Jungfrau. Wir haben ihre Hilfe-
schreie gehört. Tags darauf haben diese Kerle alles durchwühlt.
Manche Frauen hatten ihre Handys in irgendwelchen Päck-
chen verborgen. Insgesamt haben sie etwa zehn Geräte ausfin-
dig gemacht. »Gut, jetzt haben wir alle Handys«, freuten sich
die IS-Milizen. Dem war aber nicht so. Es waren nach wie vor

noch einige Geräte versteckt. In Kinderhosen, Unterwäsche oder Stoffbären. Hier in Tal Afar wurden für diesen Fund nur die Jungfrauen bestraft. In Mossul hätten die IS-Milizen sicher mit allen Frauen schwer abgerechnet. Was das Quälen anderer Menschen anbelangte, besaßen sie die allergrößte Fantasie.

*»Einige der inhaftierten Frauen sind von den Extremisten gezwungen worden, über ihr Handy ihre Familien zu kontaktieren und ihnen das Grauen vor Ort zu schildern. Andernfalls wollte man ihnen noch Schlimmeres antun. So musste eine Mutter ihrer Tochter zuhören, wie sie detailliert beschrieb, innerhalb weniger Stunden von einem Dutzend Männer vergewaltigt worden zu sein. Andere Frauen wurden genötigt, während einer Geburt die Eltern anzurufen. Über das Handy berichteten sie dann, wie ihnen das Neugeborene direkt aus den Händen gerissen worden ist. Das ist eine vollkommene psychologische Kriegsführung. Die betroffenen Familien sind ohnehin bereits nervlich am Boden und werden nun noch darüber informiert, auf welch barbarische Weise ihre geliebten Angehörigen gequält werden.«
(Jan Kizilhan)*

»WO BIN ICH? ICH RIECHE MEIN DORF HIER NICHT«

Die ersten Tage bemerkten wir nach den Mahlzeiten keine Nebenwirkungen. Auf einmal aber fühlten wir uns extrem schläfrig. Verschwommen irrten die Gedanken durch meinen Kopf und ermüdeten mich so sehr, dass ich in den Schlaf sank. Jedes Mal, nachdem wir etwas zu uns genommen hatten, wurden die Augenlider derart schwer, dass wir sie kaum mehr offen zu halten vermochten. Vermutlich sollten wir ruhiggestellt werden, damit keine auf die Idee käme auszubrechen. Diese 15 Tage verbrachten wir wie im Trancezustand, den Kopf an die Schultern unserer Nachbarin gelehnt. Leyla lag in meinem Schoß.

Der Verdacht, dass man uns Betäubungsmittel ins Essen gerührt hatte, erhärtete sich, als wir die Schule wieder verlassen haben. Mit einem Mal war bei allen die lähmende Müdigkeit wie weggewischt. Wir konnten uns plötzlich wieder konzentrieren, der Kopf kippte nicht kraftlos seitlich weg. Da waren sich die Frauen sicher: »Das ist nicht normal gewesen.«

Trotz dieser Schläfrigkeit hat Mutter es geschafft, noch zweimal Vater anzurufen. Nachts um 3 Uhr flüsterte sie ihm zu: »Nun sind beide Söhne von dir verschwunden.« Doch Vater wusste es besser.»Nein, ich habe mit unserem Jüngsten gesprochen.« Die kleinen Jungen hätten beim Koranunterricht so geschrien und gejammert, dass die IS-Milizen die Nerven verloren und sie gefragt hätten:»Was wollt ihr eigentlich?«»Wir möchten mit jemand aus der Familie sprechen«, habe Kemal seine Bitte vorgebracht. Vater hatte meinen zwölfjährigen Bruder daraufhin über das Handy gefragt:»Wie geht es dir?«»Mir geht es zwar nicht gut, aber ich lebe«, habe er geantwortet, »die bringen mir den Islam bei, ich vermisse nur meine Mutter so sehr.«

Mutter fasste sich ans Herz, als sie das hörte. Felek und ich lächelten. Hauptsache, Kemal lebte. Leyla blieb meistens stumm. Manchmal war ich mir nicht sicher, was sie überhaupt von alldem um sich herum realisierte. Die Kinder entfernten sich nicht aus der Sichtweite ihrer Familien. Manchmal hat sie, leise vor sich hin sprechend, in einer Ecke mit ihren Fingern gespielt. Da sie aber auch weiter die Rolle meiner Tochter spielen musste, blieb sie stets in meiner Nähe. Ansonsten benahm sie sich wie ein typisches kleines Kind mit neun Jahren. Sehr bockig. Sie wollte das Essen nicht anrühren:»Nein, ich mag das nicht.« Mutter musste sie regelrecht zwingen, ein paar Bissen zu sich zu nehmen. Sie war so dünn, dass ihr Schlüsselbeinknochen oben durch den Stoff stach.

Das zweite Mal hat Mutter frühmorgens mit Vater gesprochen, nachdem die Maskierten das Essen an der Tür abgestellt hatten und wieder abgezogen waren. Wenn eine Frau das Handy am Ohr hatte, rückten die anderen dicht im Kreis um sie zusammen, um die Telefonierende vor ungewollten Blicken abzuschirmen. Wieder andere haben aufgepasst, ob unversehens einer von den Wachmännern auftauchte, um mit Gesten sofort Warnung zu geben.»Wo genau seid ihr?«, wollte Vater herausfinden, aber wir konnten das nicht exakt beantworten. Vater hat noch erwähnt: »Es fragen sehr viele nach euch«, und forschte nach, ob Kemal bereits bei uns sei. Mutter erwiderte: »Nein, vielleicht aber kommt er morgen.«

Kurz zuvor hatten die »Daesh« nämlich einmal laut in den Klassenzimmern verschiedene Namen aufgerufen. Darunter auch den meiner Mutter und den von mir. »Wo sind die beiden?«, haben sie geplärrt. Doch wir hatten uns mucksmäuschenstill verhalten, weil uns die Knie vor Angst weich waren. Im Nachhinein haben wir das bereut, denn Kemal hatte am Telefon nach uns gefragt. Er wollte mit uns sprechen, aber wir hatten uns nicht getraut, uns zu melden.

Wenn ich morgens aufgewacht bin, habe ich anfangs nicht begriffen, wo ich eigentlich war. Im ersten Moment glaubte ich: »Ich bin zu Hause, ich stehe auf und gehe zur Schule. Wo sind denn meine Freundinnen?« Wenn ich dann jedoch das schmutzige Gesicht meiner Mutter und meiner Schwestern neben mir gesehen habe, ist mir wieder eingefallen: »Wir sind ja gefangen.«

Manchmal versank ich beim Blick aus dem Fenster derartig tief in meine Tagträume, dass ich draußen all die Orte zu sehen vermeinte, an denen ich einmal glücklich gewesen war: den Obstgarten meines Onkels und das Bett unter dem Sternenhimmel. Ich meinte sogar, den sanften Abendwind in der Wüste zu spüren. Unsanft bin ich wieder aufgewacht. »Wo bin ich? Das ist doch nicht Sindschar! Zwar rieche ich meine Heimat, aber ich rieche mein Dorf hier nicht.«

»DU GEFÄLLST MIR, DICH HEIRATE ICH«

Dann passierte etwas, was ich eigentlich mit allen Mitteln hatte vermeiden wollen. Ich bin einem der Aufpasser ins Auge gestochen. Ein stämmiger Zwerg, unmaskiert, schlurfte direkt auf mich zu. »Du gefällst mir, dich heirate ich«, legte er fest. Instinktiv griff Mutter nach meiner Hand. Entschieden warf ich den Kopf zurück und behauptete: »Das geht nicht, ich bin schon verheiratet!« Leyla legte ihre Wange an meine Seite. Der Kerl maulte: »Für den Moment lasse ich dich in Ruhe, aber ich werde dich hier überall finden und dich holen.« Damit ging er weiter seiner Beschäftigung nach.

Mutter war in heller Aufregung. »Du musst dich verstecken!« Wie aber sollte man sich in einem Gefängnis vor einem Wärter verbergen? Verzweifelt bin ich mit angezogenen Beinen wie ein Storch unter den Frauen herumgestiegen und habe gefragt: »Wer hat noch ein zweites Kleid bei sich?« Dabei erwischte ich eine Jesidin, die sich über ihr gutes Kleid ein dreckiges mit Löchern übergestreift hatte. »Bitte, kannst du mir das leihen? Wenn ich das anziehe, erkennt mich dieser Mann nicht wieder.« Die Frau hat mir gleich ihr löchriges Kleid gegeben.

So verkleidet, habe ich mich an einen anderen Platz gesetzt, mein dreckiges Tuch über die Nasenwurzel gehalten, die Knie noch dichter an mich gezogen, das Gesicht noch tiefer gehalten. Mein Puls raste, als er mit seinen Blicken wie mit Scheinwerfern alle Köpfe absuchte. Doch er hat mich nicht wiedererkannt. Tausend Steine sind mir da vom Herzen gefallen.

Nachts gesellte ich mich wieder zu meinen Liebsten. Mutter hat weiter versucht, mir Trost zu spenden. Das hat sie selbst noch getan, als ich später mehr tot als lebendig war. Mutter hat immer gesagt: »Es wird alles gut. Es wird alles gut. Wir kommen hier raus. Am Ende werden wir uns alle wiedersehen …« Solche Sachen hat sie uns erzählt. Und wir haben uns an ihren Worten gewärmt.

»KEMAL!«

In jener Nacht hatte ich einen Traum von meinen zwei Brüdern. Überall waren jesidische Frauen. Mit dem Rücken stand ich vor dieser Menschenmenge. Plötzlich spürte ich eine Hand auf meiner Schulter und drehte mich erschrocken um. Da sah ich Dilshad und Kemal, die mich beide anlächelten. Sofort habe ich meinen kleinen Bruder in die Arme geschlossen und ihn auf die Stirn geküsst. Dann habe ich versucht, meinen großen Bruder zu berühren, aber ich habe ihn nicht fassen können. Er ist mir entwischt. Da war nur Luft ... Als ich aufgewacht bin, habe ich gemerkt, dass mein ganzes Gesicht nass war.

Tage zuvor waren bereits die ersten Jungen wieder in der Schule eingetroffen. Jeden einzelnen hatte ich befragt: »Wo ist denn mein kleiner Bruder? Habt ihr ihn gesehen?« Und die Jungen haben geantwortet: »Ja, natürlich. Er hat hier angerufen und dauernd nach euch gefragt: Er wollte einfach nur die Stimme seiner Mutter hören, aber ihr seid nicht zu erreichen gewesen.«

Am nächsten Tag kehrten die restlichen Vermissten zurück. Ein Kurde aus Arbil hat die Jungen begleitet. Zunächst hat sich dieser Mann, auf seinen Zehenspitzen wippend, vor uns Frauen aufgebaut und großspurig getönt.»Ihr seid zwar Kurden, aber keine Muslime! Wir aber sind Kurden und Muslime! Deswegen werden wir euch umbringen.« Er hat das auf »Kurmandschi«, also in unserer Muttersprache, zu uns gesagt. Wahrscheinlich wollte er uns in aller Deutlichkeit seine Überlegenheit demonstrieren.»Ich werde als Kurde nicht getötet, ihr hingegen schon.«

Das fühlte sich an, als würde man uns den Boden unter den Füßen wegziehen. Hatten wir Kurden nicht schon genügend Tragödien in unserer gemeinsamen Geschichte durchgestanden? War es nicht das Wichtigste für unser Volk, in solchen Zeiten zusammenzustehen? Ich spürte, wie sich in mir alles zusammenzog.»Na, warte …« Gift und Galle spuckend, schob ich mich nach vorne durch. Doch Mutter zog mich an der Schulter zurück.»Bleib ruhig!«, zischte sie mir zu. Ich hätte ihm so gerne ins Gesicht geschleudert:»Hast du etwa vergessen, dass die Ursprungsreligion aller Kurden das Jesidentum ist? Selbst wenn du ein muslimischer Kurde bist, sind all deine Vorfahren Jesiden. Wenn ein Kurde aber seine eigenen Wurzeln vergisst, vernichtet er damit auch sich selbst!«

»Mit der Islamisierungswelle durch den Kalifen
Omar I. im Jahre 637 in den kurdischen Gebieten
hat sich auch das Schicksal der Kurden geteilt.
Die Mehrheit wurde zum Islam bekehrt. Die Jesiden,
die sich diesem Einfluss entzogen haben, sehen sich
selbst als Angehörige der ältesten Religion der Welt.«
(Jan Kizilhan)

Die Entrüstung über diesen Verrat färbte unser Denken schwarz. In Gedanken haben wir diesen Mann umgebracht. Als wir erfasst hatten, dass sich unter die IS-Kämpfer noch mehr unserer Landsleute gemischt hatten, war das eine zutiefst bittere Enttäuschung. Genau betrachtet, habe ich am Ende wegen dieser Kurden meine Heimat verlassen. Was sollte man noch zu Hause anfangen, wenn einem die eigenen Brüder den Tod wünschten?

Kaum war dieser Überläufer zur Tür gegangen, kamen die Jungen hinter ihm hereingestürmt. »Kemal!«, haben Mutter, Felek, Leyla und ich wie im Chor gerufen und sind auf ihn losgerannt. Wir waren derartig aufgewühlt, dass wir seinen Zustand gar nicht registrierten. Wir merkten nicht, dass er humpelte und fast zu einem Schatten ausgezehrt war. Wir haben nur seine dunklen Augen gesucht, ihn zu uns in die Mitte gezogen, ihn geherzt und geküsst.

An der Wand setzten wir uns gemeinsam nieder. Leyla hielt ihn von hinten mit ihren dünnen Ärmchen umschlungen. Mutter nahm eine Hand und hat sie dauernd gestreichelt. Felek strich ihm übers Haar. Ich nahm die andere Hand und presste sie an meine Lippen. Mutter hat Kemal so eindringlich angeschaut, als wolle sie direkt in seine Seele hineinblicken. Kemal aber rückte nur stockend mit dem heraus, was er durchgemacht hatte: »Wir mussten auf ihre Weise beten. Sie haben uns den Islam beigebracht.«

Da erst haben wir bemerkt, dass mein kleiner Bruder sein Bein gebrochen hatte. Um das Schienbein war eine Binde gewickelt, die den Knochen festhielt. Mutters Lippen bebten. »Was ist da passiert?« Kemal schlug die Augen nieder. Er hätte seine Kleidung waschen müssen und sei dabei von einer höheren Etage hinabgestürzt. Es war deutlich, dass er uns nicht die Wahrheit erzählen wollte. Wir haben nie erfahren, was wirklich geschehen ist. Wohl aber haben wir von den anderen Jungen gehört, dass die IS-Milizen die kleinen Jungen geprügelt hatten. Da sie sich weigerten, wie Muslime zu beten, haben die

140

IS-Kämpfer ihre dicken Stöcke über ihren Rücken zerbrochen. So fest hatten sie zugehauen.

Kemals Haare waren zottelig und ein bisschen länger als vorher. Insgesamt wirkte er furchtbar verängstigt. Er blickte sich fortwährend mit aufgerissenen Augen um, duckte sich, sobald er das Getrappel von Stiefeln hörte. Ich hatte meinen kleinen Bruder so sehr vermisst. Immer wieder habe ich ihn an diesem Tag in die Arme geschlossen. »Du bleibst jetzt bei uns! Für immer! Und auch heute Nacht musst du neben mir liegen.«

Zwischendurch habe ich Leyla weiter eingeimpft: »Wenn diese IS-Leute mich jetzt fragen sollten, wessen Tochter du bist, was antwortest du dann?« Und Leyla hat mustergültig geantwortet: »Deine Tochter, Shirins Tochter.« Das sind wir beide immer wieder durchgegangen. Meine kleine Schwester verstand noch nicht so gut arabisch, deswegen haben die Aufpasser sie wahrscheinlich bisher nicht danach gefragt, aber ich habe sie dennoch auf diese Frage vorbereitet.

Am selben Tag noch haben die Wächter angekündigt: »Morgen werden wir euch in andere Dörfer bringen und euch dort in die Häuser einquartieren, aus denen eure Leute geflüchtet sind.« Mit erwartungsfrohen Gesichtern blickten wir uns an. Vielleicht würde schon bald die ganze Familie wieder zusammenkommen? Vielleicht hatten wir das Schlimmste überstanden? Das Schlimmste aber stand uns erst noch bevor.

»Ältere und verheiratete Frauen mit Kindern werden in Massenunterkünften wie in Tal Afar oder Mossul interniert, die vormals von Schiiten oder Jesiden bewohnt wurden. Sie werden von IS-Milizen bewacht, erniedrigt, geschlagen, vergewaltigt. Jeden Abend tauchen IS-Kämpfer, aber auch zivile

*Männer aus Syrien, Saudi-Arabien und anderen
arabischen Ländern auf, weil sie die Frauen kaufen
und mitnehmen wollen.«*
(Jan Kizilhan)

Kemal hat in der Nacht zwischen mir und Mutter geschlafen.
»Jetzt bleibst du für immer bei uns«, flüsterten wir ihm zu. Er
zuckte und wimmerte im Schlaf. Bis zum Aufwachen habe ich
seine Hand festgehalten. Als die Aufpasser am Morgen das Essen gebracht haben, hat mein kleiner Bruder sich hinter dem
Rücken anderer verkrochen. Er hat sich nicht mehr getraut,
sich diesen Männern zu zeigen. So groß war seine Angst, wieder von ihnen mitgenommen zu werden. Dann folgte der Tag,
an dem ich von meiner Familie getrennt worden bin.

VOM DORFLEHRER VERRATEN

Morgens haben die Bewaffneten die einzelnen Familien abgezählt. Damit sie entsprechend dieser Anzahl auch entsprechend viele Häuser bereitstellen könnten, lautete die Begründung. Ich war misstrauisch, was diese Zählung anbelangte. »Das machen die bestimmt nur, um zu prüfen, welche Mädchen noch unverheiratet sind«, sagte ich zu Mutter und Felek.

Sicherheitshalber habe ich wieder den Platz gewechselt und mich diesmal in die Etage nach oben zu den Frauen aus Kocho gesetzt. Diese Frauen waren alle verheiratet und verwitwet. Nun würden die IS-Kämpfer sicher annehmen, dass ich eine von ihnen wäre.

»Neun Überlebende einer Massenhinrichtung in Kocho berichteten mir, dass sie sich am 15. August 2014, unweit des Dorfes, in mehreren Reihen aufstellen mussten. Eine Reihe bestand aus 20 bis 60 Männern, darunter waren auch Jugendliche von 14 bis 18 Jahren. Erneut forderten IS-Milizen die Gruppe auf, sich zum Islam zu bekennen. Die Jesiden weigerten sich. Daraufhin begannen

*die IS-Kämpfer, mit ihren Kalaschnikows wahllos
auf die Männer zu schießen. Insgesamt überlebten
19 Männer, teilweise schwer verletzt. Sie bewegten
sich so lange unter den leblosen Körpern nicht, bis
die IS-Kämpfer das Dorf wieder verlassen hatten.
Bei dieser Massenhinrichtung wurden offenbar
413 Männer und Jungen ermordet.«
(Jan Kizilhan)*

Die Witwen umringten mich und haben alle auf mich eingeredet. »Wer bist du? Wie heißt du? Wo ist dein Mann?« Ich habe versucht, sie zu beruhigen. Ich wollte alles, bloß nicht auffallen. Als es wenig später hieß, dass wir bald aufbrechen würden, habe ich mich wieder schleunigst hinunter zu meiner Familie geschmuggelt. Dort habe ich das geliehene Kleid ausgezogen und der Besitzerin zurückgegeben. Ich hatte angenommen, dass ich es nun nicht mehr brauchen würde. Wir sollten uns alle im Hof aufstellen und auf den Bus warten.

Vor Schreck haute es mich da fast rückwärts um. Mit einem anderen Maskierten zusammen stand da jener stämmige Zwerg, der davon gefaselt hatte, mich heiraten zu wollen. Ein Turkmene. Wie die meisten Einwohner in Tal Afar. Vielleicht 25 Jahre alt. Ruckartig habe ich meinen Kopf hinter Mutters Schulter versteckt und gebetet, dass ich die Farbe des Sandes unter meinen Füßen annehmen möge. Doch er hatte mich schon erspäht. »Du da, komm mal nach vorn. Dich werde ich für mich nehmen. Ich habe dich schon immer gemocht. Ich fand dich gleich sehr hübsch.«

Wie eine Sprungfeder habe ich mich da aufgerichtet und verächtlich mein Kinn nach vorn gereckt. »Nein, ich bin schon verheiratet. Das ist meine Tochter.« Ich habe mich regelrecht an Leyla festgeklammert. In diesem Augenblick hat sich der

Vermummte, der sich die ganze Zeit an dessen Seite befunden hatte, gemächlich seine schwarze Maske vom Kopf gezogen und mich amüsiert betrachtet. »Aber Shirin, bist du etwa schon verheiratet?« Es war Ibrahim, mein ehemaliger Mathematiklehrer.

Im Gegensatz zu den anderen trug er nur einen kurzen Bart. Er hatte auch nicht den typischen Blick eines IS-Soldaten, sondern schaute eher offen und freundlich drein. Kein Wort habe ich mehr herausgebracht, weil ich genau wusste, was mir nun bevorstand. Mein Herz hat mir so wehgetan. »Mein Leben ist vorbei. Ich habe alles verloren. Meine Familie. Meine Zukunft.« Mehr Gedanken passten nicht mehr in meinen Kopf hinein.

An der Straße warteten die Busfahrer, um uns Frauen in die Dörfer abzutransportieren. Beklommen presste Mutter die Finger vor ihr Gesicht. »Ich werde versuchen, dich zu beschützen. Geh vor!« Sie hat mich richtig vor sich her geschubst, und als wir an der Bustür anlangten, versuchte sie, mich mit Schwung zwischen die anderen Einsteigenden hineinzustoßen. Ich bin fast hingefallen. Doch mein alter Lehrer hat die Situation durchschaut, mich am Ärmel gepackt und wieder aus dem Bus gezerrt.

Mutter hielt mich lärmend am anderen Ärmel fest. »Du nimmst meine Tochter nicht mit!« Da wendete er eine andere Taktik an. »Gut, kein Problem«, beschwichtigte er sie, »ich nehme sie nicht mit. Du gehst mit deinen Kindern zurück und setzt dich vor die Schule zu den anderen auf den Boden.« Während sie seinem Befehl Folge leisteten und sich dort niederließen, versuchte er einfach, mich an ihnen vorbei zurück in den Schulhof zu ziehen.

Vom Boden aus hat Mutter mich am Arm gepackt. Felek fasste mich am anderen Handgelenk, Leyla hielt mich am Kleid fest, und Kemal hat nach mir geschnappt. Ich war außer mir; ich habe getobt, die Füße in den Sand gestemmt, aber dieser Mann hatte mehr Kraft als wir alle zusammen. Mutters Schreie wurden lauter. »Nein!«, kreischte sie, atmete immer schneller, hyperventilierte und verlor das Bewusstsein.

Nachdem sie wieder zu sich gekommen war und gemerkt hatte, dass ich fort war, ist meine Mutter auf eine der IS-Wachen losgegangen. Sie ist völlig ausgerastet und hat mit ihren Fäusten auf ihn eingetrommelt. Ich habe das leider nicht mehr gesehen, aber viele Frauen haben mir später erzählt, wie stark sie war. Vor Zorn sprühend, hatte sie aufbegehrt: »Ich bleibe so lange hier, bis ihr meine Tochter wieder zu mir bringt!« Am Ende haben die IS-Wachen Felek, Kemal und Mutter nur mit Prügeln in den Bus hineinbekommen.

Hätte mein Dorflehrer mich nicht verraten, wäre vielleicht alles anders gekommen. Nie hätte ich geglaubt, dass auch er einer von der ISIS war. Uns Schüler hatte er stets liebevoll und mit Respekt behandelt. Plötzlich klang er aber wie all die anderen: »Die möchte ich haben!« Dabei lachte er so abstoßend. Acht Jahre hatte dieser Lehrer mit uns Jesiden zusammengelebt.

LASS UNS SCHWESTERN SEIN

Im Schulhof reihte ich mich neben sieben weitere Mädchen ein. Die IS-Milizen machten uns als »Dummchen« lächerlich und ließen uns wissen, dass wir ab sofort beten müssten wie Muslime. »Wir machen gute Muslime aus euch«, betonte mein ehemaliger Lehrer Ibrahim. Doch wir sträubten uns alle gemeinsam dagegen. »Das tun wir nicht!«, habe ich gesagt. »Niemals!«, bestärkte eine andere das.

Kurzerhand packten da die IS-Milizen ein Mädchen nach dem anderen an den Haaren, bei den Schultern, an den Armen und schleiften uns wie Säcke durch den Sand hinter sich her. Wir haben uns aufgebäumt, um uns getreten und geschrien. Mit ihren Stiefeln haben sie uns in den Bauch getreten, mit den Händen über unsere Köpfe geschlagen. Ich spuckte den Sand aus meinem Mund wieder aus. Der nächste Tritt scheuchte mich hoch.

Wankend liefen wir in das Schulgebäude zurück. Es war das erste Mal in meinem Leben, dass jemand die Hand gegen mich erhoben hatte. Es war das erste Mal, dass ich mich für einen Moment nicht mehr als die Tochter meiner Mutter und meines Vaters gefühlt habe. So erniedrigt fühlte ich mich.

Wir sollten so lange im Klassenzimmer bleiben, bis der Bus zurückkehren und uns abholen würde. »Wir bringen euch zu den restlichen jesidischen Mädchen«, sagte einer. Wir wussten aber nicht, wo das war. Als er hinausging, schloss er die Tür hinter sich ab. Flüchtig blickte ich mich unter den Mädchen um. Die eine zerschrammt, die andere mit einem blauen Auge. Alle gemeinsam wie in Staub gebadet. Wir stammten aus den unterschiedlichsten Dörfern. Die Älteste war 25, die Jüngste hieß Samia, war 13 und meine Cousine zweiten Grades aus Hardan. Wir mochten uns sehr. Da sie nur Brüder, aber keine Schwestern hatte, war sie fast jeden Tag zu Besuch bei mir gewesen. Ein anderes Mädchen, 19 Jahre alt und ein bisschen mollig, kam ebenfalls aus Hardan. Auch sie war ein ständiger Gast bei uns im Haus gewesen. Sie hatte ein süßes Gesicht, das zum Lachen wie erschaffen war.

Samia setzte sich neben mich und machte mir einen Vorschlag. »Shirin, lass uns so tun, als wären wir Schwestern.« Resigniert habe ich mir mit der Hand die Stirn gerieben. »Und was ist, wenn dieser Lehrer wiederkommt? Der kennt mich doch, der weiß, dass du nicht meine Schwester bist.« Meine Cousine wendete ein: »Aber ich habe doch die Schule gar nicht besucht, also kann er mich nicht gesehen haben.«

Irgendwann einmal hatten die IS-Wachen uns aufgeklärt, dass sie Schwestern nicht voneinander trennen würden. Gut, da haben wir beide eben so getan, als ob wir Schwestern seien. Dieser Ibrahim hat uns die Geschichte abgekauft. Samia und ich mussten zuerst in den Bus einsteigen und uns weit entfernt vom Eingang hinsetzen, damit wir bloß nicht unterwegs die Tür öffnen und hinausspringen könnten. Fünf weitere Aufpasser sind mit Ibrahim zu uns eingestiegen.

Jener stämmige Zwerg aus Tal Afar, der neben dem Lehrer Platz genommen hatte, nörgelte ihm vor: »Aber ich möchte

Shirin für mich haben.« Da ließ der Lehrer ihn wissen. »Wenn du Shirin für dich haben willst, musst du auch ihre Schwester aufnehmen. Überlege dir das genau.« Daraufhin geriet der Turkmene ins Grübeln. Eine Person mehr bedeutete auch ein Maul mehr, das er durchfüttern musste.

Wir waren so naiv. Noch immer haben wir die Worte unserer ehemaligen Nachbarn für bare Münze genommen. Wir sind davon ausgegangen, dass wir an einen Ort gebracht werden, an dem man uns den Koran vorlesen würde und wo wir lernten, islamische Gebete zu sprechen. Danach würden sie uns zu unseren Müttern zurückschicken. Selbst nach der Aussage dieses Turkmenen, »Ich nehme Shirin für mich«, hatte ich den Gedanken ausgeschlossen, dass ich mit einem wie ihm zwangsverheiratet werden könnte. Das war für mich unvorstellbar.

Die Fahrt endete in Tal Afar vor einem länglichen, sehr hohen Gebäude. Von der Größe ähnelte es einer Sporthalle. Vermutlich haben dort vorher politische Veranstaltungen stattgefunden. Im Stockwerk darüber befanden sich Wohnungen. Ein Junge blickte mit seiner Mutter aus einem Fenster zu uns herunter. Unten durch den Eingang sind wir eingetreten.

ZWANGSKONVERTIERUNG:
Vom Leben einer Haussklavin

DIE HALLE

In dieser Halle kauerten weitere Mädchen und Frauen auf Matratzen am Boden. Ich zählte ab. Mit mir waren es 33. »Das ist gut«, dachte ich mir. Keine Ahnung, warum mein Kopf so eine komische Idee ersonnen hat, aber ich habe mich mit dem Gedanken beruhigt: »Wenn es nur so eine kleine Anzahl an Mädchen ist, wird es nicht so schlimm sein.« Es waren noch genug freie Matratzen vorhanden. Samia und ich haben uns auf eine davon hingesetzt.

Ein bärtiger Aufpasser bewachte ununterbrochen die abgesperrte Tür. Auf der gleichen Etage gab es eine Küche, ein Bad und eine Toilette. Das haben uns die anderen Mädchen mitgeteilt. Ungeduldig stolperten mir die Fragen über die Lippen: »Wie geht's euch? Was ist euch passiert?« Teils haben die Mädchen sehr schroff und ungehalten darauf reagiert. »Wieso fragt ihr, was hier passiert ist? Wieso fragt ihr, wie es uns hier geht? Bis vor wenigen Tagen war diese Halle noch voller Mädchen. Wir waren zu Hunderten hier drin. Sie kamen jeden Abend und haben welche mitgenommen.«

Auch diesen Mädchen hatten die IS-Milizen zuvor weisgemacht, dass man sie lediglich in Privathäuser schaffe, um ihnen dort die Lehren des Korans beizubringen. Sie sollten dort aber auch als Dienerinnen arbeiten und den Haushalt versorgen. Auf einer Matratze lag auch eine Vierjährige neben ihrer zwölfjährigen Schwester Hana. Wegen ihrer grasgrünen Augen war mir die Ältere von beiden gleich aufgefallen. »Und? Wie lange habt ihr schon eure Mutter nicht mehr gesehen?,« erkundigte ich mich bei ihr.

Hana stützte sich auf den Ellbogen auf und meinte, dass sie bereits am Tag des Überfalls voneinander getrennt worden seien. Sie wischte sich mit dem Ärmel über die nassen Augen und die Nase. Seit 25 Tagen waren die Kinder in dieser Halle eingesperrt. Die Vierjährige hat ihre Mutter gar nicht mehr erwähnt. Sie hatte sich wahrscheinlich schon daran gewöhnt, dass ständig irgendein Mann kam und eines der Mädchen holte.

Das Licht brannte durchgehend in der Halle, aber abends war ich so erschöpft, dass ich trotzdem einschlief. Plötzlich fasste mich jemand an der Schulter und rüttelte mich wach. Erschrocken setzte ich mich auf und blickte einem 60-jährigen Turkmenen in sein mit Furchen und Falten übersätes Gesicht. Auf Arabisch wollte er wissen: »Wie heißt du?« Er war ein kleiner dicker Mann. Auf seinem Kopf spross kurzes graues Haar, und am Kinn hing ein langer grauer Bart. Reflexartig bin ich von ihm weggerutscht und habe auf Kurmandschi geantwortet: »Ich verstehe kein Arabisch, ich brauche einen Dolmetscher.« Eine Minute später hatten sie schon jemanden herbeigeholt, der meinen Dialekt beherrschte.

»Wie heißt du?«, kundschaftete der kurdische Dolmetscher aus. »Ich heiße Shirin.« »Wie alt bist du?« »Ich bin 25 Jahre alt.« »Bist du zur Schule gegangen?« »Nein, bin ich nicht.« »Möchtest du ihn heiraten?« Missmutig fuchtelte ich mit meinen Händen durch die Luft, als ob ich lästige Fliegen von mir wegscheuchen wollte. »Warum soll ich ihn heiraten? Das

möchte ich auf keinen Fall.«»Willst du Muslimin werden?«
»Nein, ich bin Jesidin, und ich bleibe Jesidin.« Ungeduldig
schaltete sich da der 60-Jährige in das Gespräch ein:»Wenn sie
nicht will, werde ich morgen kommen und sie unter Zwang
mitnehmen.« Zu diesem Zeitpunkt war ich noch überzeugt,
dass ich mit einer Mischung aus Klugheit und Frechheit jede
schwierige Situation meistern könnte.

Am Abend notierte einer der Bewaffneten alle unsere Namen. Danach wurde wieder die Tür abgesperrt. Zwei Stunden
später tauchte der nächste Unbekannte auf. Die Uhr an der
Wand zeigte 23 Uhr.»Hol mir die Hübsche, die der alte Mann
haben will«, verlangte er an der Tür von dem Aufpasser,»ich
soll sie abholen.«

Mein Herz machte einen Satz, und mit einem Sprung war
ich auf den Beinen. Der Aufpasser aber versuchte, ihm sein
Vorhaben auszureden.»Nein, die hole ich nicht. Die ist doch
nicht hübsch.« Mit grimmiger Miene und schmutzigem Gesicht glotzte ich vor mich hin. Verwildert und verroht. Das
Haar vor lauter Dreck starr wie ein Besen. Als mich dieser
Mann so erblickte, drehte er tatsächlich wieder um.

»Gott sei Dank«, sagte ich mir und setzte mich wieder.
Doch ich fand keinen Schlaf, denn wenig später watschelte der
60-Jährige erneut auf mich zu. An der Seite diesmal ein anderer
Begleiter, der auf Arabisch verfügte:»Mitkommen.« Wieder
versuchte ich das gleiche Spiel.»Ich kann kein Arabisch.« Ge-
reizt blaffte er mich an:»Dann setz dich wieder hin!«, und
beschwerte sich bei dem Alten.»Wenn sie kein Arabisch kann,
was willst du mit ihr?« Die Vogelscheuche aber beherrschte ein
Wort auf Kurdisch:»Werea«, das heißt,»Komm!«. Ungeduldig
schnaubte er:»Werea, werea …«

Stur blieb ich sitzen und zog ein möglichst dämliches Gesicht, als ob ich nichts von all dem verstehen würde. Da begann

der Alte zu jammern:»Warum willst du denn nicht mit mir kommen? Weshalb willst du mich nicht heiraten? Ich würde dich zu deiner Mutter bringen und nach Bagdad fahren.« Als er da so lamentierte, zeigten sich in aller Deutlichkeit seine braunen Zahnstummel in seinem Mund. Mich schüttelte es vor Abscheu. Auf Kurdisch schnodderte ich zurück:»Du hast das Alter meines Vaters. Wie kann ich jemanden wie dich heiraten?« Samia hielt sich an mir fest. Aus Angst, mich zu verlieren, brach sie schließlich in ein so lautes Weinen und Klagen aus, dass ich fürchtete, sie könne sterben. Genervt winkte der Alte ab. Und Samia strahlte mich an.

Am nächsten Tag, gegen 11 Uhr, hat ein Käufer meine Cousine mitgenommen. Dazu noch eine Neunjährige und die Vierjährige mit ihrer zwölfjährigen Schwester Hana. Allen vier Mädchen hat dieser Mann versprochen:»Ich gebe euch jetzt an eure Mütter weiter.« Ich atmete tief durch und wünschte Samia noch viel Glück. Meine Cousine schlug vor Freude die Hände zusammen. Sogar die Vierjährige, die so gleichgültig gewirkt hatte, hüpfte fast vor Aufregung. Wie sich jedoch später herausstellen sollte, wollte dieser Mann die Mädchen für ganz andere Zwecke benutzen.

»Frauen mit kleinen Kindern verteilten die IS-Milizen entweder an andere IS-Anhänger oder verkauften sie an Familien, die sie als Sklaven einsetzten. Der Verkauf stieß auf so großes Interesse, dass schließlich auch Mütter mit Kindern verkauft wurden, damit sie vergewaltigt werden konnten. Die Kinder wurden anfangs den Müttern entrissen und für einige Wochen oder Monate an einen Ort gebracht, an dem sie täglich Islamunterricht erhielten. Die Jungen wurden, ab acht Jahren, als Kindersoldaten

ausgebildet. Die dreijährige Hilal, mit blonden Haaren und blauen Augen, wurde beispielsweise ihrer Mutter weggenommen, weil sie laut Aussagen eines IS-Kämpfers sehr hübsch sei. Er wollte sie bis zum neunten Lebensjahr großziehen, um sie dann zu »heiraten«. Rinda, fünf Jahre, dagegen, wurde ihrer Mutter entrissen und einem kinderlosen Paar in Rakka übergeben. Das Paar rechtfertigte sich mit den Worten: »Das Kind wird die Mutter mit der Zeit schon vergessen.«

(Jan Kizilhan)

An diesem Vormittag war ich höchst zufrieden mit mir. »Wenn sie mich hässlich finden, nehmen sie mich nicht. Wenn ich kein Arabisch kann, wollen sie mich auch nicht.« Das weckte in mir große Hoffnungen. Nachdem sie Samia zu ihrer Mutter brächten, würden sie auch mich bald zu meiner Familie gehen lassen. Immerhin galt ich als Samias Schwester. »Morgen fährst du zu deiner Mutter, dich nimmt sowieso keiner, und alles wird gut«, redete ich mir ein. Mir fiel eine schwere Last von den Schultern.

Am dritten Tag, um 7 Uhr morgens, übermittelte ein bislang unbekannter Aufseher eine Nachricht an uns. »Bald kommen ein paar unserer Männer aus Sindschar. Sie werden sich einige von euch aussuchen.« Dieser Neue, ein hässlicher Gnom, stiefelte zu meiner Matratze weiter. »Shirin, dich will jemand aus Bagdad haben. Und du musst dort auch hingehen. Der leitet irgendwo da in der Nähe ein Bordell mit jesidischen Frauen.« Mein Name stünde auf dieser Liste. Als Prostituierte. Mein ganzer Körper ist in sich zusammengesackt, so als würde alles Leben mit einem Mal daraus entweichen. Prostitution?

»Nein«, lehnte ich mich mit brüchiger Stimme auf. »Warum ich? Ich bin viel zu hässlich. Das ist ein Missverständnis ...«

Der Aufseher erwiderte mir nur: »Dieser Mann möchte dich unbedingt haben.« Mein Herz schlug so laut, dass ich das Blut in meinen Ohren rauschen hörte. Ich spürte, wie meine Hände und meine Lippen taub wurden.

Als mich dieser IS-Aufpasser so zerstört vor sich sah, schwenkte er um: »Geh nicht in dieses Bordell! Gleich kommen diese Leute aus Sindschar. Geh lieber mit denen mit.« Warum dieser hässliche Gnom mir das empfohlen hatte, würde sich noch herausstellen. Sicher aber lag es nicht an seinem guten Herzen.

DIE WAHL ZWISCHEN ZWEI HÖLLEN

Was tun? Vor meinen Augen verschwamm alles, aber ich musste mich schnell sammeln, um eine Entscheidung treffen zu können. Das Bordell war die Hölle Nummer eins. Mit diesen IS-Milizen aus Sindschar mitzugehen war die Hölle Nummer zwei. Pest oder Cholera? In ein Hurenhaus wollte ich auf gar keinen Fall, mit den Typen vom IS mitgehen allerdings auch nicht. Es blieb keine weitere Zeit, um diese zwei Fragen gegeneinander abzuwägen.

Die Besucher begutachteten jedes unserer Mädchen. »Shirin!« Mein Name wurde aufgerufen. Wieder folgten diese immer gleichen Fragen. »Bist du verheiratet?« Ich fühlte, wie sich mir die Kehle zuschnürte. »Nein, bin ich nicht.« »Möchtest du heiraten?« »Nein, möchte ich nicht.« »Bist du Jesidin?« »Ich bin Jesidin, zu 100 Prozent«, gab ich zurück. »Möchtest du Muslima werden?« »Nein, möchte ich nicht.« Dieser Kerl hat mich ebenfalls wissen lassen: »Wenn du nicht mitkommst, wirst du morgen ins Bordell geschickt.«

Mit mir haben sie noch zwei andere 16-jährige Mädchen ausgewählt. Die eine war klein und rund. Ich kannte sie aus Hardan. Vom Hauttyp her sehr dunkel, mit großen Augen wie die einer Puppe, dichten Augenbrauen und schwarzem Haar. Die andere war vom Aussehen her das Gegenteil davon: schlank und groß, helle Haut, ovales Gesicht und langes braunes Haar. Verunsichert nahmen wir zu dritt auf einer Matratze Platz, blickten zu Boden und weigerten uns, jemals wieder aufzustehen.

Die Männer waren sichtlich verdrossen. »Das hilft euch auch nicht weiter«, schimpfte das Oberhaupt der Gruppe. Er nahm sein Handy und rief den Oberkommandeur an. »Komm bitte her mit deiner Jesidin.« Ganz Sindschar hörte auf diesen Mann, der sich eine Jesidin zur Sklavin gemacht hatte.

Es dauerte nicht lange, da schwebte eine lange, schwarze Gestalt förmlich auf uns zu. Sie war komplett verschleiert. Selbst ihre Hände waren mit Handschuhen verhüllt. Diese IS-Kämpfer hatten die Frau gezwungen, uns zur Vernunft zu bringen. »Kommt lieber mit«, legte sie uns eindringlich nahe. Nur ihre Augen waren zu sehen. Obwohl selbst dieser Sehschlitz noch mit einem Stück Stoff verdunkelt war, haben wir in ihren Augen die Angst erkannt.

Ich konnte mir nicht vorstellen, dass das wirklich eine Jesidin sein sollte. So wie sie aussah. Abgetaucht unter einem bodenlangen schwarzen Gewand. Wie ein Nachtgespenst. »Nein, wir machen das nicht«, habe ich das als Sprecherin für uns abgelehnt. Da fing das Mädchen wieder mit ihrer gebrochenen und belegten Stimme an zu reden. »Ihr braucht keine Angst zu haben, die tun euch ja nichts.« Das wollte ich genauer von ihr wissen: »Wie? Die tun uns nichts? Haben sie dir etwa nichts getan?« »Ja, sie sind sehr gut zu mir«, meinte sie. Auf einmal begann sie zu flüstern. »Wenn ich es nicht schaffe, euch zu überzeugen, werden die mich umbringen. Wenn ihr's nicht für euch tut, tut es um meinetwillen. Ich bitte euch!«

Im Grunde aber haben wir uns alle nur den Tod gewünscht. Eingeschlossen dieses schwarze Nachtgespenst.

IN ABU NASSERS GEKLAUTER STADTVILLA

Hölle Nummer zwei klang so, als ob wir vielleicht noch eine Chance hätten, irgendwie davonzukommen. Vor der Halle parkte ein Kleinbus. Am Steuer saß ein Bediensteter, neben ihm als Beifahrer der Oberkommandeur selbst. Er nannte sich Abu Nasser. Von der Nationalität her ebenfalls Turkmene. Wir Mädchen nahmen zu viert im hinteren Bereich Platz. Abu Nasser war ein kräftiger, mittelgroßer Mann. Sein pechschwarzes Haar war von vielen grauen Strähnen durchzogen. Seine Augen waren schwarz. Er hat uns damit aber nicht böse angeblickt. Im Gegenteil. Er hat dauernd versucht, mit uns zu scherzen. Bester Laune drehte er sich zu uns nach hinten um:»Meine Töchter, werdet Muslimas! Ich bring euch dann zu euren Müttern, und ihr werdet einen von uns heiraten. Es wird euch gut gehen, wir behandeln euch nicht schlecht. Falls euch aber einer schlecht behandelt, teilt es mir einfach mit.« Natürlich galt all das nur unter der Voraussetzung, dass wir uns zu seinem Glauben bekannten. Das betonte er ständig.

Die zweistündige Fahrt führte mitten ins Sindschar-Gebiet. In einem größeren Ort parkte der Fahrer in der Einfahrt vor einem sehr vornehmen Haus mit drei Stockwerken. Ursprüng-

160

lich hatte diese Villa einem schiitischen Arzt gehört, der ermordet oder geflohen war. Nun aber lebte dort der Oberkommandierende Abu Nasser. Wie sich herausstellte, hatte er das schwarz verhüllte Mädchen nicht nur als Haussklavin zu sich genommen. Fröhlich präsentierte er sie uns als seine Ehefrau, mit der er vor dem Imam getraut worden sei. »Das ist meine Frau. Sie gehört jetzt mir.« Im Flur tauchte noch ein zweiter bärtiger Typ auf, der wiederum ihre Schwester geheiratet hatte. Zu viert lebten sie dort.

Ehrfürchtig blickten wir uns um. Ein riesiger Flachbildschirm prangte in einer Ecke. Es gab edle Holzschränke, voll mit Büchern, und mit teuren Stoffen überzogene Sessel; in der oberen Etage hatte jedes Kind sein eigenes Zimmer gehabt. So etwas Vornehmes hatten wir drei Mädchen in unseren Dörfern zuvor noch nie gesehen.

Vorwiegend aber durften wir uns nur unten in einem Zimmer aufhalten. Ich wollte dort auch gar nicht hinaus. Die Welt hinter dieser Tür schien mir zu unberechenbar. An den Wänden hingen noch die gerahmten Fotos des schiitischen Arztes mit seiner Frau und seinen drei Kindern.

Wir Mädchen sind davon ausgegangen, dass wir in Zukunft als Dienerinnen gemeinsam in diesem Haus bleiben würden. Abu Nasser befahl der Jesidin, die er zur Heirat gezwungen hatte: »Solange die drei bei uns sind, schläfst du bei ihnen im Zimmer.« Im Haus haben wir sie erstmals ohne die schwarze Verschleierung zu Gesicht bekommen. Es hieß, dass nur die hübschesten Mädchen an die höchsten Kommandeure gegeben werden. Das stimmte wohl. Sie hatte einen Teint wie Porzellan, ausdrucksvolle große Augen, war hochgewachsen und üppig gebaut. Das lange schwarze Haar baumelte in Form eines Zopfes fast bis zur Hüfte hinab.

Bevor der Oberkommandant uns endlich allein ließ, mahnte

er uns noch einmal zur Besonnenheit: »Wenn ihr Muslime werdet, seid ihr unsere Schwestern, und wir sind eure Brüder. Dann helfen wir euch.« Wir haben ihm vorgegaukelt, dass wir damit einverstanden wären. »In Ordnung«, sagte ich. Alles war besser als ein Hurenhaus. Wir sollten uns nun duschen und frisch machen. Dann würden wir gemeinsam das Gebet sprechen, damit wir Jesidinnen offiziell unseren Glauben wechselten.

Nach dieser langen Zeit habe ich mich das erste Mal wieder gewaschen. Das Wasser war lange Zeit schwarz, schwarz und schwarz. Am liebsten wäre ich dort noch bis zum nächsten Morgen stehen geblieben. Es war, als würde wieder Licht an meine Haut dringen. Seufzend habe ich mir die langen Haare getrocknet und mich mit dieser Situation abgefunden. Ein frisches Kleid lag bereits parat. Die Männer zeigten sich erstaunt, als sie mich so sahen. »Da siehst du, ich hatte recht, wie schön sie unter diesem Schmutz ist«, lobte Abu Nasser mich vor dem anderen. Der nickte anerkennend mit dem Kopf.

Als ich das Gebet aufsagen musste, hielten sich die Männer etwas abseits. In diesem Gebet, das man natürlich auf Arabisch spricht, erwähnt man den Namen des Propheten Mohammed. Jedes Mal, wenn der Name Mohammeds vorkam, ersetzte ich ihn durch unseren Gottes Engel »Taus-i Melek«. Dasselbe habe ich meinen Freundinnen angeraten, als sie aus der Dusche kamen: »Macht das genauso!« Abu Nasser und sein Kollege waren zufrieden mit sich und ihrer Welt und freuten sich, dass wir nun Muslimas seien. In seinem Frohsinn ordnete der Oberkommandeur daraufhin an: »So, wir beten jetzt alle zusammen!«

Er ist nach vorne gegangen, kniete sich auf seinen Gebetsteppich, senkte den Kopf und hob sein Hinterteil an. Ich saß direkt hinter ihm und blickte erst auf den dicken Hintern, dann zu meinen Freundinnen, riss die Augen auf und zog meinen Mund zu einem stumm-staunenden »Oh« zusammen. Die

Mädchen bissen sich auf die Lippen, damit sie nicht lachen mussten. Beim Gebet durften wir unsere Stimmen nicht erheben, nur Flüstern war erlaubt. Folglich flüsterten wir weiter »Taus-i Melek« statt »Mohammed«. Innerlich habe ich diese Situation tausendmal verflucht, aber meinen Freundinnen gegenüber habe ich mich über diesen wippenden Hintern vor mir lustig gemacht. Dabei verzog ich mein Gesicht, als hätte ich auf eine Chilischote gebissen.

Waren Gäste im Haus, mussten wir ein Kopftuch umlegen, Hidschab genannt, unter dem die Haare verborgen waren, aber das Gesicht zu sehen war. Dazu trugen wir ein langes Kleid. Zusammen mit den anderen Mädchen habe ich in der Küche das Essen vorbereitet. Die Gäste durften wir nicht sehen. Ein Angestellter kam vorbei und hat das Essen mitgenommen. »Wenn ihr das Haus verlasst, müsst ihr Handschuhe und Niqab anziehen«, klärte uns die zwangsverheiratete Jesidin über die Gepflogenheiten im IS-Staat auf. Schon die kleinste Abweichung gegen die Kleidungsvorschriften werde geahndet. Wer dagegen verstieß, riskierte Geldstrafen, Peitschenhiebe oder sogar Steinigung. Was auch immer.

Abends haben wir uns noch lange mit der Jesidin unterhalten, die uns hierhergeführt hatte. Sie hat versucht, uns Hilfestellung für unser neues Leben zu geben, indem sie ihren eigenen Alltag beschrieben hat. »Wenn ich für meinen Mann nicht alles tue und nicht gut genug für ihn bin, ihn nicht gut bekoche und für ihn nicht sauber putze, wird er mich weiter verkaufen.« Wir schluckten. »Deswegen gebe ich euch den Ratschlag, wenn euch ein Mann zur Frau nimmt, bleibt bei ihm, seid gut zu ihm, damit ihr nicht an den Nächsten weitergegeben werdet.« Sie vermochte unsere Blicke nicht zu ertragen und senkte die Lider. »Ich versuche, dasselbe meiner Schwester zu sagen, damit wenigstens sie bei mir bleibt.« Betreten blickten nun auch wir zu Boden. Die Jesidin strich sich über ihre schmale Nase und verzog bitter ihren Mund. »Ich sage euch: Ihr müsst das aushalten und gut zu dem Mann sein.« Sie selber war 19 Jahre, ihre Schwester 23 Jahre alt. Beide kamen aus dem Sindschar-Gebiet.

Meine ersten Worte auf ihre langen Ausführungen waren: »Das werde ich mit Sicherheit nicht machen. Ich kann das nicht.« Entschieden verschränkte ich die Arme. Allerdings hatte ich zu diesem Zeitpunkt das erste Mal überhaupt begriffen, dass ich ge- oder verkauft werden könnte. Wie ein Stück Fladenbrot. »O mein Gott, und wenn ich nicht gut genug für so einen Mann bin ...« Nicht auszudenken.

Was wir uns nicht vorstellen konnten, war für uns nicht wirklich. Wir versuchten deshalb, immer nur mit dem umzugehen, was im Moment geschah. Sobald die Tür hinter der Jesidin zugefallen war, weil sie nun wahrscheinlich gut genug für ihren Mann sein musste, fingen wir an herumzualbern. Wir haben den Oberkommandierenden nachgemacht, wenn er über den »Heiligen Krieg« schwadronierte und dabei seinen dicken rechten Zeigefinger mahnend zum Himmel hob – als Symbol für die Einheit Gottes.

Ich wusste, dass ich nie eine richtige Muslima werden könnte. Ich wusste, dass ich meinen Körper niemals freiwillig einem dieser IS-Schergen ausliefern würde. Ich wusste, dass ich nicht einmal zur Haussklavin taugte, weil ich in vielen Dingen des Lebens nicht mit ihrer Einstellung einverstanden war. Weil ich mich selbst ganz genau gekannt habe und wusste, dass ich dagegen rebellieren würde.

Nach drei Tagen wurde ich abgeholt.

»NIMM SIE ALS DANKESCHÖN DAFÜR, DASS DU IM SINDSCHAR KÄMPFST«

»Du bist längst einem Mann versprochen.« Das hatte mir die Jesidin am Abend zuvor noch mitgeteilt. Und zwar an den hässlichen Gnom, der mich in der Halle davor gewarnt hatte, bloß nicht ins Bordell zu gehen. Schon zu dem Zeitpunkt hatte Abu Nasser mich an ihn vergeben.

»Was soll ich nur machen?« Die Frage kreiste seit dem Vorabend in meinem Kopf, aber ich fand keine Antwort darauf. Er würde kommen und mich holen. Das stand fest, doch ich hatte keine Ahnung, wie ich mich dann verhalten sollte. Mir fiel nichts ein, wie ich das verhindern könnte. Um die Sache erträglicher für mich zu machen, redete ich mir ein, dass ich bestimmt in der Nähe der anderen beiden Mädchen bleiben würde. Selbst wenn ich diesen Kerl heiraten müsste.

Auf einmal war er an der Tür. »Ich bin hier, um meine Shirin abzuholen.« Drei Tage lang hatte Abu Nasser mich von ihm ferngehalten. Erst wollte er sichergehen, dass ich mich als Muslima bewährte. »Okay, du kannst sie jetzt mitnehmen«, gewährte der Oberkommandant ihm nun seinen Wunsch. »Nimm sie als Dankeschön dafür, dass du aus Tal Afar hierhergekommen bist und für Sindschar kämpfst.« Ich war ein Geschenk.

Für die Fahrt musste ich mich erst umziehen. Zwei Umhänge, drei Schleier, Handschuhe. Schwarz wie die Nacht. Alle Körperformen sollten unter diesen Lagen aus Stoff verschwinden. Als ich das erste Mal diesen Niqab mit langem Kleid, es hieß Abaya, anzog, habe ich mich gefühlt, als ob jegliche Freude aus mir gewichen sei. Als säße ich erneut in einem Gefängnis. »Vorbei, mein Leben ist vorbei«, trauerte ich. Zwar konnte ich durch diese Schlitze und das engmaschige Netz davor etwas erkennen, aber mit einem Mal war die ganze Welt eingeengt und verdunkelt. Diese Dunkelheit würde mein Leben noch ersticken. Wieso passiert dir das, Shirin? Wird eines Tages dein Herz genauso schwarz wie dieses Kleid sein?

Dieser Turkmene war 32 Jahre alt, ein kleiner Mann mit einem Speckgürtel um die Hüften. Blond und grüne Augen. Selbst sein Bart war orange-blond. Das Gesicht wirkte wie zerknautscht. Nach etwa einer halben Stunde Fahrt mit dem Wagen hat er mich vor seinem Haus abgesetzt. Von dort aus hat er seine Nachbarinnen zu sich gerufen, die ebenfalls Sunnitinnen waren. Jene drei Muslimas sollten mich waschen und für die Hochzeit vorbereiten.

»Nein!«, habe ich klargestellt, »mich wird hier niemand waschen. Ich wasche mich allein.« Hastig habe ich die Tür hinter mir abgesperrt. Der Turkmene hat mit der Faust dagegengeklopft. »Du machst jetzt sofort die Tür auf, oder ich werde sie aufbrechen!« Immer lauter schlug er dagegen. Da habe ich den Schlüssel wieder umgedreht und mir eine von den drei Frauen ausgesucht. Mit flinken Händen half sie mir, mich fertig zu machen, und führte mich zu den anderen bereits wartenden Helferinnen in das Nebenzimmer.

Jene Frauen waren wie Gänse. Sie quasselten in einer Tour, sie bemühten sich um Freundlichkeit, aber ihre Sprüche haben mich sehr verletzt. »Wir warten hier schon lange auf die jesidischen Frauen, sie sind so wunderschön«, schwärmte die eine. Die andere stimmte ihr zu. »Am liebsten hätte ich auch eine jesidische Frau für meinen Sohn.« Während sie so schwatzten, haben sie mir die Haare getrocknet, meinen Körper mit Handtüchern abgerieben und mich geschminkt. Ich habe das alles willenlos über mich ergehen lassen. Auch als sie mir ein schönes, langes rotes Kleid angezogen haben.

Abschließend haben sie mich in ein anderes Zimmer geführt, wo auch der hässliche Gnom dazustieß. Zusammen mussten wir nebeneinander auf einer Bank beten. Wieder sollte ich den Namen Mohammeds aussprechen. Diesmal war ich gezwungen, das Wort laut zu sagen, ohne dass ich den Namen durch den unseres Engels »Taus-i Melek« ausbessern konnte. Die Zeremonie dauerte nicht lange. Gerade hatten wir das Gebet beendet, schon wollte er Sex.

PRÜGEL IN DER
»HOCHZEITSNACHT«

Er sperrte die Tür zu, rutschte wieder neben mich auf die Bank und wollte mich mit gespitzten Lippen auf meine Augen küssen, aber ich habe angefangen zu schreien: »Nein! Nein! Nein!« Ich habe so lautstark gezetert, dass mir selbst davon das Trommelfell bebte. Nachdem die Frauen mich zuvor geschminkt und fertig gemacht hatten, hatte ich sogar einmal gelacht und mit ihnen albernes Zeug palavert. Da hatte ich noch keine Angst gehabt. Aber diese Nähe zu diesem Mann – das war mir zu viel. Wie konnte er es überhaupt wagen?

Vergewaltigung – das ist die größte Schande für uns Jesidinnen. Das schlimmste Leid, das man einer Frau zufügen kann. Alles würden wir geben, um das zu verhindern. Man dürfte uns hinrichten, erschießen, abschlachten, aber auf so eine Weise entehrt und entwürdigt zu werden, das ist das Allerschlimmste.

»Das ist ein Krieg gegen Frauen. Frauen werden genutzt, um neue Anhänger des IS anzuwerben. Sie werden systematisch zu Opfern gemacht. Der IS benutzt gezielt sexuelle Gewalt, um

*Gesellschaften auseinanderzureißen, indem die
IS-Milizen ihre wertvollsten Bestandteile vernichten.
Wer eine Frau vergewaltigt, vergewaltigt auch eine
Gemeinschaft und eine Familie.«*
(Jan Kizilhan)

Als er merkte, dass ich mich querstellte, versuchte er, mich mit
Gewalt zu nehmen, was ihm seiner Meinung nach zustand. Der
Kerl hat mich auf das Bett geworfen und an beiden Händen
festgehalten. Da er aber nicht besonders stark war, ist es mir
gelungen, ihn wieder abzuschütteln und an beiden Armgelen-
ken festzuhalten. »Komm mir bloß nicht zu nahe!«, habe ich
ihn angeknurrt. Mit einem Ruck hat er mich wieder auf das
Bett geworfen, woraufhin ich ihn mit voller Wucht gegen sein
Schienbein getreten habe. Im nächsten Moment hat er mit einer Faust gegen meinen Oberarm geschlagen und mit der anderen Hand versucht, mir das Kleid vom Leib zu reißen. Wie wild
habe ich da um mich getreten. In dem Augenblick hat sein
Handy geklingelt.

Sofort habe ich die Decke schützend über mich gezogen. Er
strich sich die Haare glatt, während er dem Anrufer lauschte.
»Die PKK greift uns an!«, schnauzte er in meine Richtung, »ich
geh jetzt, aber am Abend, wenn ich zurückkomme, werde ich
dir zeigen, wo es langgeht.« Mit einem lauten Seufzer ließ ich
mich nach hinten aufs Bett fallen. Ich hatte ihn abgewehrt! Ich
hatte es geschafft! Ich würde diesen Mann bekämpfen! Am
Abend würde ich mir eine neue Taktik einfallen lassen, um
mich vor seinen Zudringlichkeiten zu schützen.

So viel war mir klar. Dieser Mann war ein Nichtsnutz, ein
Außenseiter, der in der Gesellschaft nie etwas zu sagen gehabt
hatte. Vor einem wie ihm hatte ich nichts zu fürchten. Bevor er
sich dem IS als Kämpfer anschloss, hatte er seinen Lebensun-

terhalt als Obsthändler verdient. In Uniform aber meinte der Turkmene, plötzlich wichtig geworden zu sein.

Kaum war er weg, tänzelte die Frau herbei, die mich zuvor im Bad hergerichtet hatte. Sie hatte mit den anderen die ganze Zeit im Nebenzimmer gelauscht. »Herzlichen Glückwunsch!«, hat die Nächste mir von hinten zugerufen, »du bist ja jetzt verheiratet!« Die Dritte wollte neugierig in Erfahrung bringen. »Wie war's denn? Du hast so laut geschrien. Hattest du Schmerzen, Shirin?« Damit sie endlich Ruhe gaben, habe ich ihnen vorgelogen: »Ja, es hat wehgetan, aber jetzt bin ich verheiratet.«

Bei seinem zweiten Annäherungsversuch am Abend habe ich mich sterbenskrank gestellt. Das fiel mir nicht schwer, denn genauso fühlte ich mich auch. Vor lauter Nervosität hatte ich anscheinend wirklich Fieber bekommen. Mein Gesicht war glühend heiß. Wie eine Halbtote habe ich mich auf das Bett gelegt, mich gelegentlich unter Stöhnen hin und her gewälzt. Das muss ihn beeindruckt haben, denn er hat mir geglaubt und sich neben mich schlafen gelegt.

Noch in der gleichen Nacht bin ich aufgestanden, um etwas Wasser zu trinken. Plötzlich merkte ich, dass er hinter mir stand. Im nächsten Moment riss er mir die Kleidung herunter. Kurz stand ich splitternackt vor ihm. Wieder umfasste er mich an beiden Armen und schmiss mich nackt auf das Bett. Ich fing an, ihn zu boxen und zu treten. Überall hat er mich angefasst. Da habe ich ihn am Arm erwischt und so lange zugebissen, so schmerzhaft und fest, dass er anfing zu bluten. Ich habe ihn so lange und so fest getreten und so heftig um mich geschlagen, dass er mit der Zeit die Lust verloren und sich wieder fluchend zur Seite gerollt hat. Kurz darauf fing er neben mir zu schnarchen an.

Bis ich in die Hände dieser Barbaren geriet, wusste ich nicht, was überhaupt unter Sexualität zu verstehen war. Ich dachte, dass es sich beim Geschlechtsverkehr um Küssen und um Streicheln handelte. Um etwas Zartes und Behutsames, etwas Einmaliges und Besonderes. Zwischen zwei Menschen, die sich liebten. Wir jesidischen Mädchen hatten nur so viel gelernt, dass man in der Hochzeitsnacht seine Jungfräulichkeit verlieren würde. Auch das hatte ich für eine bestimmte Art, sich zu küssen, gehalten, bis uns die zwangsverheiratete Jesidin das umständlich umrissen hatte. Jede Frau habe ein Häutchen zwischen den Beinen, das bei Berührung zerreißen konnte. Ich hatte zuvor noch nie die Lippen eines Mannes berührt, geschweige denn die Hand eines Fremden gestreichelt. Ich wusste nichts. Nicht einmal, dass auf solche Weise Kinder entstehen könnten.

Um 7 Uhr morgens brachte der Turkmene mir Frühstück, dann ging er wieder aus dem Haus. Hunger hatte ich nicht. Ich habe nur einen Tee getrunken. Mein Rücken schmerzte von seinen Schlägen. Vor diesem Mann aber hatte ich keine Furcht. »Ich werde das nicht zulassen, dass er mit mir schläft«, sagte ich mir. Mit so einem wie ihn würde ich fertigwerden. Noch am selben Abend habe ich versucht, mich umzubringen.

»DU BIST JETZT MEINE SCHWESTER«

Seine Abwesenheit habe ich genutzt, um mich im Zimmer genau umzusehen. An der Decke gab es keine Möglichkeit, meinen Schal zu befestigen. Da habe ich mir mein Tuch um den Hals gebunden und an beiden Seiten gezogen. Mit aller Kraft habe ich gezogen, bis die Äderchen in meinen Augen geplatzt sind, meine Augen gebrannt haben und mir schwindelig wurde. In diesem Augenblick trat er ins Zimmer, riss mir den Schal weg und haute so lange auf mich ein, bis ich am Boden liegen blieb.

» Viele jesidische Mädchen haben sich aus Angst,
vergewaltigt zu werden, selbst getötet.
Sie haben sich die Pulsadern aufgeschnitten,
Rattengift geschluckt, sich mit Strom umgebracht
oder zu ertränken versucht. Mir ist der Fall von zwei
Schwestern bekannt, die versucht haben, sich
gegenseitig zu strangulieren. Ein Mädchen berichtete:
›Eines Tages brachte man uns Tanzkleider und befahl
uns, zu baden und sie anzuziehen.
Meine Freundin Jilan schnitt sich im Badezimmer

*die Pulsadern auf und erhängte sich. Sie war sehr
schön. Sie wusste, dass sie von einem Mann
weggebracht würde‹ … Anhand der Schilderungen
rechnen wir damit, dass bislang 200 Mädchen
Selbstmord begangen haben.«*

(Jan Kizilhan)

Da dieser IS-Anhänger ständig irgendwo in Kämpfe verstrickt
war und nicht auf mich aufpassen konnte, setzte er mich noch
am selben Abend ins Auto und brachte mich nach Tal Afar.
Das Wohnhaus war eher klein, aber zentral gelegen. Wie sich
herausstellte, war der Turkmene bereits verheiratet und hatte
zwei kleine Kinder: eine dreijährige Tochter und einen sechsjährigen Sohn. Seine Frau war um die 40 Jahre alt, kompakt
und klein. Sie hatte ein warmherziges Wesen. Im Wohnraum
setzte der Turkmene ihr knapp das Problem auseinander:»Die
will sich umbringen. Die soll bei dir bleiben.« Und schon war
er wieder weg.

Einladend klopfte die Frau mit der Hand neben sich auf das
Sofa, damit ich Platz nähme, und fragte mich, was mit mir los
sei. Ständig auf der Suche nach einem Ausweg, habe ich ihr
folgende Geschichte aufgetischt:»Zehn Tage, bevor die ISIS in
Sindschar einmarschiert ist, habe ich geheiratet. Ich war meinem Cousin versprochen. Schon lange bin ich keine Jungfrau
mehr.« Nachdenklich zog die Frau ihre Stirn in Falten. Als ich
merkte, dass sie darauf einstieg, geriet ich noch mehr in Fahrt.
»Wenn er also eine Jungfrau haben möchte, muss er mich zu
einem Arzt bringen, damit er mich wieder zunäht. Sonst wird
mich hier kein muslimischer Mann mehr heiraten können.«

In meiner Anwesenheit hat sie ihren Mann angerufen und
sich mit ihm über die weitere Vorgehensweise abgestimmt. Der
Plan des Ehepaars lautete folgendermaßen: Ich solle diesen an-

deren Ehemann, sprich meinen Cousin, anrufen. Auch er müsse umgehend Muslim werden. Sobald er konvertiert sei, dürfe ich zu ihm ziehen und mit ihm gemeinsam leben. Das Paar betrachtete es als seine religiöse Pflicht, uns Jesiden vor ihrer Hölle zu schützen. »Nein«, lehnte ich das ab, »mein Ehemann wird weder hierherkommen, noch werde ich ihn anrufen.« Somit hat die Frau entschieden, mich als Haussklavin zu behalten. Ab diesem Zeitpunkt ließ sie auch nicht mehr zu, dass ihr Mann nachts zu mir kam. Immerhin war ich bereits verheiratet. Ab sofort verhielt sich der Turkmene zuvorkommend, sogar respektvoll mir gegenüber. Er hat mich nicht mal mehr angesehen. »Du bist jetzt meine Schwester«, hat er beschlossen. Womöglich war er auch froh, nicht mehr auch nachts noch mit einer Jesidin Krieg führen zu müssen. Dieser Mann hat seine Frau liebevoll behandelt. Sie hat auf ihn gehört, wiederum der Mann aber auch auf sie. Genau genommen hatte sie in dieser Ehe die Hosen an.

Alles konnte ich aushalten, solange sie mir nur meine Ehre ließen und solange ich die Aussicht hatte, meine Mutter bald wiederzusehen. Zwar hat es mir an Trinken und Essen in diesem Haus nicht gemangelt, aber sie haben mich weiterhin täglich gezwungen, alle fünf Gebete mitzusprechen. Sogar nachts hat mich diese Turkmenin geweckt, damit ich aus dem Koran vorlese. Innerlich aber habe ich mir dauernd gesagt: »Egal, wie oft ich hier bete, ich bleibe eine Tochter des Lichts.«

WIEDERSEHEN MIT EINEM NACHTGESPENST

Als ich nach 15 Tagen darum bat, meine sehnsüchtig vermisste Mutter wiedersehen zu dürfen, hat der Turkmene sein Einverständnis erteilt: »Du bist Muslima, deine Mutter und auch deine Verwandtschaft haben sich ebenfalls zum Islam bekannt. Gerne bringe ich dich zu unseren Brüdern und Schwestern.«

Mutter hauste mit meinen Tanten und Geschwistern in einem der geplünderten und leer stehenden Dörfer. Sogar ein paar jesidische Männer haben dort noch gelebt. Meine Landsleute mussten aber alle vorgeben, dass sie Muslime geworden seien. Die Familien standen unter ständiger Bewachung und durften diesen Ort nicht verlassen. Sie lebten wie in einem großen Gefängnis.

»Tausende von Familien werden als Geiseln in den Dörfern gehalten und im Falle einer Nichtkonvertierung zum Islam ermordet.«
(Jan Kizilhan)

Sobald ich mich nach draußen bewegte, musste ich mich in ein Nachtgespenst verwandeln und unter mehreren Lagen schwarzen, bodenlangen Tuchs verschwinden. Bereits vor dem Einfall der ISIS waren die Frauen im Irak mit Kopftüchern verschleiert gewesen, aber nicht auf diese extreme Art und Weise. Die Turkmenin jedoch fand, dass es eine Schande sei, sich nicht auf diese Weise anzuziehen. Sie hatte sich dem neuen System voll angepasst. »Es gibt Gesetze. Wir müssen die Gesetze befolgen.« Egal, wie töricht sie waren. Wahrscheinlich würde ich meinen Angehörigen mit meinem Anblick einen furchtbaren Schrecken einjagen.

Ich sorgte mich wegen der Reaktion meiner Mutter. Dass sie mich in diesem Gewand nicht als ihre Tochter wiedererkennen würde. Dass ich mich in ihren Augen dadurch nicht nur äußerlich verändert hätte. Mir war ganz flau im Magen. Ein IS-Scherge führte den Turkmenen und mich ins Haus. In einem Zimmer sollten wir uns setzen. »Wartet hier, wir holen die Mutter«, stellte er klar.

Schnell schlug ich den Schleier zurück. Als Mutter eintrat, bin ich erst einmal zusammengezuckt. Sie trug noch immer dasselbe schmutzige Kleid, in dem ich sie zuletzt auf dem Boden vor der Schule gesehen hatte. Auch ihr Gesicht schien genauso dreckverschmiert. Seit dem Tag unserer Trennung hatte sie sich nicht gewaschen. Hinter ihr folgten, ganz dicht an sie gedrängt, Kemal und Leyla. Meine ältere Schwester Felek hielt Abstand von mir, weil ich offiziell zu diesem turkmenischen Mann und seiner Familie gehörte. Deshalb wollte sie auch nicht mehr zu mir gehören.

Bei meinem Anblick haben Mutter und Felek angefangen zu weinen. Die Kleinen haben sich an Mutters Kleid festgehalten und mitgeheult. Nur ich hatte schon lange keine Tränen mehr. Mutter hat sich gar nicht mehr eingefangen. »Mama, hört auf, mir geht es gut, ich bin noch wie am ersten Tag. Er hat mich nicht geheiratet.« Ich bin auf meine Mutter zugegangen und habe ganz behutsam meinen Kopf an ihre Brust gelegt. So blieb ich mit geschlossenen Augen stehen und habe tief ihren Geruch eingesogen.

Bis heute rieche ich noch diesen Duft. Da war nichts Schmutziges, es war einfach der pure Duft meiner Mutter. Dann küsste ich Kemal auf die Stirn und wollte auch Leyla umarmen, aber sie fürchtete, dass der Turkmene auch sie mitnehmen wollte, und versteckte sich hinter Mutters Kleid. Ich versuchte, sie zu beruhigen: »Keine Angst, sie tun dir nichts.«

Wir setzten uns wieder an den Tisch und wechselten vom Arabischen wie versehentlich kurz in »Kurmandschi«, wenn die beiden Kerle uns nicht verstehen sollten. »Macht euch keine Sorgen, sie behandeln mich gut, aber ich bin ganz ehrlich zu euch, ich muss mit ihnen beten, damit ich überhaupt noch leben kann.« Mutters Gesicht löste sich. Man spürte, wie ihr ein Stein vom Herzen gerollt ist. »Gut, mache dieses Spiel mit, solange sie dir bloß nichts antun.«

Als mein 16-jähriger Cousin ins Zimmer trat und mich in der schwarzen Kleidung der Muslime erblickte, fühlte ich, wie mir das Blut ins Gesicht stieg. Ich habe mich furchtbar geschämt und Mutter angefleht: »Mama, schau mir doch nur in die Augen, schau meine Augen an, bin ich nicht die alte Shirin?« Da hat Mutter mir mit ihren goldbraunen Augen in meine goldbraunen Augen geblickt und mich mit ihren nassen Küssen fast erstickt. »Du bist nach wie vor unsere verrückte alte Shirin.«

Jeder Gast wird bei uns Jesiden fürstlich bewirtet. In jeder Situation. Mutter wand sich vor Verlegenheit, weil sie nichts für mich auf den Tisch stellen konnte, nicht einmal ein Tellerchen mit Pistazien. Sie hatten alle kaum zu essen. Da habe ich vom Turkmenen auf Arabisch verlangt: »Im Namen Allahs, gebt ihnen bitte Geld oder wenigstens Obst.« Immerhin sprachen sie als Muslime ständig über ihren barmherzigen Gott. »Selbstverständlich.« Eilfertig bot er seine Hilfe an.

Als er kurz darauf das Zimmer verließ, um sich draußen mit den anderen IS-Kollegen auszutauschen, hat Mutter mir nahegelegt, was Vater mir später am Handy wiederholte: »Solange du auf ihre Art betest, ist nichts Schlimmes daran. Behalte in deinem Herzen nur stets deine eigene Religion.« So habe ich es auch weiterhin gehalten. Da wir gerade ungestört waren, habe ich sie rasch noch vorgewarnt, falls der Turkmene sie nach meinem »Ehemann« befragen sollte.

Beim nächsten Besuch hat die turkmenische Frau, die unbedingt mitkommen wollte, meine Mutter auf dieses Thema angesprochen. Tief seufzend hat Mutter eingeräumt: »Ja. Shirin hat ihren Cousin geheiratet. Kurz bevor die ISIS in Sindschar einmarschiert ist.« Die Turkmenin nickte wissend mit dem Kopf. »Shirin ist wie eine Schwester für mich. Wir werden einen guten Mann für sie finden.« An der Art, wie Mutter sich schweigend abwandte, merkte ich, dass sie tief verärgert war.

Da ich mich in dem turkmenischen Haushalt weiter standhaft widersetzt habe, meinen erfundenen Ehemann anzurufen, sahen sie sich genötigt, für mich einen würdigen Nachfolger zu suchen. Der Turkmene hat mir verschiedene Bilder von IS-Kämpfern auf seinem Handy gezeigt. In der Mehrzahl handelte es sich um ältere Männer. »Hier ein Deutscher«, hat er auf ein Foto gedeutet. »Nein, den will ich nicht.« »Oder ein Türke?« »Nein, den will ich überhaupt nicht!« »Vielleicht lieber diesen Tunesier?« »O Gott, nein.« Männer aus den verschiedensten Nationen hat er mir gezeigt. Alle mit zotteligen Haaren und zerzausten Bärten. Einen Patronengurt umgeschnallt, vor einem Raketenwerfer oder beim Laden eines Mörsers. »Unsere Leute vom IS sind überall auf der Welt.« Stolz wie bei einem Hahn wölbte sich seine Brust.

Das Ehepaar wollte mich aber keinesfalls mit der Hochzeit bedrängen. Sie befürchteten, dass ich sonst wieder aufsässig werden könnte und nicht mehr brav weiter betete. Dass ich möglicherweise sogar sagen würde:»Nein, der Islam gefällt mir jetzt doch nicht mehr.« Sie ahnten nicht, dass ich sowieso niemals Muslima werden wollte. Ich hatte immer diese Hoffnung, dass ich das Ehepaar noch möglichst lange blenden könne, bis endlich jemand von der»PKK«, den syrischen Kurden oder sonst wer käme, um mich aus ihren Händen zu befreien.

Zweimal durfte ich Mutter treffen. Gleich nach unserer ersten Begegnung hatte sie sich ein frisches Kleid angezogen und gewaschen.»Jetzt kann ich wieder ein bisschen freier atmen«, hatte sie mir beim Abschied noch gesagt. Beim zweiten Besuch habe ich wieder meine alte Mutter vorgefunden. Die Starke. So wie ich sie kannte. Beim dritten Mal aber war Mutter fort. Das Haus stand leer. Schockiert schlug ich mir die Hand vor den Mund. Der Turkmene hat daraufhin über seine Kampfgenossen in Erfahrung gebracht, dass einige der Frauen nach Syrien verkauft worden seien. Meine Beine waren wie Gummi. Ich musste mich setzen.»Die haben alle Frauen mitgenommen, deren Männer verschwunden oder getötet worden sind«, redete er weiter. Gerade so, als wäre das die normalste Sache der Welt.

Ständig sortierten diese IS-Milizen die Menschen wie Getreidesorten auseinander. Die Männer von den Frauen. Die Jungfrauen von den Verheirateten. Die Schönen von den Hässlichen. Die Jungen von den Mädchen. Die Alten trennten sie von den Familien, schickten sie in die Sklavenarbeit oder in den Tod. Ich bin fast durchgedreht.»Bitte, du musst helfen«, bekniete ich den Turkmenen.»Wo ist meine Mutter? Wo sind meine Geschwister? Wo sind meine Angehörigen?« Doch der Turkmene war nicht in der Lage, herauszufinden, wo sie abgeblieben waren. Die Situation sei kompliziert.

DER GUTE MANN VON DER ISIS

Zurück in Tal Afar habe ich kaum mehr gegessen und kaum mehr getrunken. Es gefiel dem Paar überhaupt nicht, wie ich vor mich hin vegetierte. Der Turkmene hat versucht, mich zur Vernunft zu bringen und mir ein Handy hingehalten. »Shirin, bleib mal ruhig, ruf erst deinen Vater an.« Dankbar habe ich mich darauf gestürzt und hastig seine Telefonnummer eingetippt. Vater war von Mutter informiert worden, dass ich als Hausdienerin in Tal Afar arbeiten musste.

»Papa«, sprach ich ihn atemlos an, »ich weiß nicht, wo Mama ist. Keine Ahnung, wo man sie hingebracht hat.« Zum Glück war Vater auf dem neuesten Stand. »Deine Mutter hat mit dem Handy eines IS-Anhängers mit mir telefoniert. Dieser IS-Anhänger ist ein guter Mann.« Er sei Mitte 20, ebenfalls Turkmene und hätte bereits viele aus unserer Verwandtschaft nach Kurdistan in Sicherheit gebracht.

Den anderen IS-Milizen hatte dieser Sunnit vorgetäuscht, dass er Mutter für sich selbst als Sklavin behalten wollte. In Wirklichkeit aber hatte er sie nur aus deren Reichweite herausschaffen wollen. In einem Ortsteil von Tal Afar, der allein von Jesiden bewohnt war, hatten meine Angehörigen zwischenzeitlich Unterschlupf gefunden. Vater richtete mich seelisch wieder auf. »Deiner Mutter geht es gut. Sie hat noch vorhin mit mir gesprochen.«

Jener gute IS-Mann war auch mit dem Turkmenen bekannt, bei dem ich lebte. Mutter hat schließlich über Vater ausrichten lassen, dass auch ich zu ihr ziehen könne. An dem Ort, wo sie momentan lebte, ginge es ihnen viel besser als zuvor. Der IS-Mann, der sie beschützte, hat daraufhin den Kontakt zum Turkmenen hergestellt.

Auf diese Weise erfüllte sich mein Herzenswunsch, dass ich meine Mutter erneut in die Arme schließen durfte. Die Häuser, in denen einst Schiiten gelebt hatten, waren sehr schön und modern, etwas außerhalb und ziemlich ruhig in einem Gewerbegebiet von Tal Afar gelegen. Meine drei Tanten, Kemal und Leyla lebten auch da, außerdem ein anderer Cousin mit seiner jungen Schwester, die er nach außen hin als seine Ehefrau ausgab. Eine große Familie, auf zwei Häuser verteilt, aber nah beieinander.

An diesem Ort war es schön. Hinter dem Haus gab es einen kleinen Garten, aus dem sie sich ernähren konnten. Sogar Schafe zum Schlachten und Kühe zum Melken hatten die IS-Milizen ihnen hier zur Verfügung gestellt. Die Bewohner haben sich dort selber versorgt, ihren eigenen Joghurt hergestellt, Gemüse und Obst geerntet.

Bei meinen ersten Besuchen hatte ich als Geschenk immer ein bisschen Obst für Mutter, Kemal und Leyla dabei. Als ich aber gemerkt habe, dass sie sich selbst verpflegen können, habe ich das eingestellt. Zwischendurch wollte mir der Turkmene ein paar Almosen für Mutter zustecken, was ich aber entschieden zurückgewiesen habe. »Meine Mutter braucht euer Geld nicht. Sie kann für sich selber sorgen.«

Dieser Sunnit, der seine Hand schützend über Mutter und

die anderen Jesiden gehalten hat, machte uns Mut. »Wenn Shirin erst einmal bei euch ist, versuche ich, euch alle gemeinsam hier herauszubringen. Ich werde euch helfen zu fliehen.« Ich kann mir sein Verhalten nicht genau erklären. Dieser Mann hatte ein so liebevolles und friedliches Gesicht. Er trug noch nicht mal diesen langen Bart wie alle anderen. Ich schätze, dass er einer von denen war, die die Tyrannei dieser Terroristen genauso wenig wie wir ertrugen, aber irgendwie in diesem System überleben musste. Ihm war auch bewusst, dass Mutter und die anderen, trotz dieser Zwangskonvertierungen, immer noch Jesiden waren. Er hat unsere Religion respektiert. Nur nach außen hin hat er uns als Muslime bezeichnet.

DAS LEBEN EINER ZWANGSKONVERTIERTEN HAUSSKLAVIN

Zwischen der turkmenischen Frau und mir hatte sich so etwas wie eine Zweckgemeinschaft gebildet. Sie wollte meine Dienste. Und ich wollte unbefleckt weiterleben. Zuerst versuchte die Turkmenin, mir die ganze Hausarbeit allein aufzubürden, aber ich habe mich bewusst sehr tapsig dabei angestellt. In der Konsequenz haben wir die Arbeit aufgeteilt. Wenn sie gekocht hat, musste ich den Abwasch erledigen oder eben andersherum. Sie verlangte auch, dass ich einkaufen gehen sollte. Doch da habe ich ihr angedroht: »Wenn ich jetzt einkaufen gehe, dann komme ich nicht mehr zurück.«

Dabei hatte ich in Wirklichkeit nur Angst vor den Menschen auf der Straße. Sie wiederum hatte Sorge, mich zu verlieren. Ohne Begleitung dieser turkmenischen Familie habe ich mich nicht aus dem Haus getraut. Ich fühlte mich dort unwohl, im Schatten des IS. Die Blicke der Menschen waren ausweichend, die Gesichter verschlossen. Sicher war ich unter dem Niqab gut versteckt. Keiner hätte mich vom Aussehen her als Jesidin erkannt, allerdings an meinem Dialekt schon. Was wäre dann passiert? Die Händler in ihren Läden könnten begehren: »Die würde ich gerne für mich haben, verkaufe sie an mich weiter.«

Nur in männlicher Begleitung sollte eine Frau das Haus verlassen. Weibliche Ordnungspolizei prüfte draußen, ob man richtig angezogen sei. War eine Frau aber ohne Mann unterwegs, musste sie wenigstens ein Kind dabeihaben. Deshalb habe ich der Turkmenin auch weiterhin Angst eingejagt: »Wenn ich jetzt allein einkaufen gehen muss, nehme ich deine Kinder mit und komm nie mehr zurück.« Da fragte die Turkmenin: »Und was tust du, wenn sie dich gefangen nehmen?« »Dann sage ich ihnen: Ich bin eine Haussklavin und nicht glücklich. Ich will bei jemand anderem arbeiten.«

Danach hat sie mich auf jeden Fall nicht mehr unbeaufsichtigt gelassen. Selbst zu meiner Mutter hat sie mich jedes Mal begleiten wollen. Mutter hat sich ein Herz gefasst und sie direkt angesprochen: »Shirin ist doch jetzt Muslimin, so wie ich auch. Wieso trennt ihr sie dann noch von ihrer Mutter? Bringt sie zurück zu mir.« Die Turkmenin war hin- und hergerissen. Sie hat nicht mehr erlaubt, dass ich zu viel arbeitete. Wenn ich um meinen Bruder und meine Familie geweint habe, hat sie mitgeweint. Doch gehen lassen wollte sie mich trotzdem nicht.

War sie irgendwo außerhalb zu Besuch gewesen, fragte sie als Erstes bei ihrer Rückkehr die Kinder: »Hat Shirin versucht zu fliehen, oder nicht?« Einmal habe ich mich absichtlich im Haus versteckt, als sie vom Einkaufen wieder zurückkam. Während die Turkmenin aufgeregt das ganze Haus nach mir abgesucht hat, bin ich klammheimlich die Treppen hoch auf das Flachdach geschlichen. Keuchend kam sie irgendwann oben an und stemmte die Arme in die Seiten. »Ich habe dich überall gesucht. Was machst du denn da?!« Da habe ich mich mit unschuldiger Miene umgedreht. »Ach, ich wollte mal die Aussicht von hier oben genießen.« Erleichtert und ärgerlich zugleich wischte sie sich den Schweiß von der Stirn.

Mit dieser Frau konnte man sich arrangieren, aber ich blieb

ihr gegenüber immer zurückhaltend und wachsam. Sobald im Fernsehen Berichte über Jesiden liefen, hat sie ständig erhitzt gerufen: »Ungläubige! Ungläubige!« Deswegen habe ich sie auch nie gemocht.

Die Kinder aber habe ich lieb gewonnen. Ich klärte den Sechsjährigen darüber auf, wer die Jesiden seien. »Ich bin eine Tochter des Lichts, die ISIS-Kämpfer haben meine Freunde umgebracht, ich habe meine Verwandten verloren. Ich bin allein. Doch die Jesiden sind ein starkes, mutiges und sehr stolzes Volk. Wir sind gute Kämpfer.« Der Kleine sog diese Geschichten begierig auf. Er hatte zuvor nie etwas über unser Volk gehört.

Wenn sich der Junge draußen mit Gleichaltrigen prügelte, warnte er sie mit geballten Fäusten: »Hört auf, mich zu ärgern. Wenn ihr mir wehtut, hol ich meine Jesidin, und die wird euch dann alle schlagen.« Die Nachbarn haben daraufhin die Turkmenin zur Rede gestellt. Die Turkmenin wiederum hat sich ihren Sohn vorgeknöpft: »Woher weißt denn du, dass Shirin eine Jesidin ist?« Er hat nur die Achseln gezuckt. In der Folge hat die Turkmenin mich in die Mangel genommen. Ich aber habe auch nur die Achseln gezuckt. »Also, ich habe ihm nichts erzählt, das müsst ihr selber gewesen sein. Woher soll er denn sonst wissen, was Jesiden sind?« Meine freche Art konnte ich einfach nicht ablegen. So bin ich nun einmal. Ich lache außerdem sehr gerne. Auch das konnte ich nicht ablegen. Wenn mir Unrecht geschieht, lehne ich mich auf. Das gehört genauso zu mir wie meine Haare auf dem Kopf.

Die kleine Tochter klebte regelrecht an mir. War ihr Vater im Haus, schlief ich mit dem Mädchen im Arm in einem anderen Raum. Einmal aber haben sie mir erlaubt, sogar eine ganze Nacht bei Mutter zu verbringen. Danach hat sich die Turkmenin jedoch beschwert, dass die Kleine dauernd durchs ganze Haus gerufen habe: »Shirin! Shirin! Wo ist denn Shirin?«

WER ZU FLIEHEN VERSUCHT, WIRD NACKT DURCH DIE STRASSEN GEFÜHRT

Immer war der Hausherr bewaffnet, selbst beim Fernsehschauen. Immer war er sprungbereit. Stets darauf eingerichtet, dass jeden Moment einer von der PKK ins Haus stürmen könnte. Jeden Tag habe ich in diesem Haus den Satz gehört: »Du bist jetzt eine Muslima, eine von uns.« In mir gärte eine gewaltige Wut. Diese »Daesh« hatten all unsere Dörfer im Sindschar zerstört, unsere Männer ermordet, uns Mädchen und Kinder verschleppt.

In einem plötzlichen Zornausbruch habe ich beim Putzen manchmal in der Küche die Gläser zerschmissen. Einmal habe ich das zuvor mühsam klein gehackte Fleisch mitsamt dem Teller auf den Boden geknallt. Als das Paar erschrocken nach mir schaute, entschuldigte ich mich, während ich auf den Knien sitzend die Scherben wieder zusammensammelte: »Das Fleisch ist heruntergefallen.« Sie waren nicht böse. Im Gegenteil. Sie zeigten sogar Verständnis. »Macht nichts, das kann passieren«, sagte der Turkmene.

Ihnen war vor allem wichtig, dass ich ihrem Glauben folgte. Die Frau schlug mir auch immer wieder vor, dass mein Vater zu ihnen kommen sollte. »Auch er kann Muslim werden.« Als ob das ein Geschenk gewesen wäre.»Wieso mein Vater?«, tat ich das unwirsch ab.»Er kommt niemals hierher.«

Wenn ich in Mutters Anwesenheit laut über Flucht nachdachte, erschrak sie und brachte mich möglichst schnell wieder davon ab.»Jede, die versucht hat zu fliehen, wurde nackt ausgezogen und durch die Straßen geführt.« Diese Schilderungen hatten ihr zwei jesidische Mädchen bestätigt, die bei ihr unlängst zu Besuch gewesen waren. Mutter hat mir auch noch eine andere Geschichte als warnendes Beispiel mit auf den Weg gegeben.»Ein Mädchen hat versucht wegzulaufen. Die ISIS-Kämpfer haben ihr hinterher gerufen: ›Bleib stehen!‹, aber sie ist trotzdem weitergerannt. Noch mal haben sie das Mädchen aufgefordert: ›Bleib stehen!‹, aber sie ist immer weitergelaufen. Da haben die Männer sie erschossen.« Seither hatte ich meine Fluchtpläne verworfen. Nach jedem Besuch habe ich Mutter gefragt:»Glaubst du, dass wir gerettet werden?« Mutter nickte mit dem Kopf.»Ja, ja, ich glaube ganz fest daran, eines Tages werden wir gerettet werden.«

Nie habe ich das turkmenische Paar gefragt, ob sie mich nicht wieder freilassen könnten. Dauernd haben die beiden mir aufgetischt, dass jedes Mädchen, das versucht hatte zu fliehen, wieder aufgegriffen worden sei. Tal Afar lag in der Mitte. Rechts davon befand sich Mossul, links Sindschar. Alle Gebiete waren von der ISIS belagert. Ich hätte gar nicht gewusst, in welche Richtung ich laufen sollte.

Ein halbes Jahr diente ich bereits als Haussklavin, als sich im Februar 2014 starke Gefechte im Sindschar-Gebiet entwickelten. Mutter war das zu Ohren gekommen. Offenbar hatte sie jemand angerufen, der jemanden kannte, der wiederum davon wusste. Da kämpften mehrere kurdische Einheiten, unter anderem auch die Peschmerga, die zwischenzeitlich mit Waffen aus Deutschland ausgerüstet worden waren. In ihrer

Verzweiflung haben auch einige Jesiden ihr Schicksal selber in die Hand genommen und eigene Einheiten gegründet, unter Anleitung der syrisch-kurdischen »Volksverteidigungseinheiten« YPG.

Zum ersten Mal haben – im Gegensatz zu anderen Kurdinnen – auch unsere eigenen Mädchen und Frauen zu den Waffen gegriffen. Menschen, die noch nie zuvor ein Gewehr in der Hand gehalten haben. »Aber was will man ausrichten, als Bäcker, Kosmetikerin oder Schülerin, gegen den IS mit seinen schweren Waffen?«, stiegen in Mutter Zweifel auf. Am Ende aber war es nur die »YPG«, die einen Fluchtkorridor für die eingekesselten Jesiden aus dem Sindschar-Gebirge nach Syrien geschaffen hatte.

»Für IS-Terroristen stellen diese Kämpferinnen eine besondere Gefahr dar. Sie betrachten Frauen als niedere Wesen. Die sogenannten ›Gotteskrieger‹ glauben, dass sie ins Paradies kommen, wenn sie einen ungläubigen Krieger töten. Der Tod durch die Hand einer Frau hingegen bedeutet für sie Schaden und Schwäche. So ein Tod wird im Jenseits nicht belohnt. Die Kurden haben in ihrer seit Jahrhunderten unterdrückten Kultur andere gesellschaftliche Strukturen entwickelt. Trotz ihrer patriarchalischen Rangordnung waren sie auf die Hilfe der Frauen, auch im Kampf, angewiesen. Die kurdische Frau hat schon immer aktiv für die Rechte ihrer Landsleute gekämpft.«
(Jan Kizilhan)

Bei diesen Schießereien im Februar ist der Turkmene ums Leben gekommen. Nur wussten wir noch nichts davon. Seit einem Monat war er nicht mehr aufgetaucht. Dauernd lag ich der Hausherrin in den Ohren: »Wann kommt er denn, um mich endlich zu meiner Mutter zu bringen?« Dieser Frau war nicht einmal bekannt gewesen, dass so heftige Kämpfe um Sindschar herum wüteten. Sie war vor allem von einem Gedanken zerfressen: dass ihr irgendjemand ihre Hausdienerin stehlen könnte. »Diebe könnten dich mir wegnehmen.«

In der Nacht knallten Steine gegen unsere Hauswand. Aufgewühlt hat mich die Turkmenin geweckt. »Shirin, steh auf, da sind irgendwelche Männer, die unser Haus mit Steinen bewerfen.« In mir keimte sofort die Hoffnung auf: »Vielleicht kommen sie jetzt und befreien mich?« Weiter hörten wir dem Poltern der Steine zu. Die Turkmenin war ratlos. »Warum machen die das?« Da ich schwieg, antwortete sie selber darauf: »Wahrscheinlich wegen dir. Entweder sie sind unzufrieden damit, dass du hier bist, oder es gibt genügend Männer, die sich selbst eine jesidische Frau kaufen wollen, aber man hat ihnen keine verkauft. Und jetzt sind sie darüber enttäuscht.« Da überfiel die Turkmenin eine noch größere Furcht, dass jemand ins Haus einbrechen und mich rauben könne.

Schlussendlich habe ich geputzt und die Wäsche gewaschen. Wenn sie jemanden zum Reden gebraucht hat, war ich natürlich für sie da. Ihr fehlte aber auch der Mut, alleine im Haus zu leben. Sicher gefühlt hat sie sich, mit all ihren Freunden vom IS drum herum, in ihrem Wohnviertel nicht. Überall wimmelte es von Spionen. Niemand wagte mehr, einen Fehler zu begehen. Die Turkmenin passte auf mich auf. Wie auf einen Wertgegenstand, den sie nicht verlieren wollte. Sie wollte auch nicht, dass ich nochmal aufs Dach hinaufsteige, weil sie sich sorgte, dass ich mir etwas antun könnte.

Als ich gemerkt habe, dass der Herr des Hauses nicht mehr kam und immer mehr Zeit verstrich, habe ich mehr geweint als seine eigene Frau. Aber nicht um ihn, sondern um meine Mutter. Nun war keiner da, der mich zu ihr hinbringen konnte. Während ich bei diesem Ehepaar lebte, war ich noch der Überzeugung, dass die Welt des IS zwar schlimm, aber aushaltbar sei. Das richtige Gesicht dieses Terrorregimes habe ich jedoch erst kennengelernt, als ich diese vier Wände verlassen musste. Hier war es mir noch gelungen, meinen Stolz und meine Ehre mithilfe meiner Ausflüchte zu retten. Sobald diese Tür aber hinter mir zugefallen war, haben meine Worte an Bedeutung verloren. Keiner hörte mir noch zu.

VERKAUFT:
Vom Überleben unter Kopfabschneidern

VERKAUFT!

Es war etwa 7:30 Uhr abends und schon dunkel, als sich der Bruder des Turkmenen unten im Wohnzimmer einfand. Ich habe gerade mit den Kindern gespielt und nicht mitbekommen, was er zur Turkmenin gesagt hatte. Gespannt ging ich nach unten und fand sie tränenüberströmt auf dem Sofa. »Was hat er gewollt? Was hat er gesagt?«, fragte ich sie. »Es ist alles gut«, schniefte sie und putzte sich die Nase mit einem Taschentuch. Ich habe ein bisschen ferngesehen, war aber nervös, weil ich nicht wusste, warum sie trotzdem weiter geschluchzt hat. Was war da los? Nach 15 Minuten tauchte der Bruder erneut auf. Seine Tochter war mitgekommen.

Wieder wollte ich wissen: »Was stimmt denn nicht?« »Nichts«, hat die Tochter mir geantwortet. Da bin ich ärgerlich geworden: »Du hast hier nicht zu antworten, ich habe die Erwachsenen gefragt.« Der Bruder des Turkmenen schickte die Tochter weg und klärte mich auf. »Shirin, pack alle deine Sachen, wir bringen dich jetzt für einen Monat lang zu deiner Mutter. Nicht ich werde dich fahren, sondern ein anderer Mann.«

Natürlich habe ich mich unheimlich gefreut und angenommen, dass die Turkmenin nur deshalb in Trübsinn badete, weil sie einen Monat lang auf meine Arbeitskraft verzichten musste. Die Turkmenin aber hat geweint, weil sie genau verstanden hatte, was da vor sich ging. Nur hatte ich nicht verstanden, warum sie so geweint hat.

Gut aufgelegt bin ich zum Auto gesprungen, da ist mir die kleine Tochter der Turkmenin hinterhergerannt. »Shirin! Nicht gehen!« Nun sprangen auch ihr die Tränen aus den Augen, sodass ihre Mutter noch heftiger geheult hat als zuvor. Da bin ich misstrauisch geworden. Irgendetwas stimmte da nicht. Sollte ich wirklich zu meiner Mutter gebracht werden? Das war aber doch kein Grund, derart bitterlich zu weinen?

Der Bruder öffnete mir hinten die Tür und stieg selbst vorne als Beifahrer ein. Seine Tochter blieb bei der Turkmenin, um ihr die Hand zu halten. Ich fühlte mich unbehaglich mit diesen zwei unbekannten Männern allein im Auto. Nach kurzer Zeit machte der Fahrer am Stadtrand in einem Wohngebiet halt. Ein zweistöckiges Haus, das fast aussah wie das andere, reihte sich hier in die Zeile ein.

»Wir sind da«, beschied der Fahrer. »Aber hier wohnt doch nicht meine Mutter?«, habe ich mich gewundert. Der Bruder des Turkmenen hat mich bis zur Haustür gebracht und ist wieder umgedreht, nachdem mich dort eine Jesidin in Empfang genommen hatte. »Ich bin Nesrin und komme aus Kocho«, hat sie sich gleich auf Kurmandschi vorgestellt, »wir warten schon auf dich.« Ich war perplex, weil ich die letzten sechs Monate vorwiegend arabisch gesprochen hatte. Das Kurdische war fast ein bisschen in Vergessenheit geraten. Und wieso wartete sie auf mich?

Diese 21-Jährige hat mich durch den Hof hinein den Hausflur geführt. Ich blickte mich um. Rechts und links befanden sich ein paar Zimmer. Unten standen noch zwei weitere Mädchen. Die Ältere war Mahrusa aus Kocho. »Woher kommst du?«, fragte sie mich. Von sich selber erzählte die 24-Jährige, dass sie mit einem Jesiden verheiratet sei und zwei Kinder habe. Die andere war Huyam, 16 Jahre alt; sie stammte aus Sinune. Huyam war total in sich gekehrt, sie hat am ganzen Leib gezittert. Was war denn mit ihr los? Vielleicht war sie krank? Nesrin hat mich als Erstes gefragt: »Und? Bist du schon verheiratet?« Sie war mir von Anfang an unsympathisch. »Nein, bin ich nicht«, wehrte ich das empört ab. Sie hat nur ungläubig ihre Brauen gerunzelt. Die 19-Jährige hatte angenommen, dass ich längst vergewaltigt worden sei und meine Jungfräulichkeit verloren hätte.

Ein Klopfen an der Haustür ließ alle aufhorchen. Nesrin und Mahrusa fielen in Schweigen. Huyam umschlang sich plötzlich mit beiden Armen, aber ihr Zittern wollte nicht aufhören. Bei dem Besucher handelte es sich um Nesrins Besitzer. Er hatte sie gekauft. Der große bärtige Kämpfer wollte nun offenbar mich als neues Beutestück in Augenschein nehmen. Mit bohrenden Blicken hat er mich betrachtet. Mühsam unterdrückte ich meine innere Aufgewühltheit, die sich vermutlich auf meinem Gesicht in einem dummen, krampfhaften Lächeln zeigte. Der Kerl war kräftig gebaut, 24 Jahre alt und natürlich bewaffnet. Sein Foto habe ich in Deutschland im Internet gefunden. Diese Männer brüsten sich dort mit ihren Verbrechen. »Hast du Angst?«, wollte er von mir wissen. »Nein, ich habe keine Angst«, habe ich geantwortet, fühlte dabei jedoch, wie ich abwechselnd blass und rot wurde. »Warum hat man mich hierhergebracht?« »Ein Freund hat dich reserviert, er will dich kaufen«, sagte er. Auf einmal stiefelte ein anderer Mann herein. Vor Angst hat die 16-Jährige angefangen, mit den Zähnen zu klappern. Der Kerl nahm Huyam in eines der Zimmer mit. Sie folgte ihm wortlos. Anscheinend war klar, dass sie zu ihm gehörte. Verwirrt blickte ich ihnen hinterher. Noch durch die geschlossene Zimmertür habe ich das Klappern von Huyams Zähnen gehört.

Zurück im Flur blieben Nesrin, das andere dünne Mädchen aus Kocho mit der dunklen Haut, dieser IS-Kämpfer und ich. Plötzlich drangen Schreie aus dem Zimmer. Es war Huyams Stimme. Ich wurde sehr unruhig. »Warum stehen wir hier? Auf was warten wir?« Wieder diese Schreie und das Weinen. Die beiden neben mir schienen das aber gar nicht zu hören. Dieser Typ hat die Augenbrauen hochgezogen und den Kopf schief gelegt. »Shirin, ich habe dich doch für mich gekauft. Ich werde dich jetzt heiraten. Vorhin habe ich dich angelogen.« In dem Moment ist mir wieder der Turkmene eingefallen, bei dem ich sechs Monate im Haus gelebt hatte. »Wo ist er denn?« Er hat geantwortet: »Der ist schon längst tot.«

Eine Welt ist in mir zusammengebrochen. Ich weinte heraus, hilflos und offen, da ich nun wusste, dass alles verloren war. Heiraten – das bedeutete bei diesen IS-Milizen vergewaltigen. Mein Herz hämmerte wie verrückt, aber ich wollte alle meine Kräfte sammeln, um auch diesen Mann von seinem Vorhaben abzubringen. Mit zusammengepressten Lippen schluchzte ich. »Du hast doch schon eine! Gehört das Mädchen hier nicht auch dir?« »Natürlich, sie gehört mir, du gehörst mir, ich hol mir noch eine weitere Kocho und noch eine und noch eine.« Lachend verschwand er in die Küche.

Diesmal war ich kein Geschenk. Dieser Fremde hatte mich dem Bruder des Turkmenen abgekauft. Wie viel Geld dabei über den Tisch gegangen war, weiß ich nicht. Nesrin aus Kocho klärte mich über die übliche Vorgehensweise auf: »Stirbt bei denen in der Familie ein Bruder, erbt der Ältere den Besitz samt seiner Frau.« Somit gehörten die Turkmenin in Tal Afar mit beiden Kindern und auch ich diesem Bruder. »Mit seinem Besitz kann er machen, was er will.« Dieses Mädchen erschien mir sehr grob. Mit einem Blick von oben herab hat sie mir den Tipp gegeben:»Heirate ihn lieber, damit sie dich nicht weiterverkaufen. Einfach auch, um dich vor mehreren Vergewaltigungen gleichzeitig zu schützen.« Ich habe entsetzliche Angst vor diesem Mann bekommen.

Einen Monat lang musste ich in diesem Reihenhaus bleiben. Es gab nichts, was diese Kannibalen nicht mit uns gemacht hätten.

»Die Mädchen sind teils grausamen sexuellen Praktiken ausgeliefert. Wenn sie sich verweigern, werden sie bestraft oder getötet. Ein 19-jähriges Mädchen ist bei lebendigem Leib verbrannt worden, weil es sich geweigert hatte, einen extremen Sexualakt zu vollziehen. Das Mädchen habe ich selber untersucht. Sie wurde in Rakka verbrannt, konnte noch fliehen und starb in der Türkei, kurz bevor wir sie nach Deutschland ausfliegen konnten.«
(Jan Kizilhan)

ZUM RICHTIGEN UMGANG MIT SKLAVEN

Der Fatwa-Beirat, die Auskunftsstelle für rechtliche und religiöse Fragen der Terrormiliz IS, hat ein offizielles Handbuch mit »Fragen und Antworten über Gefangene und Sklaven« herausgegeben. Ein Dokument der Menschenverachtung. Hier ein Auszug davon:

FRAGE: Was ist eine Al-Sabi?
ANTWORT: Al-Sabi ist eine ungläubige Frau aus einem Volk, mit dem wir Krieg führen, die von Muslimen gefangen genommen wurde.

FRAGE: Warum darf man eine Al-Sabi gefangen nehmen?
ANTWORT: Man darf eine Al-Sabi aufgrund ihres Unglaubens gefangen nehmen. Ungläubige Frauen, die gefangen genommen und in das Gebiet des Islam gebracht wurden, stehen uns zu, nachdem der Imam sie an uns verteilt hat.

FRAGE: Darf jede ungläubige Frau als Sklavin gehalten werden?
ANTWORT: Die Gelehrten sind sich einig, dass alle ungläubigen Frauen als Sklavinnen genommen werden dürfen. Dazu zählen aber auch Jüdinnen und Christinnen. Uneinigkeit herrscht dagegen darüber, ob abtrünnige Frauen versklavt werden dürfen. Die Mehrheit verbietet es.

FRAGE: Ist Sex mit einer Sklavin erlaubt?
ANTWORT: Ja. »Allah der Allmächtige sagt: Erfolgreich sind die Gläubigen, die ihre Keuschheit bewahren, außer von ihren Ehefrauen oder von solchen, die sie von Rechts wegen besitzen (Ge-

fangene und Sklaven), denn dann sind sie frei von Schuld.« (Koran 23:5-6)

FRAGE: Darf es direkt nach der Gefangenschaft zum Sex mit den Sklavinnen kommen?
ANTWORT: Wenn die Sklavin noch Jungfrau ist, ist Sex erlaubt. Ist sie jedoch keine Jungfrau, muss ihre Gebärmutter zunächst gereinigt werden.

FRAGE: Darf eine Mutter durch Kauf oder Verkauf von ihren Kindern getrennt werden?
ANTWORT: Nein. Die Kinder dürfen vor der Pubertät nicht von ihrer Mutter getrennt werden. Es ist aber erlaubt, wenn das Kind erwachsen ist.

FRAGE: Können zwei Schwestern als Sklavinnen gehalten werden?
ANTWORT: Ja, allerdings darf man nicht mit beiden Sex haben.

FRAGE: Dürfen Sklavinnen geschlagen werden?
ANTWORT: Sklavinnen dürfen aus disziplinarischen Gründen geschlagen werden. Es ist allerdings nicht zulässig, diese aus Genugtuung zu foltern. Zudem ist es nicht erlaubt, die Sklavinnen ins Gesicht zu schlagen.

FRAGE: Wenn zwei oder mehr Männer eine Gefangene kaufen, kann jeder der Männer über sie verfügen?
ANTWORT: Es ist verboten, Geschlechtsverkehr mit einer weiblichen Gefangenen zu haben, wenn der Besitzer sie nicht alleinig besitzt. Ein Mann, der eine Sklavin in Partnerschaft mit einem anderen besitzt, darf nicht mit ihr Geschlechtsverkehr haben, bis der andere sie ihm verkauft oder ihm seinen Anteil überlässt.

FRAGE: Ist es erlaubt, Geschlechtsverkehr mit einer weiblichen Sklavin zu haben, die noch nicht die Pubertät erreicht hat?

ANTWORT: Es ist erlaubt, Geschlechtsverkehr mit einer weiblichen Sklavin zu haben, wenn sie körperlich bereit dafür ist. Ist sie allerdings noch nicht bereit, sollte es reichen, sie ohne Geschlechtsverkehr zu genießen.

FRAGE: Wenn ein Mann eine weibliche Sklavin heiratet, die jemand anderem gehört – wer darf dann Geschlechtsverkehr mit ihr haben?

ANTWORT: Ein Besitzer darf nicht Geschlechtsverkehr mit einer weiblichen Sklavin haben, die mit einem anderen verheiratet ist. In diesem Fall dient sie ihrem Meister, während ihr Mann sie genießen darf.

»So wurde beispielsweise Mahya von einem Kämpfer gekauft und vergewaltigt. Der IS-Kämpfer, der als ›Der Australier‹ bekannt ist, nahm Drogen ein, prügelte das Mädchen, fesselte es und vergewaltigte es daraufhin. Die ganze Nacht ließ er sie so auf dem Boden liegen. Hatte er ›gute Laune‹, ließ er Honig holen, tränkte seine Füße darin und befahl Mahya, diese abzulecken. Als sie sich dabei erbrechen musste, schlug er sie zusammen und sperrte sie gefesselt mehrere Tage lang in einem Zimmer ein. Nach drei Wochen hatte er ›keine Lust‹ mehr auf die junge Frau. Nachdem er sie selber missbraucht hatte, rief er sechs der IS-Wachen und befahl ihnen, das Mädchen zu vergewaltigen. Er saß die ganze Zeit als Zuschauer dabei, nahm Drogen und lachte immer wieder sehr laut. Das Mädchen wurde bis in die

*frühen Morgenstunden hinein vergewaltigt,
geschlagen, an den Haaren gezogen, an den Beinen
von einer Stelle zur anderen gerissen. Sie lachten
immer wieder dabei. (…) Einige Tage später wurde
das Mädchen weiterverkauft. Mahya sagte, dass sie
dieses Lachen niemals vergessen werde.«*

(Jan Kizilhan)

DAS REIHENHAUS IN TAL AFAR

Man muss vergessen können, um Kraft zum Weiterleben zu finden. Doch manches kann man nie vergessen. Ich schaffe es nicht, all das, was nun folgt, im Detail wiederzugeben. Einige Bilder haben sich mir förmlich ins Gedächtnis eingebrannt. Andere tauchen blitzartig auf, um genauso schnell wieder zu verschwinden. Ich vergesse sie sofort und weiß wochenlang nicht mehr, dass es überhaupt etwas zu vergessen gab. In mir herrscht ein furchtbares Durcheinander. Dieses Haus in Tal Afar war kein Bordell im üblichen Sinne, denn jeder Mann dort hatte ein Mädchen für sich alleine gekauft. All diese Kerle waren Turkmenen. Abends gingen sie nach Hause zu ihren Familien, aber wenn sie Lust hatten auf ihr Mädchen, kamen sie zu uns ins Haus und haben sich an uns abreagiert. Alle trugen einen Ehering.

Als Erstes hat mein Käufer, mit Namen Abu Saleh, die beiden Mädchen aus Kocho weggeschickt. Nesrin hatte ihm zuvor gesteckt, dass ich noch unberührt sei. »Ich werde dich jetzt entjungfern«, machte er mir in seinem Zimmer klar. Vier Stunden lang habe ich um mein Leben geredet. Mein Mund schmerzte bereits davon. »Ich bin doch heute zum ersten Mal hier, ich bin doch ein Gast.« Ich war wütend. Ich habe ihm schöngetan. Ich habe ihn gefragt:»Warum erschießt du mich nicht?«, aber wir Mädchen waren zu wertvoll für diese Barbaren. Am Ende habe ich ihn auf den nächsten Tag vertröstet. »Ich brauche Zeit und muss unbedingt noch zu Allah beten. Morgen werde ich dir das geben, was du willst.« Entweder war es mein ununterbrochener Wortschwall oder die Erwähnung»Allahs«, die ihn veranlasste, seine ursprünglichen Pläne zu verschieben. Wahrscheinlich aber war er nur zu kaputt. Mit ihrem Gott, dem Allerbarmer und Allbarmherzigen, hatte das Ganze sowieso nichts zu tun.»Wenn es morgen stattfindet, ist das auch noch in Ordnung«, murrte er. Er ist dann gegangen und kam fünf Tage nicht wieder zurück.

Nach dem fünften Tag hat er seine vermeintlichen Rechte eingefordert.»Shirin, heute Abend nehme ich dich.« Zuerst hat er sich etwas zu essen gemacht. Mein Magen hat sich zusammengekrampft. Die Männer der anderen Mädchen waren an diesem Abend nicht aufgetaucht. Während er seine Suppe geschlürft hat, bin ich zu Nesrin, Huyam und Mahrusa gelaufen und habe protestiert, Klage geführt und herumgeschrien. »Ich werde nicht mit ihm schlafen! Ich werde das nicht tun!« Die Mädchen haben geschwiegen. Sie hatten selber so große Angst.

»Komm jetzt!«, befahl er. In seinem Zimmer hat er mich komplett ausgezogen und aufs Bett geworfen. Ich habe mich furchtbar geschämt, so nackt vor einem Fremden dazuliegen. Mit beiden Händen hat er mir die Beine auseinandergezwängt. Ich fühlte, wie er versuchte, in mich einzudringen. Ich schnappte nach Luft. Immer wieder stieß er zu. Aber er hat es nicht geschafft, weil ich so verkrampft und unten herum wie ausgetrocknet war. Trotz aller Gewalt ist es ihm nicht gelungen, in mich einzudringen. Ständig hat er gerufen:»Mach dich mal locker, mach dich doch mal locker.« Ich lag da wie ein Brett. Völlig steif. Da er es nicht von vorne hinbekam, hat er mich einfach umgedreht und anal vergewaltigt. Als er fertig war, ließ er mich, so weinend, auf dem Bett liegen. Er war nicht befriedigt, weil er es nicht geschafft hatte, mich zu entjungfern. Mürrisch hat er die Tür hinter sich zugeworfen. Ich sollte mich duschen und dann wiederkommen.

Im Bad stand ich vor dem Spiegel und starrte mich an. Mit einem verzerrten Gesicht, das nicht mir gehörte. »Warum? Warum passiert mir das? Was habe ich in meinem Leben falsch gemacht?« Völlig außer mir habe ich nach Mahrusa gerufen. »Wenn du eine Schere hast, dann bring sie mir! Ich muss etwas erledigen!« Eilfertig reichte mir unsere Älteste die Schere. Mit einem Griff schnappte ich meinen langen, kastanienbraunen Zopf, habe ihn direkt über dem Haarband abgeschnitten und schnaubend auf den Boden geschleudert. Ich wollte aussehen wie ein Junge. Erschrocken hat Mahrusa aufgeschrien: »Warum hast du das gemacht? Das ist eine Sünde!« Trotzig habe ich ihr die Stirn geboten: »Das ist meine Sache!« Mahrusa konnte es gar nicht fassen. »Wieso? Vielleicht werden dich deine Brüder danach fragen?« Aufgebracht warf ich ihr da entgegen: »Woher willst du wissen, dass sie überhaupt noch leben?«

Von dem Lärm angelockt, tauchte Abu Saleh hinter ihr auf. Als er mich mit diesen zerfransten kurzen Haaren gesehen hat, drehte er grollend auf dem Absatz wieder um. Wenigstens an diesem Abend wollte er nichts mehr mit mir zu tun haben.

Es war das erste Mal in meinem Leben, dass ich einen nackten Mann gesehen und erlebt hatte. Das hat bei mir bis heute einen widerlichen und zerstörerischen Gedanken hinterlassen, sodass ich nicht mal mehr meinem Vater unbedarft ins Gesicht blicken kann. Stundenlang stand ich danach unter der Dusche. Die Mädchen kamen und haben mich getröstet, indem sie sich eng zu mir zum Schlafen gelegt haben. Sie haben nur gesagt: »Wir können dir nicht helfen. Du musst das über dich ergehen lassen.« Nachts stand ich mehrmals auf, um mir nochmals die Zähne zu putzen. Doch der schlechte Geschmack blieb.

Abu Saleh hatte mich so verletzt, dass ich mich tagelang nicht mehr hinsetzen konnte. Ich lag immer auf der Seite oder stand gekrümmt. Als ich eines Morgens die Augen öffnete, war ein neues jesidisches Mädchen im Haus eingetroffen. Vor Schmerzen konnte ich mich nicht aufsetzen. Ich schaffte es kaum, mich zu bewegen. Das Mädchen namens Zina hat mich gefragt, was mit mir passiert sei. Nachdem ich das mühselig herausgebracht hatte, hat sie mir empfohlen: »Solange sie dich nicht entjungfert haben, ist alles in Ordnung. Du bist noch Jesidin. Versuche deine Jungfräulichkeit, so gut es noch geht, zu behalten. Danach hast du verloren.« Sie war 14 Jahre alt und machte einen völlig abgeklärten Eindruck. Zina war konvertiert und an den dritten Mann verkauft worden. Sie hat ein Zimmer mit einem IS-Kämpfer in der ersten Etage zugeteilt bekommen.

ACHT TAGE

Waren alle IS-Kämpfer im Haus, mussten sich zwei Mädchen unten und zwei Mädchen in der oberen Etage zu ihnen in ihre Räume begeben. Waren die Kerle nicht da, haben wir unsere Decken alle in einen Raum getragen und dort zusammen geschlafen.

Acht Tage lang ist Abu Saleh nicht wiedergekommen. In dieser Zeit bin ich, mit mühsamen Bewegungen, hinauf aufs Dach gestiegen und habe mich von da oben nach einem Fluchtweg umgeschaut. Hupen und Straßenlärm. Einkaufstaschen und Mütter mit Kinderwagen. Wie konnte das Leben da unten einfach weitergehen, als ob nichts geschehen wäre?

Die Mädchen waren mir hinterhergekommen. »Wir sind seit drei Monaten hier. Es haben schon andere vor dir versucht, aber nicht geschafft«, sagte Nesrin. Danach hätten sich die Kontrollen umso mehr verschärft. Zudem hausten nebenan ebenfalls IS-Milizen mit jesidischen Mädchen.

Vor unserer Haustür schoben ein paar Zottelbärte abwechselnd ihren Wachdienst. Dauernd prüften sie, ob die Tür richtig abgeschlossen war, und rüttelten an der Klinke. Diese Kerle sind auch in regelmäßigen Abständen ums Haus herumgelaufen und haben uns eingeschüchtert: »Ihr braucht gar nicht erst zu versuchen, von hier abzuhauen. Eine hat es mal drei Stunden lang geschafft. Wir haben sie trotzdem erwischt. Wir finden euch alle.« Nach unten ging es mindestens zehn Meter in die Tiefe. Flucht war praktisch unmöglich.

»Zwei Mädchen war es gelungen, in der Nacht durch ein Fenster zu fliehen. Sie hatten sich, wie die anderen muslimischen Frauen, ganz in Schwarz gekleidet und liefen in Homs zur Taxistelle, in der Hoffnung, jemanden zu finden, der sie in Richtung Kurdengebiet bringen werde. Sie fanden jemanden, der sie eine Stunde lang fuhr und daraufhin einfach in einem Dorf absetzte. Die Mädchen wussten nicht wohin, da alle Straßen von IS-Milizen kontrolliert wurden. In ihrer Not klopften sie an mehrere Häuser und sagten, dass sie Angst vor den IS-Milizen haben. Die Leute wiesen sie ab, bis ihnen schließlich eine Familie Einlass gewährte. Sie empfingen die Mädchen höflich und gaben ihnen auch etwas zu essen. Nach einer Stunde tauchte ein Trupp IS-Soldaten auf und nahm die Mädchen mit. Zwei Monate lang wurden sie in ein unterirdisches Gefängnis gesteckt. Danach hat man sie wieder verkauft.«
(Jan Kizilhan)

Am Leben gehalten hat mich einzig die Hoffnung, dass ich bald wieder mit meiner Mutter zusammen sein dürfte. Nachdem ich versucht hatte, mich bei dem Turkmenen umzubringen, hatte mich kurz darauf meine Mutter im Arm gehalten. Hätte ich mich damals jedoch getötet, hätte ich meine Mutter niemals wieder zu Gesicht bekommen.

Täglich haben uns die Aufpasser Reis, Hühnchen oder sonstige Mahlzeiten geliefert. Hungern mussten wir nicht. Solange wir fünf Frauen unter uns waren, haben wir versucht, uns abzulenken. Die Mädchen haben im Hof einen Ball gefunden und damit gespielt. Wegen meiner Schmerzen schaute ich nur zu. Wir sehnten uns so sehr nach einem Stück Normalität und haben alles unternommen, um bloß nicht über unsere Situation nachzudenken. Sich der Verzweiflung hinzugeben hätte bedeutet, alles noch schlimmer zu machen.

Jede hat über ihr Dorf berichtet und von ihren Eltern und Geschwistern erzählt. Wem aus der Familie die Flucht gelungen war. Und wem nicht. Nesrin und Mahrusa schilderten, wie die Terroristen in Kocho die alten Frauen vor ihren Augen erschossen hätten.

*»Auf dem Weg von Kocho nach Tal Afar sind auch
Frauen und Kinder erschossen worden, weil sie
versucht hatten zu fliehen oder sich nicht dem
Willen der IS-Milizen gebeugt hatten.«
(Jan Kizilhan)*

Stufe für Stufe hat man sich an dieses Grauen gewöhnt. Jede hat aus Sehnsucht nach ihrer Mutter geweint. Für uns gab es nur unsere Mütter, ihre Stimme, ihre Wärme – und die Erinnerung daran. Auch für Nesrin. Den anderen gegenüber verhielt sie sich sehr freundlich, mir gegenüber blieb sie jedoch reserviert. Weiterhin war sie mir nicht ganz geheuer. Trotzdem haben wir Mädchen alle zusammengehalten.

Gemeinsam haben wir alte Geschichten ausgepackt und uns darüber amüsiert, welche peinlichen Sachen wir zu Hause angestellt hatten. Mir fiel wieder ein, wie ich im Unterricht zu viel geschwätzt und der Lehrer zur Strafe einen Eintrag über mich im Klassenbuch gemacht hatte. Daraufhin hatte ich Beschwerde eingelegt. »Warum haben Sie das gemacht?« Dafür habe ich dann einen zweiten Eintrag bekommen. Vor Lachen sind uns die Tränen aus den Augen gelaufen.

Die 16-jährige Huyam aber hat nur von ihrer Mutter geredet. Sie hat gesagt, dass sie sie schon drei Monate lang nicht gesehen habe. »Ich möchte sie einfach noch einmal sehen, und dann kann ich sterben.« Sie hat in der Zeit, die ich in diesem Haus verbringen musste, zweimal versucht, Suizid zu begehen. Das eine Mal haben wir sie nach oben auf das Dach steigen sehen. Mit einem Küchenmesser in der Hand. Mahrusa ist hinter ihr hergerannt. Als Huyam sie gesehen hat, versteckte sie hastig das Messer hinter ihrem Rücken. Ganz langsam ist die 24-Jährige auf das Mädchen zugegangen, während wir zurückgeblieben sind. »Ich weiß, wie du dich fühlst. Ich weiß, dass du Angst hast, dass er in der Nacht zu dir kommt und all die Sachen mit dir macht.« Während sie so auf Huyam einredete, hat sie ihr blitzschnell hinten das Messer aus der Hand gewunden.

Beim zweiten Mal hat Huyam versucht, sich mit Tabletten umzubringen. Überall im Haus lagen alle möglichen Packungen mit Medikamenten herum. Wahrscheinlich haben die Männer dieses Zeug geschluckt, um sich damit zuzudröhnen oder an der Front stark zu fühlen. Wieder hatten wir Huyam erwischt. Nesrin schüttelte sie, um sie aufzuwecken. Doch sie hing schlaff in ihren Armen. Diesmal mussten wir einen Krankenwagen rufen. Die IS-Wachen haben sie schimpfend hinausgetragen. »Die dumme Hure taugt zu nichts!«

Am nächsten Tag haben sie Huyam wiedergebracht. Aschfahl und schwach. »Was haben sie mit dir gemacht?« Sachte habe ich ihr eine Strähne über dem Auge zur Seite geschoben. Ihre Lippen waren aufgesprungen, ihr Mund bemühte sich,

Worte zu formen. »Meinen Magen ausgepumpt, mir geht's wieder gut.«

Wir haben sie zu uns in die Runde geholt, ihre Hände genommen und sie gestreichelt, sie umarmt und getröstet. »Schau mal, wenn du das noch einmal machst, dann besteht doch gar keine Hoffnung mehr, dass du deine Mutter jemals wiedersehen wirst. Du musst weiterleben. Für deine Mutter musst du kämpfen«, habe ich ihr gesagt.

ALLTAG IM HORROR

Wenn sie zur Mittagszeit angeklopft haben, wussten wir, dass das Essen kam. Da hat keine von uns Angst bekommen. Aber nachts, wenn wir Geräusche hörten, haben wir alle angefangen zu zittern. Angespannt bis zum Äußersten horchte ich in den Flur hinein. Die Schritte wurden lauter. Huyam keuchte leise neben mir. Ich verkrallte meine Finger in die Decke und wünschte mir, tot zu sein. Bis ich gemerkt habe, dass es eine andere traf. »Heute bin nicht ich dran!« Erleichterung und tiefes Ausatmen.

Dafür aber litt eine Freundin von mir. Am Anfang habe ich es kaum ausgehalten, ihren Schmerzenslauten zuzuhören. Ich habe mich so hilflos gefühlt in der Dunkelheit. Einsam. Verlassen. Nach und nach habe ich mich aber sogar an diese Schreie gewöhnt. Ich konnte sowieso nicht helfen. Wir konnten nichts füreinander tun. Wir waren alle in derselben verzweifelten Lage.

Sobald die Folterknechte aus dem Haus waren, sind wir wieder zueinander hingelaufen. Damit schneller in Vergessenheit geriet, was sie einem gerade eben noch angetan hatten. Alles war besser, als darüber nachzugrübeln.

Manchmal wollten die Kerle mit uns allen zusammen im Wohnzimmer sitzen. Sie blickten uns dabei an, als wären wir ein Haufen Dreck. Ich habe meinen Mut zusammengenommen und nach meinem großen Bruder gefragt. »Wisst ihr, wo er ist?«»Schau mal«, sagten sie und klappten ihren Laptop auf dem Tisch auf.

Auf dem Bildschirm sah ich sehr viele jesidische Männer, die im Schneidersitz auf dem Boden saßen. Sie müssen sich hinlegen und werden, einer nach dem anderen, von einem IS-Kämpfer hinter sich erschossen. »Na, erkennst du deinen Bruder dazwischen?« Das war ihre Art, sich mit uns zu belustigen. Gott sei Dank habe ich keinen Mann aus Hardan entdecken können.

»Der Terror nutzt moderne Medien und schafft
transnationale Netze. IS-Experten für Propaganda
achten auf regelrechte Inszenierungen von
Hinrichtungen. Der IS legt großen Wert darauf, dass
die Kämpfer sich in der globalen Welt der Medien
durch Videoausschnitte (…) präsentieren. Diese
Präsentationen werden nach dem Tod der Täter wie
ein Juwel behandelt und in den Medien publiziert.
Sie dienen der Mobilisierung neuer Kräfte,
vor allem aus der Jugend.«
(Jan Kizilhan)

Um Salz in unsere Wunden zu streuen, haben uns die IS-Männer immer wieder neue Propaganda-Videos vorgeführt. Dann mussten wir Mädchen zusehen, wie Kindern, Männern und Frauen die Augen zugebunden und die Hände gefesselt werden. Anschließend führte man sie in ein riesengroßes Loch hinein. Ich weiß nicht mehr, welches der Mädchen das wusste, aber eine sagte, dass sie diese Grube zuvor hatten selber ausheben müssen. »Alle mussten dort hinein«, sagte sie heiser, »alle wurden bei lebendigem Leib begraben.«

> *»In Hardan und Sindschar-Stadt wurden nach*
> *bisherigen Berichten mehr als 500 Personen in*
> *Massengräbern gefunden. Hier sollen auch Menschen*
> *lebendig begraben worden sein. Bulldozer haben*
> *einfach Erde über sie geschüttet.«*
> *(Jan Kizilhan)*

Auf dem Laptop haben wir verfolgt, wie die IS-Kämpfer am Schluss die Toten wieder aus der Erde herausgezogen haben. »Hier haben wir Ungläubige getötet!«, machte sich einer am Wohnzimmertisch wichtig. Ein anderer zeigte sich überzeugt: »Wenn wir umgebracht werden, kommen wir ins Paradies und werden dort mit 72 Jungfrauen belohnt.« »Der Weg des Kampfes ist der des Lebens«, fiel dem Nächsten dazu ein. Er freute sich, etwas Gescheites gesagt zu haben, obwohl er nicht ganz begriff, was es gewesen war.

> *»Es ist nicht möglich, diese Terroristengruppen*
> *mit friedlichen Mitteln zu stoppen, weil es für sie*
> *keinen wirklichen Tod gibt (…). Denn wer im Kampf*
> *für die Sache fällt, ist nicht tot, sondern ein Shehid*
> *(Märtyrer), und Shehid bedeutet ewiges Leben.«*
> *(Jan Kizilhan)*

Jeder Film, jedes Foto – ein Ausdruck unermesslichen Leides. So viele Tote, in so kurzer Zeit. Alles hinterlegt mit ihren religiösen Gesängen. Wenn ich heute so eine Musik höre, wird mir schlecht. Ich will diese arabische Sprache nie wieder sprechen.

Wir Mädchen haben fest damit gerechnet, dass wir irgendwann in einer Dokumentation mitverfolgen müssten, wie unsere eigenen Familienmitglieder getötet werden. Für mich waren die schlimmsten Aufzeichnungen diejenigen über die rekrutierten Kinder. Dabei zusehen zu müssen, wie unsere Kinder von den IS-Kämpfern zu ebensolchen Monstern gemacht werden, die sie selber waren. Sie trugen Stirnbänder mit arabischer Schrift und brüllten: »Allah ist der einzige Gott und Mohammed sein Prophet.« Sie spielten mit Handgranaten und hielten abgeschnittene Köpfe in den Händen. Die IS-Männer glucksten wegen unserer leichenblassen Gesichter. »Seht euch das an, wir haben eure jesidischen Kinder geschnappt! Und wir formen sie so, dass sie ihr eigenes Volk, ihre eigenen Mütter töten.«

»Ähnlich wie afrikanische Kindersoldaten werden auch diese Kinder gedrillt und instrumentalisiert. Sie werden zur Unmenschlichkeit erzogen und sollen schließlich gegen ihre eigenen Familien vorgehen. Sie werden in den Camps dazu ausgebildet, andere Kinder zu schlagen, zu kreuzigen oder lebendig zu begraben, wenn sie sich nicht an die Vorgaben des IS halten. Diejenigen, die nicht in den Kampf geschickt werden, dienen als Lakaien der Emire, als Wachen oder als Spione in den Dörfern oder Lagern, in denen Jesiden oder andere religiöse Minderheiten gefangen gehalten werden.«
(Jan Kizilhan)

Ich dachte, dass mich nichts mehr schocken könnte.

DIE STRASSENHUNDE SIND INTELLIGENTER ALS DIESE IS-MÄNNER

In den Köpfen dieser Kerle drehte sich alles fast ausschließlich um Sex. In unserer Verzweiflung haben wir Mädchen sogar darüber Witze gerissen. Dauernd predigten sie uns, dass es darum ginge, uns zu zeigen, »wie man im Islam die wahre Erkenntnis erlangt«. Im Kreise der Mädchen hob ich unvermittelt den Zeigefinger nach Art der IS-Kämpfer mahnend zum Himmel. »Jetzt habe ich die Erkenntnis erlangt!« Vier Augenpaare blickten mich an, als ob ich verrückt geworden sei. »Sie kämpfen nicht für den Islamischen Staat. Nein, sie kämpfen für den Staat der Sexualität!« Und wir krümmten uns vor Lachen. So am Ende waren wir. Diese Kerle glaubten, dass sie besonders fromm seien, aber sie benahmen sich schlimmer als Tiere. Die Straßenhunde in Tal Afar erschienen uns intelligenter als sie.

Wortlos haben wir im Wohnzimmer ihre Angebereien über uns ergehen lassen. »Die 25-Jährigen, die wollen wir gar nicht haben, die sind schon viel zu alt und verbraucht für uns.« »Wir möchten eher die Kinder, so die 12- und 14-jährigen.« »Die jesidischen Mädchen fanden wir schon immer schön. Jetzt gehören sie alle uns.« Ich weiß nicht, wie ihre Ehefrauen dieses Verhalten beurteilten. Vielleicht waren sie auch froh, diese

Männer los zu sein. Gerne schwadronierten diese IS-Kämpfer auch über die Morde im Januar 2015 an den Mitarbeitern in der Redaktion der Satirezeitschrift »Charlie Hebdo«. »Das geschieht denen recht, sie haben Karikaturen über Mohammed veröffentlicht und sich über den Islam lustig gemacht. Wir können überall zuschlagen! Sogar in Paris!«

Seit ich in diesem Haus war, hatte ich Angst, das Jesidentum überhaupt noch zu erwähnen. Wir haben uns aber nicht an ihre Anordnung gehalten, die muslimischen Gebete fünfmal am Tag zu sprechen. Wieso auch? Uns kontrollierte oft tagelang keiner. Wenn die Männer uns jedoch danach gefragt haben, nickten wir alle brav mit den Köpfen und haben geantwortet: »Ja, natürlich haben wir fünfmal gebetet.«

Blieben sie über Nacht, haben sie uns frühmorgens geweckt, um mit uns gemeinsam im Wohnzimmer das Gebet zu sprechen. Vorne die Männer, hinten die Mädchen. Ich habe mich schon lange nicht mehr getraut, den Namen »Mohammeds« durch den unseres Engels »Taus-i Melek« zu ersetzen. Ich wusste auch nicht mehr genau, ob ich allen Mädchen wirklich noch vertrauen konnte. Besonders Zina, unsere Jüngste, hatte mehrere Gehirnwäschen hinter sich und war stark manipuliert.

Nach dieser letzten Misshandlung war es mir bereits acht Tage lang unmöglich, mich ohne Stechen im Bauch zu bewegen. Nachts legte ich mich vorsichtig auf die Seite. Sehr oft habe ich dabei an Telim gedacht. Ich habe sogar um ihn geweint. Ich vermisste ihn. Ich mochte, wie er lachte. Wie seine Stimme klang. Ich vermisste seine Worte so sehr. Ich verspürte Sehnsucht nach etwas, von dem ich vorher noch gar nicht gewusst hatte, dass man es vermissen kann. Ich fürchtete so sehr den Tag, an dem Abu Saleh wieder zurückkehren würde …

EINE LEKTION ERTEILEN

Am achten Tag war er wieder da. »Shirin, du weißt, wir sind noch nicht verheiratet.« Ich sagte: »Ja, ich weiß.« »Also, heute Abend werden wir heiraten.« Im Kopf hatte ich dabei Zinas Ratschlag: »Versuche deine Jungfräulichkeit, so gut es noch geht, zu behalten.« Ich saß auf dem Bett, aber ich habe ihn nicht angeblickt, als er ins Zimmer trat.

Sobald er mich angefasst hat, habe ich seine Hand weggeschoben. Das ging drei- oder viermal so. Als Antwort hat er mir eine Ohrfeige verpasst und mich nackt ausgezogen. Er wollte mir die Schenkel auseinanderreißen, aber ich habe das nicht zugelassen.

Dauernd hat er mich gefragt: »Warum? Du hast doch gesagt, wir schlafen miteinander!« Matt habe ich gesagt: »Nein, ich kann das nicht, ich bring mich lieber um.« Wieder war ich steif und verkrümmt wie eine Kranke. Grunzend mühte er sich auf mir ab. Als er aber auch beim zweiten Anlauf gescheitert ist, wiederholte sich dasselbe wie beim letzten Mal. Er drehte mich um …

Später hat er im Wohnzimmer vor den anderen Mädchen seine Muskeln spielen lassen. »Shirin ist jetzt mit mir verheiratet, sie hat gerade geblutet, ich habe sie entjungfert.« Ich schleppte mich langsam hinter ihm her. Jeder Schritt wie ein Messerstich. Solch eine Bitterkeit hat mich erfüllt. »Du lügst doch!«, habe ich ihn bloßgestellt. »Im Islam gilt es doch als abscheulich, ja, als eine Sünde, eine Frau anal zu benutzen. Du hast das nun schon das zweite Mal mit mir gemacht, weil du es auf andere Weise nicht geschafft hast.« Diese Information, dass diese Art des Geschlechtsverkehrs Muslims eigentlich verboten war, hatte ich von unserer 14-jährigen Zina.

Es wäre mir recht gewesen, wenn er mich für meine Worte an Ort und Stelle mit seinem Sturmgewehr abgeknallt hätte. Er hat mich aber nicht abgeknallt. Er hatte Schlimmeres mit mir vor. Wir sahen uns an. Zwei oder drei Sekunden. Dann bewegte er die Lippen, seine Stimme war kalt: »Wenn du behauptest, dass ich hier lüge, dann werde ich dir jetzt eine Lektion erteilen.«

Die Lektion bestand darin, dass er einen anderen Kollegen herbestellt hat. Sein Name war Aymen. Er war ein einfacher IS-Soldat. Ich wusste noch nicht, dass er den Ruf genoss, den Willen von ungehorsamen oder schwierigen Frauen zu brechen.

AYMEN

Er sah aus, wie man sich einen IS-Mann vorstellt: langer Bart, langes, lockiges, schwarzes Haar, mittelgroß. Ein Nacken wie ein Stier. Die Waffe schien zu diesen Männern zu gehören wie die weite Hose und das hüftlange Hemd. Seine Haut war dunkel. Dieser Aymen überbrachte mir eine gute Nachricht. »Jetzt hat dich so lange keiner mehr zu deiner Mutter gebracht. Ich fahre dich heute dorthin.« Vor Freude haben die Mädchen mit mir in die Hände geklatscht. »Grüße deine Mutter von uns!«

Während ich meinen Niqab übergezogen habe, war ich mir sicher, dass ich diesen Kerl durch meine Störrigkeit endgültig abgeschreckt hätte. Nun war er froh, mich wieder loszuwerden. Aymen drehte den Zündschlüssel um. Ein paar Minuten später aber bremste er vor einem Haus in Tal Afar. Sofort ist mir mulmig geworden. Das war nicht Mutters Haus. Was hatte das zu bedeuten? Doch da kam kein Mann, sondern nur ein kleines, voll verschleiertes Mädchen zur Tür heraus und stieg hinten bei mir ins Auto ein. Ich atmete aus. Kaum war die Autotür hinter ihr zugefallen, sprach sie mich auf Kurdisch an: »Und wohin gehst du?« Ich antwortete: »Ich fahre zu meiner Mutter.«

Diese Stimme kam mir irgendwie bekannt vor. Wir haben uns in die Augen geblickt, denn das war das Einzige, was wir voneinander sehen konnten. Die Kleine neben mir hatte grasgrüne Augen. Daran habe ich sie wiedererkannt. Das war die Zwölfjährige aus der Halle, die der Alte mit ihrer vierjährigen Schwester, einer Neunjährigen und meiner Cousine mitgenommen hatte, um sie zu ihren Müttern zu bringen. Hana aber hat mich erst wiedererkannt, als ich ihr zweimal gesagt habe. »Ich bin es, Shirin!« Da hat sie fast gejauchzt und mich so fest umarmt, als wolle sie mich nie mehr loslassen. Während sie so ihren Kopf an mich presste, habe ich mich gewundert, warum sie hier war. »Und? Haben sie dich zu deiner Mutter gebracht?« Da erst ließ sie mich wieder los. »Nein, ich habe in der Familie des Mannes gelebt. Sobald ich meine Periode bekommen habe, hat die Frau das gesehen und gesagt, dass ich jetzt heiratsfähig bin. Dann haben sie mich verkauft.« Ich zerbrach mir den Kopf, um etwas zu finden, mit dem ich sie trösten konnte. Doch mir fiel nichts ein.

Gleich darauf drückte der Fahrer erneut auf die Bremse. An einem Treffpunkt vor einem Haus wartete Abu Saleh. Was machte er denn da? »Komm raus!« Mit den Worten nahm er Hanas Hand und führte sie fort. Aymen ließ wieder den Motor an. Als wir die Lichter Tal Afars hinter uns ließen, war mir klar. Er wird mich nicht zu meiner Mutter fahren.

Etwa anderthalb Stunden ging die Fahrt weiter übers Land. Die ganze Zeit über habe ich ihn gelöchert: »Was machst du mit mir? Was hast du vor? Wo bringst du mich hin?« Dieser Aymen war nur kurz angebunden: »Sei doch mal ein bisschen geduldig. Du bekommst noch deine Antwort.« Sein Tonfall war sehr ruhig. »Wenn du mir das gibst, was ich haben will, passiert dir nichts. Wenn du aber nicht auf uns hörst, bringen wir dich zu den Frauen, wo's noch schlimmer zugeht.«

Das Dorf nahe dem Sindschar-Gebiet, in dem ich aussteigen musste, würde ich zu jeder Tageszeit wiedererkennen, obwohl es damals dunkel war. Meine Sinne waren bis aufs Äußerste geschärft. Ich war auf alles gefasst. Auf Flucht oder Kampf, Leben oder Tod. Ich konnte nur nicht einordnen, wofür dieses Haus oder dieser kleine Raum sonst genutzt wurde, in den er mich geführt hat. Für mich war das eine Folterkammer. Ein kleines abgedunkeltes Fenster, so weit oben, dass man nicht hinaussehen konnte. Eine Matratze. Eine Tür, die er hinter sich zustieß. Ich musste immerzu schlucken, als erstickte ich. »Was willst du? Was hast du denn jetzt vor?« Sofort ist er mir ins Wort gefallen und hat mich niedergebügelt. »Halt lieber deinen Mund, das ist besser für dich, sonst bringen wir dich nach Syrien.« Es war bekannt, dass die Frauen dort noch mehr litten als im Irak. Mit diesen Worten sperrte er ab und ließ mich alleine zurück.

»In Syrien hatte es das Mädchen Malak gewagt, sich gegen die Schläge ihres Peinigers zu wehren. Zur Strafe ließ er sie, zusammen mit ihrer Schwester, in einen dunklen Raum wegsperren. Über Wochen haben sie kein Licht gesehen. Sie hatten nichts, außer zwei Matratzen zum Schlafen. Die Dunkelhaft endete erst, als der Marokkaner starb. Die Schwestern wurden weiter in die ostsyrische Stadt Deir ez-Zor verkauft. Mithilfe von Menschenschmugglern gelang ihnen die Flucht zurück in den Nordirak.«
(Jan Kizilhan)

Nur schemenhaft drang das Licht durchs obere Fenster. Ich habe gezittert, weil ich so gefroren habe. Mit der Hand tastete ich die Matratze nach einer Decke ab, aber da war nichts. Es war Februar und bitterkalt. Ich habe mich selber umarmt und abgerieben, aber die Kälte wollte nicht weichen. Ununterbrochen habe ich mir dieselben verzweifelten Fragen gestellt. »Warum sperrt er mich ein? Es kann nicht sein, dass er mich vergewaltigen will, sonst würde er mich doch nicht hier einsperren?« Auf der Matratze rollte ich mich zusammen. Dann sprang ich wieder auf, lief hin und her. Hockte mich hin. Vergrub den Kopf in den Armbeugen. Stand wieder auf. Schlug mit der Hand gegen die Wand. Mit dem Fuß gegen die Tür. Schrie. Tobte. »Lasst mich raus!« Aber da war keiner. Kalter Schweiß stieg mir auf die Stirn. Ich war alleine. Ganz alleine. »Hilfe«, sagte ich. So leise, dass es nur ich selber hören konnte.

So vergingen die Stunden. Wie eine Ewigkeit. Ich hatte Durst. Ich hatte Hunger. Kein Toiletteneimer weit und breit, aber ich verspürte auch keinen Drang danach. Erst am nächsten Abend kam er wieder. Eingeschüchtert habe ich ihn nach Abu Saleh gefragt. Er konnte mir doch nichts antun, wenn ich einem anderen gehörte? Mit verschränkten Armen stellte er sich breitbeinig vor mich hin. »Dein bisheriger Besitzer hat mir gesagt, er kann mit dir nicht umgehen, deswegen hat er dich kurz mal ausgetauscht und mich zu Hilfe geholt.« Er schwieg, als wolle er dem Klang seiner Worte nachhorchen. So beeindruckt war er selber davon. »Das ist schon der sechste Mann, der mit seiner Sklavin nicht zurechtkommt. Diese Weiber werden alle zu mir gebracht, und ich habe es als Einziger geschafft, sie zu bezwingen.«

Bewusst hatte er mich zuvor geschwächt, mir keine Nahrung, kein Wasser, keine Decke gegeben. Er glotzte mich mit seinen fischig grünen Augen an. Im nächsten Augenblick lag er schon auf mir. Ich habe versucht, ihn von mir herunterzuwälzen, mich unter ihm gewunden, aber ich fühlte mich so kraftlos, mir war eiskalt, ich habe versucht, ihn zu treten, aber ich habe es kaum geschafft. Dieser Kerl war noch widerlicher als Abu Saleh und die anderen. Er stank nach Schweiß, war ungewaschen, dreckig. Kein Parfum der Welt vermochte diesen Gestank zu überdecken. Selbst sein Blick war anders. So schmutzig. Wie brackiges Wasser. Oben herum ließ er mich bekleidet. Unten herum hat er mir Stück für Stück vom Leib gezogen. Seine ganze Faust hat er mir in den Mund gestopft, damit ich nicht schreie, und mir danach den Mund zugehalten. Mit einer Drehung hat er sich auf mich gesetzt, mit der anderen Hand einen Schal aus seiner Tasche gezogen und mir so fest um den Mund gewickelt, dass ich keinen Laut mehr von mir geben konnte.

Mit Fäusten hat er auf mich eingeschlagen, mit den Füßen nach mir getreten. Ich habe mich aufgebäumt. Gewunden. Geweint. Er versetzte mir einen Tritt gegen die Rippen, der mir die Luft aus den Lungen drückte. Im nächsten Moment hat er mir den Schal vom Mund weggerissen und mir eine Tablette zwischen die Lippen geschoben. »Schluck das!«, hat er gebrüllt. Und ich habe das geschluckt. Wahrscheinlich war es ein Betäubungsmittel, aber ich bin davon nicht schläfrig oder müde geworden. Ich bin ohnmächtig geworden, während er weiter auf mich eingeprügelt hat.

Kurz bin ich aufgewacht, habe nur schemenhaft die Zimmerdecke über mir gesehen. Wo war ich? »Mama?« War das meine Stimme? Sie kam wie aus weiter Ferne. Wie aus einer anderen Welt. Meine Lippen schmeckten nach Eisen. Im Rücken dieser Schmerz. Schwitzen. Eiseskälte. Mir wird schwarz vor Augen. Es ist aus. Als ich erneut zu Bewusstsein kam, habe ich begriffen, dass er mich vergewaltigt hatte. Alles war zerrissen in mir.

Am Abend hörte ich wieder seine Schritte. Vor Schmerz konnte ich nicht mehr richtig schreien. Sein Keuchen an meinem Ohr. Seine Spucke an meinen Lippen. Drei weitere Male ging das so. Immer zur selben Zeit. Beim vierten Mal tauchte er mitten in der Nacht auf und hat befohlen: »Mach dich jetzt fertig, wir gehen.« Ich war aber zu schwach. Alles verschwamm um mich herum. Ich krümmte mich, versuchte, mich aufzurichten, aber es gelang mir nicht auf Anhieb. Mein Körper war so steif und wund. Ich musste mehrmals Anlauf nehmen, um hochzukommen. Da hat er mir Wasser ins Gesicht gespritzt, damit ich endlich aufstehe.

»Wo gehen wir denn hin?« Ich stützte mich mit der Hand an der Wand ab. »Wirst schon sehen«, ranzte er. »Wieso, aber es ist doch nachts, wo willst du denn hin?« Schwankend hielt ich mich bis zur Tür auf den Beinen. Mit einem Blick, als halte er mich für geistig völlig gestört, hat er mich zusammengestaucht: »Du Tier, du blöde Kuh, es ist doch nicht nachts, schau dich doch mal richtig um.« Als ich so vor der Tür stand, habe ich es geschafft, ganz leicht meine dick geschwollenen Augen zu öffnen, und erkannt: »Es ist nicht Nacht, es ist Tag.« Da war die Sonne. Licht.

Kurz habe ich mich, schwer atmend wie ein altes Weib, am Türrahmen angelehnt, weil mir so schwummrig war. Lichtblitze und Flimmern vor den Augen. Wieso fühlte sich nur alles so klebrig und nass da unten an? Vorsichtig habe ich an meine Oberschenkel gefasst und die Hand langsam vor mein Gesicht geführt. Erschrocken fuhr ich zurück. »O mein Gott, das ist ja alles voller Blut«, habe ich zu mir selber gesagt. Das war kein normales Blut. Es war dickflüssiger. Und dann bin ich vor der Tür umgekippt.

DEKADENT, VERGNÜGUNGS-SÜCHTIG UND MORALISCH VERWAHRLOST

Dieser Aymen hat mich einfach hinten in den Wagen geworfen, wie ein Bündel Dreckwäsche. Vor dem Reihenhaus in Tal Afar setzte er mich wieder ab. »Ich habe dich zu deinen Freundinnen zurückgebracht«, sagte er zum Abschied. Ich schaffte es, aus dem Wagen auszusteigen und mich bis in den Hof zu den Mädchen auf den Beinen zu halten. Als ich Nesrin und Mahrusa gesehen habe, hat mich ein Gefühl der Wärme durchflutet. Ich ging immer langsamer, schwankte wie eine Betrunkene, und erneut versagten mir die Knie. Die zwei Mädchen aus Kocho haben mich unter den Armen gefasst und vom Boden hochgezogen. »Bitte«, habe ich sie angefleht, »bringt mich ins Bad und duscht mich.« Ich fühlte mich so unglaublich schmutzig. Dieser Gestank des Mannes umwölkte mich. Noch tagelang. Die Mädchen haben mich eingeseift und geduscht. Es hat nicht mehr aufgehört zu bluten. In der Not haben sie mir eine dicke Binde für den Unterleib gefaltet. Mir war so kalt. So furchtbar kalt. Huyam, Zina und Mahrusa haben mich vor die Heizung gelegt und mir frische Kleider angezogen. Ihre Gesten. Ihre Zartheit. Und ihre Sorge. Das war wie ein Funke von Liebe. Ein Funke Leben. Ein Moment, der half – zu überleben. Wir hatten alle dasselbe Leben und denselben Schmerz. Die ersten drei Tage habe ich nicht viel mitbekommen. Ich war vor allem mit meinen Schmerzen beschäftigt. Der Unterleib brannte, als hätte mir jemand Glasscherben zwischen die Beine gepresst. Die Mädchen haben Abu Saleh angebettelt. »Shirin hat solche Schmerzen, sie muss zum Arzt. Ihre Blutungen müssen gestoppt werden.« Doch er hat das völlig ignoriert. Mahrusa hat mich jeden Abend gewaschen und meinen Körper eingecremt. Sie hat versucht, mich gesund zu pflegen, und mich in die Badewanne in Salzwasser gelegt. Da habe ich gemerkt, wie sich das Wasser um mich herum immer dunkler verfärbt hat. Bis es so rot war, als würde ich in Blut gebadet werden.

Als ich auf meiner Matratze lag, setzte sich Hana zu mir. Traurig hat sie mich mit ihren grasgrünen Augen angeblickt: »Was hat er dir angetan?« Nur bruchstückhaft habe ich das wiedergeben können. Eingesperrt, Prügel, Vergewaltigung … Hanas Stimme war kaum mehr als ein Flüstern. »Das Gleiche hat er mit mir auch in diesem Raum gemacht.« Da wollte ich von ihr wissen: »Hat Abu Saleh dich in Ruhe gelassen?« »Er hat mich auch vergewaltigt.« Hana hat sich so geschämt, dass sie mir nicht mehr in die Augen schauen konnte.

Es stellte sich heraus, dass dieser Aymen Hana gekauft hatte. Er war 35 Jahre alt. Hana 12. Die beiden Männer hatten sich darauf geeinigt, uns nur vorübergehend auszutauschen. Hana hat ihre Hände zusammengekrampft wie ein Vogel seine Krallen. Sie war noch ein Kind. Diese Männer hatten ihren kleinen Körper regelrecht zerstört.

Ich habe die Augen geschlossen. So viel Verderben um mich herum. Später bei der Ausreise nach Deutschland habe ich Hanas Schwestern kennengelernt. Wir telefonieren heute noch oft miteinander und sprechen über Hana. Sie ist, genau wie Zina,

Mahrusa und Nesrin, noch immer in diesem Haus gefangen. Ich habe versucht, ihre Schwestern zu beruhigen, dass es Hana gut gehe. An jenem Abend hat Aymen die Kleine wieder zu sich bestellt.

Kaum hatten die Blutungen aufgehört, hat sich Abu Saleh über mich hergemacht. Seit dieser Vergewaltigung durch Aymen war mein Leben nichts mehr wert. Ich hatte meine Jungfräulichkeit verloren, meinen Stolz, meine Würde, meine Ehre. Mir war in dem Moment einfach alles egal. Ich habe ihn nicht mehr weggeschlagen. Ich hatte meinen Mut verloren.

Ich hatte keine Träume mehr. Ich habe nichts mehr vermisst, weder Trinken noch Essen noch Duschen. Alles war so unerträglich schlimm, dass ich auch nichts mehr gemerkt habe, weder Kälte noch Hitze noch Schmerz. Diese Gefühle waren wie ausgeschaltet.

Als er mich aber wieder anfassen wollte, habe ich ihn angefaucht. »Ich möchte nicht mehr, dass du mir noch einmal zu nahe kommst. Wage es nicht, mich auch nur anzufassen! Egal, was du vorhast. Tu es, bring mich um oder verkauf mich einfach!« Ich fühlte mich so gedemütigt und einsam, dass ich mich mit dem Gesicht voraus aufs Kissen warf und bitterlich zu schluchzen begann. In dieser Nacht hat er sich nur neben mich gelegt und mir nichts getan.

Dieser Abu Saleh hatte Mahrusa und Nesrin gegenüber geäußert, dass er mich nicht mehr verkaufen werde. »Sie gehört mir, sie ist jetzt meine Frau.« Während Abu Saleh für die anderen Mädchen gelegentlich nette Worte fand, verhielt er sich mir gegenüber abschätzig. »Du hast eine sehr freche Zunge!« Mit dem Finger zeigte er auf Nesrin, Mahrusa, Huyam und Zina, »die aber nicht, die sind gehorsam«.

Abu Saleh war, wie die meisten anderen Männer im Haus,

ein ehemaliger Gefängnisinsasse. Vor dem IS hatten diese Typen wahrscheinlich alle kein Geld, keine Arbeit, keine Frauen besessen. Jetzt aber hatten sie einen vollen Geldsack, einen sicheren Job als Mörder und mehr als genug Jungfrauen. Sie hätten zufrieden sein können, aber ihre Köpfe waren voller Hass. Immer wieder haben sie uns das vor Augen geführt. »Ihr seid unsere Rache!« Einer zürnte: »Wir haben acht Jahre im Gefängnis verbracht, wir müssen so viele Jahre, wie wir dort verloren haben, wieder mit euch an Sex hereinholen.« Ein anderer hat hinzugefügt: »Wir hätten gerne auch einige amerikanische Schlampen gefangen genommen.« Auf die Amerikaner haben sie dauernd eingehackt. »Das sind alles Ungläubige!« Dekadent, vergnügungssüchtig und moralisch verwahrlost seien sie.

Nach Saddams Sturz hatten die Amerikaner besonders viele dieser radikalen Muslims im größten US-Gefängnis in »Camp Bucca« eingesperrt. Es war schwierig, beim IS einen hohen Posten zu bekommen, wenn man nicht vorher im Gefängnis oder einer der Ex-Funktionäre von Saddams Baath-Partei gewesen war. Bei ihren Feldzügen haben die IS-Milizen meist als Erstes die Häftlinge befreit.

Nachdem er wieder zum Töten unterwegs gewesen war, stellte sich mir Abu Saleh morgens in den Weg. »Shirin, möchtest du zu deiner Mutter? Ich bringe dich dorthin.« Erst glaubte ich meinen Ohren nicht richtig zu trauen. Doch diese Männer wussten genau, wie wichtig unsere Mütter für uns waren. Er wusste, dass allein sie es waren, die uns am Leben hielten. Abu Saleh hat mir nicht gesagt, wann er mich dorthin bringen würde. Morgen oder übermorgen.

WIESO BIST DU SO BLASS?

Bis 8 Uhr abends waren wir Mädchen unter uns. Auf einmal haben wir gehört, wie sich der Schlüssel umdrehte. Der Schweiß ist uns aus allen Poren ausgebrochen. Hoffentlich war es ein anderer. Nicht der, der mich vergewaltigen wollte. Doch es war Abu Saleh. Mein Magen hat sich zusammengekrampft bei der Vorstellung, dass er mich wieder für seine Zwecke benutzen wollte. »Shirin, es ist jetzt Zeit«, meinte er, »ich fahre dich zu deiner Mutter.« Ich habe ihm das geglaubt. Vielleicht, weil ich etwas anderes nicht glauben wollte.

Eine Stunde später waren wir wahrhaftig vor Mutters Haus angelangt. Als Mutter mich mit ihren warmen Armen umschloss, habe ich all das Leid, das hinter mir lag, vergessen. Es war, als würde sich ein finsterer Raum erhellen, alle Angst und Dunkelheit verschwinden. Ich habe Mutter nichts davon verraten, dass ich vergewaltigt worden war. Mutter lachte und weinte abwechselnd, während sie mich bald von sich hielt, um mich genauer zu betrachten, bald wieder an sich zog und mir zärtlich über die Wangen streichelte. »Du siehst aus wie der Tod! Wieso bist du so blass? Hat dir jemand etwas angetan? Was ist mit dir?«, drängte sie mich. Doch ich sagte nur: »Nein, mir ging es nur so schlecht, weil ich dich so lange nicht gesehen habe.«

Sie hat natürlich wahrgenommen, dass mich diesmal ein anderer Mann begleitet hatte. Abu Saleh hatte sich einen Stuhl zurechtgerückt und beobachtete uns. Voller Ungeduld hat Mutter mich ausgefragt: »Warum warst du so lange nicht mehr hier? Hat man dir etwas angetan? Geht es dir gut?« Nur knapp habe ich nachgezeichnet, dass dieser Turkmene getötet und ich an eine andere Familie verkauft worden war. Ich habe es nicht geschafft, ihr die Wahrheit zu sagen. »In der Familie sind mehrere jesidische Mädchen, wir arbeiten im Haushalt als Sklavinnen.«

Mutter war es genauso schwer wie mir gefallen, den letzten Monat durchzuhalten. Jeden Tag hatte sie mehrmals auf der Straße Ausschau nach mir gehalten und in die Richtung geblickt, aus der ich sonst immer gekommen war. »Jeden Tag habe ich mit dem Schlimmsten gerechnet.« Ich habe ihr auch von den Videos mit den rekrutierten Jungen erzählt. Kummervoll wiegte Mutter den Kopf. »Lieber hätte ich die Leiche meines eigenen Sohnes gesehen, als ansehen zu müssen, wie mein Sohn für die Leichen anderer sorgt.« Nach einer Stunde musste ich wieder gehen.

Zurück im Haus, drängten sich Nesrin, Mahrusa, Hana, Zina und Huyam mit ausgehungerten Blicken um mich. »Erzähl, erzähl, so erzähl doch …!« Als ich ihnen fröhlich berichtet habe, dass ich meine Mutter gesehen und umarmt hatte, haben alle Mädchen angefangen zu weinen, weil sie selber so große Sehnsucht nach ihren Müttern hatten. Einige wussten gar nicht, ob sie überhaupt noch lebten. Sie wussten nicht einmal, wo sie nach ihnen hätten fragen können. Noch in der gleichen Nacht hat Abu Saleh mich gefragt: »Möchtest du für längere Zeit zu deiner Mutter?« Ich konnte mein Glück kaum fassen. »Ja, natürlich, natürlich will ich das!« Er grinste. »Dann pack mal deine Sachen. Morgen geht es los.« In fliegender Hast habe ich meine Kleider zusammengesucht, die mir die Turkmenin gekauft hatte. Am nächsten Abend fuhr der Wagen vor dem Tor vor. Den Fahrer kannte ich nicht. Macht nichts! Wahrscheinlich hatte Abu Saleh einfach keine Zeit, mich selbst zu Mutter zu bringen.

DER VIERTE MANN

Schon an der nächsten Straßenecke stoppte der dicke Fahrer am Straßenrand. Er schaltete das Licht im Wagen ein, drehte sich zu mir um und verlangte: »Entschleiere dich, ich möchte dein Gesicht sehen.« »Wieso? Was willst du von meinem Gesicht? Ich fahre jetzt zu meiner Mutter«, wehrte ich dieses Anliegen ungehalten ab. Es war klar, dass ich keine Chance hatte. Als meine Augen seinen begegneten, fühlte ich, dass mein Zusammenzucken ihm nicht entgangen war und dass er sich darüber freute. Sein Name war Isam.

»Ich habe dich gekauft«, sagte er. Ich fühlte mich wie im dichten Nebel, tappte hilflos darin herum. Nirgendwo ein Ausgang. Tief in mir aber habe ich immer gehofft, dass eines Tages die Sonne wieder durchbrechen würde. Egal, wie ausweglos die Situation erschien. Ohne diese Hoffnung hätten wir alle nicht durchgehalten.

Nach etwa einer halben Stunde fand ich mich in einem sehr großen Haus in Tal Afar wieder. Außer dem Zimmer mit dem Bett habe ich vom Innenbereich nichts gesehen. Die Gardinen vor dem Fenster waren zugezogen. Mit groben Bewegungen untersuchte er meinen Körper. Unter seinem Gewicht konnte ich mich fast nicht rühren. Ich hatte das Gefühl, erdrückt und erstickt zu werden. Er hielt mir nicht den Mund zu wie die anderen. Er ließ mich nach Luft schnappen, wimmern und schreien. Ich habe alles über mich ergehen lassen. Es konnte einem sowieso niemand helfen. Niemand bekam mit, wie man geschlagen und herabgewürdigt wurde. Kein Gesetz schützte uns.

Nachdem er seine Hose wieder übergezogen und seine Waffe umgeschnallt hatte, machte er mir die Regeln deutlich: »Du wirst für immer bei deiner Mutter leben, ich komm nur alle paar Tage und hol dich dort ab.« Am Morgen darauf hat er gefrühstückt und mir einen Kanten Brot hingeschoben, aber ich habe nur auf meine Schuhe geblickt. Anschließend hat er mich zu Mutter gefahren. Die ganze Zeit über ist er mit uns am Tisch gesessen. Diesen Mann habe ich nie lachen gesehen. Sein Gesicht war wie eingefroren. Mutter blickte fragend von ihm zu mir.

Da ich zukünftig alle drei Tage von diesem Isam abgeholt werden sollte, musste ich sie einweihen, dass ich mit ihm verheiratet sei. Es war mir so entsetzlich peinlich, dass ich mein Gesicht hinter meinen Händen versteckt habe, aber Mutter hat versucht, mich gleich wieder aufzurichten: »Solange du wenigstens alle drei Tage bei mir bist, geht es mir gut.« Trotz der Freude, die sich auf ihrem gutmütigen Gesicht abzeichnete, wenn sie mich ansah, lag ein Ausdruck tiefer Schwermut über all ihren Bewegungen, und vor allem in ihren Augen.

Leyla und Kemal blickten diesen dicken IS-Kämpfer zutiefst verunsichert an, begrüßten mich aber mit leuchtenden Gesichtern. Im ersten Moment lachte Mutter, im nächsten Augenblick sorgte sie sich. »Du hast stark abgenommen, du wirkst immer fahler im Gesicht.« Mutter wiegte mich lange im Arm, bevor Isam zum Aufbruch winkte.

232

Danach klopfte er jeden dritten Abend draußen am Tor. Kemal hat geöffnet und nach mir gerufen. »Shirin, du wirst abgeholt!« Bald kam schon bei der Begrüßung mit Mutter wieder der Gedanke an den Abschied auf. Mutter begann, bei der Ankunft die Stunden zu zählen, die uns noch gemeinsam blieben. Jeden Morgen war ihr Gesicht grau vor Kummer. Wieder ein Tag weniger. Und wieder musste ich mit ihm zu seinem Haus fahren. Dort hat er mit mir gemacht, was er wollte, und am nächsten Morgen hat er mich wieder vor dem Tor abgesetzt.

Jede Vergewaltigung hat sich angefühlt, als wäre mein Innerstes zerfleischt, als wären all meine Organe eine einzige Wunde. O Gott, jeder Missbrauch fühlte sich an wie beim ersten Mal. So ein Schmerz. So eine Demütigung. Und ich habe mich immer gefragt: »Warum geschieht mir das? Was habe ich im Leben verbrochen? Welches Leid habe ich anderen angetan, dass mir so etwas widerfährt?« Dieser Mann hat mich geschlagen, sobald ich bei ihm im Zimmer war.

Durfte ich nur eine oder zwei Stunden lang bei Mutter bleiben, hat er seine Untergebenen zur Aufsicht mitgeschickt. Vermutlich bekleidete dieser Isam eine höhere Position, da er so viele Leute befehligte. Sein Wächter lümmelte an unserem Tisch herum. Er hat uns aber nicht gut verstanden, weil wir gelegentlich Kurmandschi gesprochen haben. Als ich einmal die Toilette aufsuchen wollte und zur Tür ging, hat er sofort geschnauzt: »Setz dich wieder hin!« Er dachte, dass ich das Weite suchen wollte. Erst nachdem er sich abgesichert hatte, dass sich die Toilette im Haus befand, durfte ich gehen. Sobald ihm zu langweilig wurde, hat er uns auseinandergerissen. »Es reicht jetzt!«

Bei jedem Abschied ist ein Teil von mir gestorben, denn bei jedem Abschied habe ich gedacht: »Vielleicht ist es das letzte Mal, dass wir uns gesehen haben.« Bei meiner Mutter, so empfand ich es, war das Leben. Sobald ich ihr den Rücken zugekehrt habe, erwartete mich der Tod. Immer schwerer wurden die Tage. Wie Blei. Immer dunkler die Schatten um die Augen meiner Mutter.

Als dieser Isam wieder einmal abends nach mir rufen ließ, habe ich mich krank gestellt. Er nahm Kemal das aber am Tor nicht ab und trat zu uns in den Raum herein. Auf meinem Bett habe ich mich gewunden, die Augen kaum geöffnet und so getan, als ob ich sterbenskrank sei. Diese Rolle ist mir, wie damals schon bei dem Turkmenen, nicht schwergefallen, da sie meinen inneren Zustand widerspiegelte. Ich habe so lange gestöhnt, bis er mir endlich geglaubt hat. Eine Woche lang konnte ich das so durchziehen. Dann aber war seine Geduld am Ende. »Wenn du so todkrank bist, muss ich dich zum Arzt bringen.«

Der Mediziner hat mir Medikamente mitgegeben. Isam hat darauf bestanden, dass ich sie schluckte. »Damit du nicht schwanger wirst«, begründete er das. Geschockt habe ich Mutter beim nächsten Mal befragt: »O mein Gott, entstehen etwa auf solche Weise die Kinder?« Sie hat genickt. Alle drei Tage, wenn ich bei ihm war, musste ich diese kleine, gelbe und süßlich schmeckende Tablette schlucken. Davon bin ich sehr aufgeschwemmt geworden.

Der Mensch gewöhnt sich an so viel. An Todesangst. An Verlust. An Krieg. Aber nie habe ich mich an diese Misshandlungen gewöhnen können. Dieser schwere Mann konnte meine beiden Arme so festhalten, dass ich mich nicht mehr zu bewegen vermochte. Sobald er eingeschlafen war, legte ich mich auf den Boden. Nur weg von ihm. Im Haus der Mutter habe ich mich jedes Mal wie eine Verrückte gewaschen, aber den Schmutz wurde man nicht los.

An einem Abend im März setzte er mich nicht in seinem Haus, sondern in einem anderen Gebäude ab. Es war nur etwa zehn Minuten von Mutters Wohnviertel entfernt. Uns gegenüber befand sich eine leer stehende Tankstelle. Die Gründe dafür hat er nicht erklärt. Vielleicht hatte er schon die Bomber am Himmel entdeckt und wollte sich dort verstecken.

Ich habe auf die Uhr an der Wand geschaut. Es war 20.15 Uhr, als der Lärm mir fast das Trommelfell zerriss. Der Boden unter meinen Füßen bebte. Ich hatte Angst, dass die Wände jeden Moment über uns einstürzen könnten. Dass ich jederzeit in Fetzen gerissen werden könnte. Dass ich Mutter nie wiedersehen würde. Die Mauern wackelten.

Plötzlich flackerte das Licht, dann wurde es dunkel. In diesem Stadtteil von Tal Afar herrschte Stromausfall. In Panik habe ich geschrien, mich in eine Ecke hineingestürzt und mir, dort kauernd, die Ohren zugehalten. Ich atmete kurz und schwer. Durch das Fenster konnte ich im Dunkeln nur erkennen, wie der Staub vom Boden in die Luft hochwirbelte. Von der Tankstelle gegenüber war lediglich ein Betonskelett übrig.

Die ganze Zeit über saß dieser Isam wie eine Statue auf dem Sofa, die Arme im Schoß gefaltet, und verhöhnte mich. »Du bist doch vollkommen idiotisch! Warum hast du solch eine Angst?« Dann aber beschimpfte er mich in einem plötzlichen Anfall von Ärger: »Das ist deine Schuld, hätte ich dich nicht abgeholt, hätten die uns nicht entdeckt und nicht bombardiert.« Völlig verzweifelt schrie ich zurück: »Wieso ist das denn meine Schuld? Bring mich doch einfach zu meiner Mutter und lass mich dort!« Es wären doch nur zehn Minuten Fahrtstrecke gewesen.

Das ganze Spektakel hatte nicht lange gedauert. Das Flugzeug war gekommen, um seine tödliche Fracht um uns herum abzuwerfen, und wieder weitergeflogen. Zwar konnte man hören, wie die anderen Städte in der Folge bombardiert wurden, aber da hat unsere Wohnung längst nicht mehr gewackelt.

Kaum war der Bomber weg, begehrte dieser Isam das Übliche. »Los, zieh dich aus! Leg dich hin.« Es machte keinen Sinn, sich gegen ihn aufzulehnen, aber ich habe ihm vorgehalten: »O mein Gott, wie kannst du denn jetzt mit mir schlafen, wo wir gerade angegriffen worden sind? Wenn jetzt hier eine zweite Bombe einschlägt, finden mich doch die Leute nackt vor. Und das ist doch bei euch eine Sünde – eine Frau darf doch nicht nackt gesehen werden.« Er verzog seinen Mund zu etwas, das wie ein Lächeln aussehen sollte. »Ich dachte, du wärst verrückt, aber da stellt sich heraus, du bist viel schlauer als ich.«

Es war noch dunkel um fünf Uhr morgens, als mich seine Stimme aus dem Schlaf riss. »Verdammt, steh auf! Ich bring dich zu deiner Mutter.« Vielleicht schwante ihm, dass mit Sonnenaufgang erneut Bomber am Himmel kreisen würden. Vielleicht wollte er auch nicht, dass ich bei Tageslicht draußen das Ausmaß der Zerstörung erkennen und als Zeugin weitergeben könnte. Auf meine Frage hin, ob jemand bei dem Anschlag gestorben sei, hat er mich nur angefahren: »Das geht dich einen Scheißdreck an!« Vor Mutters Haus angelangt, blickte er verbissen geradeaus, wedelte mich nur mit der Hand zur Tür hinaus: »Schnell, raus hier! Raus hier!«, hat Gas gegeben und ist umgedreht. Der Mann hatte sichtlich Angst.

So stand ich frühmorgens im schwarzen Gewand eines Nachtgespensts vor dem verriegelten Tor und wusste nicht, wie ich über die Mauern in das Haus dahinter gelangen sollte. Mir ist nichts anderes eingefallen, als mit einem Stein laut gegen das Tor zu hämmern. Wegen des Krachs fürchteten Mutter und die anderen Bewohner, dass Diebe oder noch gefährlichere Leute draußen stünden und Übles planten. Unglücklich habe ich gerufen: »Ich bin's, Shirin! Ich friere so sehr! Macht das Tor auf.«

Mein Cousin fasste sich ein Herz und öffnete das Tor. In manchen Momenten wünschte ich mir, dass ich mich in Luft auflösen könnte. Besonders vor den jesidischen Männern habe ich mich jedes Mal aufs Neue in Grund und Boden geschämt, wenn ich morgens vor Mutters Haus abgesetzt worden bin. Ich war nicht die Einzige, die in diesem Ortsteil ihre Mutter besuchen kam. Jeder wusste Bescheid, was sie uns Mädchen angetan haben. Keiner aber hat darüber geredet.

Kemal und Leyla schliefen noch tief. Mutter rieb sich die Augen. Sie hatten von den Bombenangriffen überhaupt nichts mitbekommen. »Mama, ich hatte so eine fürchterliche Angst«, haspelte ich los. Mutter meinte ahnungslos: »Warum denn? Sie töten doch nur die Leute vom IS.« »Die Piloten konnten doch nicht wissen, dass ich eine Jesidin bin. Ich bin mit einem Niqab in diesem Haus gewesen, die dachten alle, ich gehörte auch zu denen.« Nach drei Tagen hat mich dieser Isam abgeholt. Zur Mittagszeit. Das war ungewöhnlich. Nach einem Monat hatte er genug von mir und verkaufte mich weiter an Abu Mustafa.

VON EINEM ZUM NÄCHSTEN

Auch jener Mann hat mich mehrmals vergewaltigt. Von ihm bin ich schwanger geworden. Wenn ich so zurückblicke, verliere ich manchmal die Zusammenhänge. Aber ich kann mich an jede einzelne Stunde in dieser Zeit der Gefangenschaft erinnern. An alles, was mir angetan worden ist. Die Erinnerung wühlt mich so sehr auf, dass ich nur noch vor ihr davonrennen will. Ich merke, dass ich immer atemloser rede und haspele, als könnte ich dadurch fluchtartig zum Ende kommen. In Wirklichkeit aber verstolpere ich mich, falle, bleibe am Boden liegen … Ich weine und finde keine Worte mehr.

Heute erkenne ich selber, wie sich mein Charakter verändert hat. Ich bin nicht mehr die alte Shirin. Manchmal erwische ich mich bei der Frage:»Woher, Shirin, nimmst du überhaupt die Stärke, weiter zu leben, zu essen, überhaupt noch auf der Welt zu sein?« Doch ich will mich trotz allem bemühen, mich zu erinnern, denn nur dann haben unsere Töchter und Mütter, unsere Väter und Söhne eine Chance darauf, dass diese Verbrecher eines Tages ihre Strafe erhalten werden.

Abu Mustafa hatte beim IS eine gehobene Position erreicht. Er war der Älteste von allen Vergewaltigern. Grauhaarig, ungefähr 60 Jahre alt. Er lebte in einem Vorort von Tal Afar. Zwei Tage lang musste ich ihm zur Verfügung stehen. Wie eine Leiche lag ich unter ihm. Abends hat er mich bei Mutter abgesetzt und morgens wieder abgeholt. Er war anders als die anderen. Abu Mustafa hat mich nicht geschlagen. Er fand sogar freundliche Worte für mich. Vielleicht waren die älteren Männer weniger brutal als die jüngeren, weil sie selber schon Kinder hatten, weil sie miterlebt hatten, wie ihre eigenen Töchter herangewachsen sind. Ich merkte gar nicht, dass sich meine Logik mittlerweile ihrer Moral angepasst hatte.

Kurz hatte ich die Vorstellung, so lange bei diesem Abu Mustafa zu bleiben, bis mir endlich die Flucht gelingen würde. Doch nie im Leben hätte ich diesem Abu Mustafa signalisieren können: »Ich möchte lieber bei dir bleiben, als erneut verkauft zu werden.« Niemals hätte ich das offen zugegeben. Das hätte den falschen Eindruck vermittelt, als ob sich die Mädchen, die vergewaltigt werden, bei diesen Männern gut fühlten. Dass plötzlich aus Unrecht so etwas wie Recht entstände. Diesen Eindruck wollte ich auf keinen Fall erwecken.

Der alte Abu Mustafa hat sich eine neue, junge Jesidin geholt und mich weitergegeben. Der sechste Mann, der auf ihn folgte, hieß Ramsi. Drei Tage lang war ich seinen Launen ausgeliefert. Wieder das alte Spiel. Morgens hat er mich abgeholt, abends bei Mutter abgesetzt.

Ursprünglich stammte dieser IS-Kämpfer meines Wissens nach aus Mossul, war aber in Tal Afar stationiert. Dünn und lang war er. Dekadent, vergnügungssüchtig und moralisch verwahrlost. Kleine Augen, langes Haar. Ramsi war 33 Jahre alt. Dieser Mann wollte immer nur seinen Spaß haben. Und er war dauernd voller Spott, dauernd am Lachen, als stünde er unter Drogen.

» Viele der IS-Kämpfer nehmen Drogen.
Vor allem diejenigen, die aus dem Ausland kommen.
Sie nutzen diese Dogen auch vor dem Kampf
oder wenn sie Frauen vergewaltigen.
Es gibt auch IS-Emire, die den IS-Milizen vor
dem Kampf Drogen verabreichen, damit sie
zielgerichtet und ohne Angst in den Tod gehen. Diese
Form der Drogenverabreichung ist unter anderem
von Hasan-i Sabbāh im 12. Jahrhundert bekannt.
Er hatte die Sekte der Assassinen gegründet und
gedungene Mörder ausgebildet, um politischen
Einfluss zu gewinnen. Hasan-i benutzte bewusst
Drogen und versprach den Killern, nach dem Tod
zur Belohnung ins Paradies zu gelangen.«
(Jan Kizilhan)

Auch dieser Kerl lebte in einem prächtigen Haus, das einem Schiiten gehört hatte. Hier fanden verschiedene Aktionen des IS statt. In einem Raum wurde beispielsweise Geld an die Kämpfer ausbezahlt. Die Zimmer wurden auch dazu genutzt, um Jesidinnen zu vergewaltigen. Dieses Haus, zentral gelegen, schien so etwas wie ein Treffpunkt der IS-Leute zu sein.

Während ich gewinselt habe, hat er gelacht. Wenn ich zu laut geschrien habe, hat er auf mich eingedroschen. Zweimal hat er mich anal vergewaltigt. Eine menschliche Geste habe ich bei ihm nie gesehen. Nur Hohn und herablassende Blicke. Wovor sollte ich noch Angst haben? Ich hatte schon so viel Angst gehabt, da blieb fast nichts mehr übrig, was ich noch verbrauchen konnte. Möglicherweise habe ich deshalb eine Diskussion über Religion mit diesem Ramsi angezettelt. »Du kannst tun und machen, was du willst, du kannst mich vergewaltigen und schlagen, aber ich bleibe eine Jesidin!«

Lange genug hatte ich die Folter dieser Männer schweigend über mich ergehen lassen. Irgendwo hatte sogar ein Teil von mir angefangen zu akzeptieren, dass ich eine Muslimin geworden war. Da ich aber beobachtet und am eigenen Leib erlebt hatte, wie sie mit ihren Frauen umgingen, habe ich meinen eigenen Glauben umso mehr zu lieben begonnen. Diese IS-Kämpfer fühlten sich wie Helden, dabei waren sie nur Männer ohne Herz. »Ich habe eure Regeln, eure Religion und eure Umgangsweise mit den Mädchen kennengelernt. Niemals werde ich Muslima!« Ramsi hat mir mit verdrossener Miene zugehört und bloß eine wegwerfende Geste gemacht. »Für dich ist das Jesidentum gestorben, du bist eine Muslima. Ob du willst oder nicht.«

Keinem in unserem Ortsteil war entgangen, dass in letzter Zeit dauernd andere Männer vor unserem Haustor hielten. Auch nicht meiner Mutter. Meine Gedanken verfinsterten sich zunehmend. Gehörten wir Mädchen noch zur Gemeinschaft, in die wir hineingeboren worden sind? Galt eine Jesidin nach dem Sex mit einem Nicht-Jesiden noch als Mitglied der Gruppe? Kein Jeside würde uns noch heiraten wollen. Mit Tränen in den Augen bin ich aus dem Auto ins Haus hineingelaufen: »Mama, glaubst du, dass ich jemals wieder als Jesidin zurückkehren kann? Dass ich überhaupt noch eine Jesidin bin?«

Jedes Mal, wenn ich völlig aus dem Gleichgewicht geraten war, hatte ich in Mutters Gesicht nach einem ermunternden Zeichen geforscht, und jedes Mal hatte sie tröstliche Worte parat gehabt. Diesmal aber blickte Mutter mich unschlüssig an. »Überleg mal, wie viele Männer inzwischen schon bei dir waren. Eigentlich kannst du das Jesidentum vergessen.« Sie zweifelte auch, ob missbrauchte Mädchen wie ich von unserem geistigen Oberhaupt Baba Sheikh wieder in die jesidische Gemeinschaft aufgenommen werden könnten. In diesem Augenblick stand für mich die Erde still. Alles war tot in mir. Wenn die eigene Mutter nicht einmal mehr daran glaubte, dass die Jesiden mich wieder akzeptierten ... Wie hätte ich dann selber noch daran glauben können?

In Mutter tobte ein Konflikt zwischen dem Herzen und dem Verstand. Man sah ihr an, dass es sie bei meinem Anblick fast zerriss. Sie nahm meinen Kopf und drückte ihn an ihre Brust. »Egal, was ist. Du bist und bleibst meine Shirin«, raunte Mutter.

Dieser Ramsi wollte mich nach dieser Diskussion nicht mehr sehen. In Deutschland aber habe ich ihn ungewollt noch einmal zu Gesicht bekommen. Ein jesidischer Bekannter hatte mir mehrere Videos von berüchtigten IS-Milizen gezeigt. Der IS ist fast überall in den sozialen Netzwerken vertreten, seien es Twitter, Facebook oder youtube. »Kennst du diese Männer?«, hat er mich gefragt. Mir ist schlecht geworden. Einer davon war Ramsi.

Man sieht in dem Video, wie ein kleines, blond gelocktes Mädchen, acht oder neun Jahre alt, auf einer Veranstaltung gezwungen wird, mit einem Mikrofon in der Hand ein arabisches Lied zu singen. Furcht im Gesicht, aber sehr tapfer trägt sie das Lied vor den vielen IS-Kämpfern vor, die in einem größeren Kreis in einer Halle oder einem ähnlichen Gebäude um sie herumsitzen. Auf der Schulter des jesidischen Mädchens ruht die Hand des Moderators. Sie gehört Ramsi. Er steht neben ihr und hält in der anderen Hand ein Mikrofon. Und dann fängt das Mädchen an, bitterlich zu weinen. Ramsi lacht. »Du musst doch keine Angst haben. Heute ist doch unsere Hochzeitsnacht.« Die Veranstaltung war offenbar eine Hochzeitszeremonie.

Wie ich erfahren habe, ist dieser Ramsi mittlerweile getötet worden.

DER MÄCHTIGE DOKTOR ABU HISAM

Seit kurzer Zeit war mir morgens schwindelig und übel. Alles, was mir essbar schien, schaufelte ich in mich hinein. Einmal hatte ich sogar in einer Heißhungerattacke eine rohe Kartoffel verschlungen oder in eine Zitrone hineingebissen. Hatte ich zuvor etwas Saures zu mir genommen, verlangte es mich plötzlich nach etwas Süßem. Mein Verhalten kam mir selber sonderbar vor. »Mama, was ist mit mir los?« Mutter kam gar nicht erst auf die Idee einer möglichen Schwangerschaft. Und ich sowieso nicht. »Wahrscheinlich leidest du unter Eisenmangel«, mutmaßte Mutter.

Wenige Tage nachdem mich dieser Ramsi abgesetzt hatte, fand sich erneut ein Fremder in Mutters Haus ein. »Shirin, ich hole dich ab. Du wurdest weiterverkauft.« Mutter blinzelte, um ihre Tränen zu unterdrücken. Wie ein geprügelter Hund schlich ich hinter ihm her.

Der Fahrer meinte, dass er mich zu einem gewissen Doktor Abu Hisam bringe, einem der mächtigsten Männer der Stadt. Diesem IS-Emir seien alle IS-Kämpfer aus Tal Afar unterstellt. Das unterstrich er während der Fahrt mehrmals. Ob all diese Männer immer ihre richtigen Namen angegeben haben, bezweifle ich. Sie änderten ihre Namen abhängig von Situation und Bedarf.

»Noch einige andere missbrauchte Frauen haben diesen Doktor namens Abu Hisam als ihren Peiniger benannt. Es kann sein, dass auch dieser IS-Emir mittlerweile seinen Namen geändert hat. Im Übrigen werden immer wieder Ärzte als Täter aufgeführt. Menschen, die den Eid des Hippokrates geschworen haben, um anderen zu helfen. Eine vergewaltigte Frau hatte sich beispielsweise in Mossul hilfesuchend an einen Arzt gewendet. Als er hörte, dass sie Jesidin sei, hat er sie so heftig ins Gesicht geschlagen, dass sie dabei einen Zahn verloren hat.«
(Jan Kizilhan)

In unmittelbarer Nähe seiner Villa verlief eine Hauptstraße, in der sich die Verwaltungsgebäude aneinanderreihten. Im sogenannten Islamischen Staat arbeiteten Gerichte und andere Behörden genauso wie alle Bürokratien sonst auf der Welt. Die IS-Anhänger führten mit Frauen und Kindern ihren ganz normalen Alltag. In der Verwaltung holten sich diese »Gotteskrieger«, die anderswo Unschuldigen die Köpfe abgeschnitten hatten, ihr Gehalt ab. Ansonsten habe ich nicht viel von der Organisation des IS mitbekommen. Außer, dass ich von einem IS-Milizionär zum nächsten weiterverkauft worden bin. Ich hatte keine Ahnung, woher sie ihr Vermögen besaßen, ob aus den Banken gestohlen, durch Erpressung von Schutzgeldern, Menschenhandel oder den Verkauf von Gas und Öl. Auf jeden Fall weiß heute jeder, dass diese Terrormiliz eine der reichsten der Welt ist.

»Das Öl wird über Schmuggler in die Türkei, nach
Syrien und in den Libanon verkauft. Bis vor einigen
Monaten hat sogar die USA diese Tanker nicht
angegriffen und somit zugelassen, dass der IS Geld
verdient. Der IS muss vor allem in strategisch
bedeutsamen Städten wie Rakka und Mossul
gestoppt werden. Dann würde vermutlich auch
die Bevölkerung, die sich noch nicht gegen
die Terroristen zur Wehr zu setzen vermag,
eher einen Aufstand unterstützen.«
(Jan Kizilhan)

Was aber soll das für ein »Islamischer Staat« sein, der nicht nur
seine Mitmenschen, sondern auch die heiligen Stätten anderer
Muslime zerstört? Aus meiner Sicht sind das gottlose Menschen, die da herrschen. Denn jeder Mensch, der wirklich gläu-
big ist, wird die Religion eines anderen tolerieren. Menschen,
die an Gott glauben, behandeln andere wie Schwestern und
Brüder.

Ein jesidischer Spruch lautet: »Um ein guter Mensch zu
sein, musst du kein Jeside sein, aber jeder Jeside muss ein guter
Mensch sein.«

Wie alle einflussreichen IS-Milizionäre lebte auch dieser
Emir in einem großen und gestohlenen Haus. Allerdings besaß
es keinen eigenen Hof, was für die Bauweise eher untypisch
war. Der Fahrer klopfte an die Tür. Doktor Abu Hisam öffnete.
Im Gegensatz zu seinen Untergebenen trug er die hellbraunen
Haare kurz, dafür aber hatte er wie alle anderen den typischen
Ziegenbart. Er ist der Einzige, bei dem ich das Alter nicht be-
stimmen kann. Irgendetwas zwischen 30 und 50 Jahren. Sein
Gesicht war wie eine Maske. Aus Bosheit. »Ich fahre weiter«,
meldete sich der Fahrer ab.

Da alle ihn »Doktor« genannt haben, bin ich davon ausgegangen, dass er Arzt sei. Ein langer und dünner Mann, der so aufrecht stand, als habe er einen Stock verschluckt. Von seiner Art her gefährlicher als die anderen. Er warf überhebliche Blicke um sich, als habe er persönlich Berge und Steine und all die Geschöpfe der Welt erschaffen. Wenn er aber als Doktor wahrhaft ein so gebildeter und so intelligenter Mensch war, verstehe ich nicht, warum er die Frauen derart primitiv behandelt hat.

Schweigend führte mich dieser Emir durch einen langen, breiten Flur. Plötzlich öffnete er eine seitliche Tür und schickte mich mit einem Fingerzeig in das Zimmer. Als Erstes stach mir das breite Doppelbett in die Augen. Ein Kronleuchter hing von der Decke. Schwarz bezogene Sessel thronten auf kostbaren Teppichen. Ein Flachbildschirm stand auf einer Kommode.

Auf seine Geste hin habe ich den Schleier abgenommen. Mit Hijab und langem Kleid stand ich vor ihm und biss mir auf die Unterlippe. »Schmink dich und wasch dich!«, befahl er mir. Er war der Einzige, der das von mir verlangt hatte. Die anderen hätten das gar nicht erst versucht. Sie hätten gewusst, dass das sinnlos gewesen wäre. Ich hätte ihnen zur Antwort gegeben: »Ihr habt meinen ältesten Bruder getötet, ihr habt meinen Vater vertrieben, meine Mutter und Geschwister weggesperrt, ihr habt unser ganzes Volk ausgerottet. Und ich soll mich für euch schön machen? Das werde ich nicht tun!«

Er war der Einzige, dem ich mich, ohne ein Widerwort, von der ersten Sekunde an gebeugt habe. Mir war bewusst, dass mir kein falsches Wort über die Lippen kommen durfte, ansonsten würde er mir dafür umgehend den Hals durchtrennen. Allein sein Erscheinungsbild flößte mir Todesangst ein. Sein Gesicht war hart und brutal.

Gewaschen und geschminkt trat ich in das Zimmer zurück. Ich versuchte, mein Herz zu beruhigen, das immer heftiger anfing zu schlagen. Mit dem Finger deutete er neben sich auf das Bett. Ich sollte mich setzen. »Zeig mir deine Zähne!« Das verwirrte mich, und leider gelang es mir nicht, meine Zunge im Zaum zu halten. »Was willst du denn mit meinen Zähnen machen?« Mit zusammengekniffenen Augen blickte er mich zürnend an. Da habe ich den Mund geöffnet, wie ein kleines Kind beim Zahnarzt, und »Aah« gesagt und eine Grimasse gezogen. In dem Moment hat er mir eine derartig heftige Ohrfeige verpasst, dass ich in hohem Bogen vom Bett heruntergeflogen bin.

Wie hingespuckt lag ich da am Boden. Diese ständige Anspannung war unerträglich. Die Angst nicht mehr auszuhalten. Ein Weinkrampf schüttelte mich. Mit einem Ruck hat er mich hochgezogen, aufs Bett geschmissen und ausgezogen. Wie irgendein Spielzeug hat er mich zurechtgelegt. Außer meinen Tränen hatte ich nichts mehr gegen ihn in der Hand. Meinen Mund hat er als Abfalleimer für seine Flüssigkeiten benutzt. Das alles war wie ein böser Traum, der nicht mehr aufhörte.

Bei jedem neuen Entsetzen vergaß man das vorherige, weil das nächste noch viel schlimmer war. Dass es immer noch schlimmer kommen könnte, war mir nicht klar. Ich wollte nicht zittern, aber ich hatte keine Gewalt mehr über mich. »O mein Gott«, bangte ich, »eine falsche Bewegung, und ich bin tot.« Er hat mich nicht mehr geschlagen, aber sein Auftreten hat mich furchtbar eingeschüchtert. Ein grausamer Mensch. Kalt wie ein Reptil. Seine großen hellbraunen Augen wären vielleicht schön gewesen, wenn sie nicht diesem Mann gehört hätten. In seinen Augen sah ich aus wie Abschaum.

Die ganze Nacht musste ich neben ihm im Bett liegen. Vor Angst, so glaube ich, war ich müde. Todmüde. Wie bewusstlos versank ich in einen traumlosen Schlaf. Damals befand ich mich in einem derart verwirrten Zustand, dass ich vergessen hatte, welches Jahr oder welchen Monat wir hatten. War es 2014 oder 2015? Januar oder März?

Am nächsten Morgen hat er mich zur Mutter gefahren und mich wissen lassen:»In drei Tagen hole ich dich wieder.« Verschreckt habe ich mich in der Ecke des Sofas in mich zusammengezogen. Mein Auge war geschwollen.»Mutter, du weißt ganz genau, wie ich von meinem Wesen her bin. Ich habe mir nur einen kleinen Fehltritt erlaubt, und er hat mich schon niedergeschlagen. Was macht er mit mir, wenn ich mir noch einen Fehler erlaube?« Den ganzen Tag lang habe ich damit verbracht:»O Gott, was mache ich bloß, wenn er mich in drei Tagen wieder abholt?« Nie wieder wollte ich in die Nähe dieses Mannes kommen.»Er wird mich töten.«

DEN VERRÄTER UM HILFE BITTEN

Mutter stellte mir Frühstück auf den Tisch, legte mir die Hände auf die Schultern und versuchte vergebens, meine überreizten Nerven zu entspannen. Voller Gier schlang ich das Essen in mich hinein. Als ich aufstand, drehte sich kurz das Zimmer um mich herum. Rechtzeitig hielt ich mich an der Tischkante fest. Die Vorstellung, wieder zu diesem Doktor Abu Hisam gehen zu müssen, machte mich vor Angst wahnsinnig. Unaufhörlich gab mir mein Kopf die unmöglichsten Entschlüsse ein, wie ich dieser Situation entrinnen könnte. An einem davon hielt ich fest.

In unserem Stadtviertel hatten die IS-Milizen in einem der leeren Räume eine Islamschule eingerichtet. Dort haben sie die überlebenden jesidischen Männer zwangsislamisiert. Ich wusste, dass mein ehemaliger Dorflehrer diese Schule leitete und dort unterrichtete. Jener Ibrahim war es gewesen, der mich damals vor den anderen Kämpfern als Jungfrau verraten hatte. Nach außen hin präsentierte er sich als strenggläubiger Muslim, der die Barmherzigkeit seines Gottes lobte und ein tugendhaftes Leben beschwor. Da wir in seinen Augen mittlerweile auch Muslime waren, wollte ich ihn als seine Glaubensschwester um Hilfe bitten.

Mit wehenden Kleidern eilten Mutter und ich zur Islamschule. Dort schilderte ich, bebend vor Aufregung, dem ehemaligen Dorflehrer meine Situation. Da ich merkte, wie schockiert er angesichts meiner Worte war, fing ich an maßlos zu übertreiben: »Er hat mich so oft vergewaltigt, er schlägt mich, er droht sogar damit, mir den Kopf abzuschneiden.« Das hatte er in Wirklichkeit nicht getan. Das hatte ich nur so empfunden, aber ich wiederholte das trotzdem.

Tief atmete der Islamlehrer durch, bevor über seine Lippen eine Frage nach der anderen drängte. »Wo warst du vorher? Was für Männer waren das denn?«»Das waren alles IS-Milizen aus Tal Afar«, antwortete ich. Mein ehemaliger Dorflehrer hatte die ganze Zeit über angenommen, dass die jesidischen Mädchen jeweils an nur einen einzigen Mann zur Heirat übergeben wurden, um dann selbst zur anständigen Muslima zu werden. Auf die Idee, dass Frauen von mehreren Muslimen gefoltert und wie Waren im Supermarkt verkauft werden könnten, war er überhaupt nicht gekommen.

Vielleicht hatte dieser Lehrer, wie einige andere Sunniten auch, erst im Laufe der Zeit das wahre Gesicht des sogenannten »Islamischen Staates« erkannt. Über die Vergewaltigungen hat er auf jeden Fall aus meinem Mund zum ersten Mal erfahren. Er reagierte sichtlich verstört. »Das habe ich von keinem anderen Mädchen bislang gehört.« Kein Wunder, denn welches jesidische Mädchen würde sich schon einem muslimischen Mann anvertrauen? Das riskierte nur ein Mädchen, das nichts mehr zu verlieren hatte, dessen Leben in drei Tagen womöglich schon beendet war. Ein Mädchen, das noch so gerne weiter mit seiner Familie zusammenleben wollte.

Mutter hat die ganze Zeit angespannt zugehört und sich zwischendurch immer wieder eingemischt. Dabei hat sie eigentlich nur das wiederholt, was ich zuvor gesagt hatte. »Er wird sie wieder misshandeln.« Sich an die Brust schlagend, hat sie bestätigt, wie unmenschlich sich dieser Doktor Abu Hisam mir gegenüber verhalten habe.»Seit Shirin bei ihm war, ist sie nur noch ein einziges Bündel aus Angst.«

Ibrahim wollte einen muslimischen Mann für mich suchen, bei dem ich für immer bleiben könnte.»Noch lieber würde ich bei meiner Mutter bleiben. Lassen Sie mich doch einfach für immer bei ihr sein«, drängte ich in ihn. Natürlich gehörte der Lehrer genauso wie Doktor Abu Hisam in das System des IS. Doch dieses System besagte, dass man als Muslima nur einen einzigen muslimischen Mann heiratete. Es besagte nicht, dass eine Muslima misshandelt und weggegeben werden dürfe wie ranzige Milch, sobald es dem Mann nach einer neuen Frau gelüstete. Von diesem Islamlehrer erwartete ich lediglich, dass er seine Glaubensbrüder aufforderte, sich an ihre eigenen Gesetze zu halten. Im Koran war es allerdings auch verboten, Frauen und Kinder zu töten. Sie verstießen andauernd gegen ihre eigenen Regeln oder bogen sich ihre Wahrheiten entsprechend zurecht. So galt zwar laut Scharia, dem islamischen Gesetz, das Keuschheitsgebot für unverheiratete IS-Kämpfer. Sex mit Sklavinnen war trotzdem erlaubt.

Mit ringenden Händen ging ich vor ihm in die Knie, dass er mit mir zusammen einen IS-Richter aufsuchen möge. Sie stellten sich doch selber immer als Organisation dar, die Gnade erweise. Nach dem Motto: »Wer sich nicht gegen uns stellt und wer dem falschen Glauben abschwört, der hat die Chance auf Vergebung.« Der Lehrer wehrte mein Anliegen ab.»Ich kann dich nicht mit ins Gericht nehmen, aber ich kann das, was du mir gesagt hast, einem Richter vortragen.«

Ibrahim hat uns versprochen, alles, was in seiner Hand läge, zu unternehmen, um meine Lage verbessern. Ich fühlte mich erlöst, denn ich war mir sicher, dass ich diesen Doktor Abu

Hisam nie wiedersehen müsste. Und wenn mich der Richter danach zur Strafe mit dem Schwert enthaupten ließe, wäre mir das auch schon gleichgültig gewesen. Was wäre der Tod im Vergleich zu diesem Zustand?

Woher ein im Verhältnis rangniedriger Islamlehrer wie er letztlich den Mut genommen hat, eine einfache Muslima gegen einen hohen IS-Emir in Schutz zu nehmen, das weiß ich nicht. Wenn diesem Doktor tatsächlich alle Milizen in Tal Afar unterstellt waren, hätte er vermutlich jeden umlegen können, ohne Rechenschaft ablegen zu müssen. Vielleicht aber auch nicht. Ich verstand deren Regeln nicht. Am Ende aber kam sowieso wieder alles anders als gedacht.

Ob der Lehrer tatsächlich vor Gericht vorgesprochen hat, kann ich schlecht beurteilen, da ich mich die ganze Zeit über im Haus verschanzt habe. Tatsache aber war, dass irgendwer Doktor Abu Hisam wegen mir zur Rede gestellt hatte. Offenbar ist er daraufhin ausgerastet: »Sie lügt! Ich habe sie weder vergewaltigt noch ihr sonst ein Haar gekrümmt.« Die Folgen waren so schrecklich, dass ich sie mir zuvor gar nicht hätte ausmalen können.

»SIE DARF NIE WIEDER IRAKISCHEN BODEN BETRETEN«

»Vielleicht kannst du jetzt für immer bei mir bleiben!« Mutter machte sich große Hoffnungen. Leyla küsste mich. Und auch ich habe es wieder geschafft zu lachen. Allein der Gedanke daran, diesem Doktor Abu Hisam nie wieder begegnen zu müssen, verschaffte mir Luft zum Atmen. Dann wurde mir übel, und ich musste mich übergeben.

Ich rückte mir gerade den Stuhl in der Küche zurecht, als die Tür gegen die Wand krachte. Leyla schrie auf. Kemal duckte sich. Und Mutter hat kreidebleich gestottert: »Aber was?…« Vor uns stand Doktor Abu Hisam. Sein Gesicht – ein Ausdruck flammenden Hasses. Ich glaube, mein Herz hat für Momente ausgesetzt zu schlagen.

Mutters Stimme überschlug sich in ihrer Verzweiflung. »Was geschieht mit ihr?« Sein Blick blieb alleine auf mich gerichtet. Wie eine Katze, die eine Maus bereits zwischen ihren Krallen hat. »Ich bringe sie in einer halben Stunde wieder.« Seine Stimme war scharf. Ich wusste, dass es nicht eine halbe Stunde sein würde. Diese Katze würde noch mit ihrer Beute spielen, bevor sie sie zerfleischte. »Es ist das letzte Mal, dass ich meine Mutter sehe«, war ich mir sicher.

Wie ferngesteuert habe ich Schleier und Kleid übergestreift und mich auf die Rückbank seines Wagens gesetzt. Der Doktor fuhr aus der Stadt hinaus, ruckelte über einen steinigen Weg, den IS-Milizen selber durch eine Wüste voller Geröll errichtet hatten. Vor einem seitlich parkenden Auto hielt er an und stellte den Motor ab. Der Arzt stieg aus und gab dem anderen Fahrer Bescheid: »Bringe sie nach Rakka! Sie darf nie wieder irakischen Boden betreten!«

Rakka. Syrien. Seit Januar 2014 die Hauptstadt des IS. Die Sonne stand hoch am Himmel. Wortlos bin ich nach hinten in das andere Fahrzeug umgestiegen. Am Steuer fläzte ein Mann namens Marwand. Dieser syrische IS-Kämpfer schien der Schrecklichste von allen, mit denen ich bislang in Berührung gekommen war. Er war unter seinen Leuten dafür berühmt, dass er den Menschen reihenweise die Köpfe abschlug.

Wenn ich sein Aussehen beschreibe, laufen mir noch heute die Tränen herunter. Dann halte ich mir die Hände vor die Augen, weil ich ihn nicht vor mir sehen will. Doch da steht er wieder: groß, schlank, langes schwarzes Haar, langer Bart, kleine Augen, kleine Nase, rundes Gesicht, helle Hautfarbe. Noch bevor er den Motor startete, presste ich mir die Frage ab: »Was machst du mit mir?« Er hat mir die Gegenfrage gestellt: »Und was hast du mit mir gemacht?« Hilflos gab ich zurück: »Ich habe nichts mit dir gemacht.« »Dann mache ich auch nichts mit dir.«

Auf dieser elend langen Fahrt, die sich viele Stunden hingezogen hat, haben wir kein einziges Wort mehr miteinander gewechselt. Draußen nur Sand, Stein und Sand. Die ganze Zeit über dudelten islamische Lieder und solche über Mohammed aus den Lautsprechern. An zwei Checkpoints haben uns zottelbärtige IS-Kämpfer, mit Kalaschnikows im Halfter, angehalten. Das waren Freunde oder gute Bekannte Marwands. Sie haben ihn namentlich gegrüßt und witzelnd durchgewunken. Mir haben sie hinten, in meinem Niqab, überhaupt keine Beachtung geschenkt. Vermutlich waren sie es gewohnt, dass Jesidinnen auf diesem Weg hin- und hergekarrt worden sind.

»So wurde ein 16-jähriges Mädchen aus dem
Dorf Khanasor von der IS über Mossul nach
Rakka gebracht, wo es achtmal verkauft
und immer wieder vergewaltigt wurde. Sie wurde
von der Frau eines IS-Terroristen festgehalten,
damit der Ehemann sie vergewaltigen konnte.
Viele Monate wurde sie wie ein Tier in einem
Raum gefesselt und eingesperrt und abends zur
Vergewaltigung herausgeholt. Sie könnte nach
zwölf Monaten durch die Mutter für 8 000 Dollar
von dem letzten Käufer freigekauft werden.«
(Jan Kizilhan)

ANKUNFT IN RAKKA

Tief in der Nacht sind wir in Rakka angekommen. Es kursierten viele Horrorgeschichten über dieser Trümmerstadt. Ursprünglich lebten hier einmal eine Million Menschen, zu dem Zeitpunkt waren es vielleicht noch 400 000. Nach den Bombardements der Alliierten, die auf die Anschläge im November in Paris folgten, sind es heute bestimmt noch weniger. Zeugen berichteten von gekreuzigten Menschen am Straßenrand und davon, dass die IS-Milizen an den Zugangsstraßen mehrere Köpfe aufgespießt hatten und dass Fliegen um die blutverschmierten Schädel surrten. Als Botschaft an alle, die in die Hauptstadt des Kalifats einreisten. Es war zu dunkel. Ich habe nichts dergleichen gesehen. Menschen trauten sich hier sowieso fast keine mehr auf die Straßen.

Zwischen Ruinen holperten wir hindurch; ich erblickte nur eine Handvoll bärtiger IS-Milizionäre, keine einzige Frau und kein Kind weit und breit. Selbst die jungen Männer versteckten sich, aus Angst, als Kämpfer verschleppt zu werden. In allen Häusern steckten die schwarzen ISIS-Fahnen. Das war keine Stadt mehr. Das war ein Ort, der in sich zusammengebrochen war. Nur Teile in Rakka waren noch vollständig erhalten. In einem davon hatte auch dieser Marwand sein Haus.

Vor der Tür sammelten sich mehrere IS-Kämpfer, die ihm unterstellt waren. Sie sahen aus wie Araber. Darunter ein komischer Kauz. Klein mit Kugelbauch, langes Haar. Im Mund keine Zähne, bis auf einen langen Stummel vorne. Er ähnelte einer Witzfigur aus einem Comic. Obwohl ich in so ein Chaos hineingeraten war, musste ich unter meinem Niqab kichern. Wahrscheinlich war ich bereits völlig durchgedreht. Zu meinem Glück aber hat niemand das Gekicher bemerkt. Diese Witzfigur protzte herum: »Ich geh jetzt zu meiner Sabria.« So hieß das jesidische Mädchen, das er für sich bestellt hatte.

Marwand lenkte mich durch die Tür. Beim Eintreten fiel mir seitlich ein Büro auf, eingerichtet mit Schreibtisch, Computer, Drucker, Papierstapeln und all solchen Dingen. Über dem Eingang war eine Überwachungskamera installiert. Marwand stieß die Tür zu seinem Schlafzimmer auf. Automatisch drängte ich zu der Wand, die am weitesten von ihm entfernt lag, und stellte mich dorthin. Er schloss die Tür, befahl mir, den Schleier zu heben, und fing an, mir eine Moralpredigt zu halten. »Wie konntest du das dem Doktor antun? Er ist mein Freund. Wie konntest du lügen? Du weißt doch, was wir mit Lügnern machen? Die bringen wir um.«

Er hörte gar nicht mehr auf, mit seinen Worten auf mich einzudreschen. »Du bist eine Lügnerin, er aber ist der oberste Kommandeur, und er ist ein guter Freund von al-Baghdadi.« Bei diesem Namen zuckte ich zusammen. Abu Bakr al-Baghdadi, ein ehemaliger Häftling, war es, der die besetzten Gebiete fast von der Größe Großbritanniens zum Kalifat erklärt hatte. Zum Reich des Stellvertreters Gottes auf Erden. Mit ihm als Kalifen an der Spitze. Wer sich seiner Auffassung des Islam widersetzte, war dem Tod geweiht. »Wenn dir al-Baghdadis guter Freund, Doktor Abu Hisam, den Kopf abschneiden will, kann er das jederzeit ungestraft tun. Diesem Mann gehört ganz Tal Afar.«

Mit erhobener Faust umkreiste mich Marwand. »Wir töten alle, die nicht auf uns hören!« Immer und immer wieder hat er mir vor Augen geführt, dass seine Leute – und auch er höchstpersönlich – andauernd die Köpfe anderer abschneiden würden. Das betonte er, indem er sich mit dem Finger immer wieder über die Kehle strich. Ich war wie gelähmt. »Wie kannst du es wagen, Lügen über diesen Doktor zu verbreiten? Wenn dieser Doktor nämlich ein Lügner wäre, würden wir doch auch seinen Kopf abschneiden?! Wir könnten dich jetzt eigentlich umbringen, wir müssten dich auch umbringen.«

Wahrscheinlich würden sie mich enthaupten, schloss ich aus seinen Reden. »Du bekommst deine Strafe heute!«, polterte er weiter. Der Schweiß floss mir wie Wasser über den Rücken und das Gesicht. »Heute wird keiner bei dir schlafen!« Was? Das sollte eine Strafe sein? Ich dachte, dass ich nicht richtig hören würde. Zwar hatte ich sonst wirklich Angst, allein zu schlafen, aber zu dem Zeitpunkt hätte ich mir selbstverständlich nichts Schöneres wünschen können. Ich hatte die ganze Zeit nur darum gebetet, dass er mich endlich allein lassen würde! Er haute die Tür hinter sich zu und verriegelte sie. Als ich mich umblickte, entdeckte ich über den Boden verstreut bergeweise Frauen- und Mädchenkleider. Wie viele Jesidinnen er wohl schon hierhergeholt hatte?

Am nächsten Morgen holten mich die IS-Milizen zum Frühstück heraus und sperrten mich danach wieder weg. Sogar zu Mittag essen durfte ich. Das war gut, denn trotz dieser beängstigenden Situation spürte ich weiter diesen großen, unersättlichen Hunger. Es folgten zwei Nächte wie ein Albtraum. Ich stand am Abgrund und wartete darauf, jede Sekunde in die

Tiefe gestoßen zu werden. Am dritten Abend trat Marwand ins Schlafzimmer und schnodderte: »Geh dich duschen, ich bin sehr erschöpft.« Das klang wie: »Ich brauche dich nachher hier.« Mechanisch lief ich zur Dusche, danach habe ich mich aufs Bett gelegt und die Augen geschlossen. Schließlich kam er und fasste mich an die Oberschenkel.

Als hätte ich einen Stromschlag bekommen, schnellte ich zurück. Mit einer flinken Bewegung setzte er sich auf meinen Brustkorb, hielt mit beiden Händen meine Ohren zu und spannte meinen Kopf wie in einen Schraubstock ein, damit ich mich nicht bewegen konnte, während er mir seine Genitalien in den Mund stopfte. Würgen. Atemnot. Ersticken. Wieso hörte das nicht auf? Ich röchelte nach Luft. Sein Stöhnen. So abscheulich.

Wie ein nasser Sack plumpste er neben mich und schlief mit offenem Mund neben mir ein. Mich würgte es noch immer. Ich wollte mich sauber machen, erbrechen, die Zähne putzen, die Lippen abreiben, bis sie sich von der Haut lösten. Doch ich hatte Angst, mich zu bewegen, denn ich wollte ihn auf keinen Fall aufwecken. Sonst würde alles wieder von vorn losgehen. So lag ich reglos da und starrte in die Finsternis.

Wenn ich über all das erzähle, schäme ich mich entsetzlich. Dabei sollte er sich schämen! Abgrundtief schämen. Manchmal bekomme ich wegen all dieser Erinnerungen Angst, schizophren zu werden; ich höre immer wieder diese Stimmen aus meinem linken Ohr, die rufen: »Du bist schlecht, schlecht, schlecht!« Bis heute habe ich noch nicht einmal realisiert, dass ich fast 3000 Kilometer weit von zu Hause geflohen bin. Wie bin ich bloß nach Deutschland gekommen?

Vergewaltigung – das war die Art des sogenannten »Islamischen Staats«, mit Mädchen und Frauen umzugehen. Das war die Art, wie ich als Heranwachsende aufgeklärt worden bin.

Auf solche Weise habe ich zum ersten Mal etwas über Sexualität, Schwangerschaft und Geburt erfahren. Ich fühle mich so schmutzig. So furchtbar schmutzig. Ich frage mich, ob ich noch die alte Shirin bin? Ich weiß nicht, ob ich jemals die Gesichter dieser Männer vergessen kann.

>> *Vergewaltigung ist ein Angriff auf das ungeschützte, nackte Selbst.* <<
(Jan Kizilhan)

Am nächsten Morgen wusste ich für einen Augenblick nicht mehr, wo ich mich befand. Ich kapierte nur so viel, dass das Elend wieder von Neuem begann. Am Abend befahl mich Marwand wieder ins Auto. »Wir fahren in den Irak.« Ich glaubte ihm das nicht. Ich glaubte sowieso gar nichts mehr. Zahlreiche jesidische Mädchen haben sie nach Saudi-Arabien, in den Jemen, nach Libyen, in den Libanon oder nach Katar verschleppt. Mutter hatte dies von anderen Eltern erfahren. »Es gibt so viele Mädchen, die ihre Mütter nicht mehr sehen können.«

Wieder hat der Kerl seine arabische Musik laut aufgedreht, den Arm zum Fenster hinausgehängt, ist gefahren und gefahren. Das Auto stank nach Schweiß und Tabak. Es war das erste Mal, dass mir während einer Fahrt speiübel wurde. Die Welt drehte sich um mich herum. Nachdem wir den ersten Checkpoint in der Wüste passiert hatten, wusste ich, dass wir wirklich zurück in den Irak unterwegs waren.

Im Morgengrauen setzte er mich kurz vor Tal Afar ab. Wieder wartete am Straßenrand ein Fahrer auf mich. Mein Herz machte einen Satz. Es war Ibrahim. Nicht etwa Doktor Abu Hisam. Ich war fast glücklich, ihn zu sehen. Auf der Weiterfahrt habe ich erfahren, dass er es gewesen war, der Marwand angerufen und ihm befohlen hatte: »Bring sie lebendig zurück.«

260

Ich weiß nicht, mit welchen Argumenten er das bewirkt hatte. Vielleicht hatte er mich ihm abgekauft? Vielleicht wollte er mich ab sofort vergewaltigen?

Als wir in den Ortsteil meiner Mutter einbogen, hüpfte mein Herz. Es hüpfte so sehr, dass ich dachte, man müsste seine Bewegungen durch das schwarze Gewand sehen. Draußen auf der Straße spielte Kemal mit anderen Jungen Fußball. Ibrahim verabschiedete sich mit den Worten: »Ich komme wieder, und wir werden dann zusammen beten. Du wirst den Islam fortan an andere Jesiden weitergeben.«

Mir war alles egal. Hauptsache, ich kehrte zu meiner Mutter zurück. Als mich Kemal beim Aussteigen erkannte, ließ er sofort den Ball liegen und rannte auf mich zu. »Shirin!« Ich wischte mir mit der Hand über den Schleier, um das Gesicht darunter zu trocknen. »Wer ist alles zu Hause? Ist Mama zu Hause?« Kemal nickte. »Ja, aber sie liegt im Bett. Sie will nicht mehr aufstehen.«

Als ich in die Wohnung trat, schwankte Mutter mir mit verschwollenem Gesicht und geöffneten Armen entgegen. Ihr Kleid war ganz verknittert. »Wo warst du denn?«, fragte sie mit zittriger Stimme. Drei Tage hatte sie sich nicht gewaschen, kaum gegessen und getrunken, weil sie vor sich selbst ein Gelübde abgelegt hatte, dass sie erst dann weiterleben wollte wie zuvor, wenn sie ihre Tochter wiedersehen würde. Dann hat sie mich sehr schnell und sehr stark umarmt.

SCHWANGERSCHAFTSABBRUCH

»Warum bist du nicht gleich wieder zurückgekommen? Was ist passiert?« Ihre Fragen prasselten wie Regen nur so auf mich ein. Ich erwiderte, dass ich in Syrien gewesen sei und dass mir Doktor Abu Hisam verboten habe, den Irak jemals wieder zu betreten. Mit angstvoll geweiteten Augen blickte Mutter mich an. »Wir müssen dich im Haus verstecken.« Ich sollte mich niemandem mehr zeigen. Nicht mal mehr dem guten IS-Mann, der dafür gesorgt hatte, dass Mutter und meine Geschwister einigermaßen unbeschadet in diesem Stadtviertel leben konnten.

Am nächsten Morgen war mir wieder schlecht. Meine Brüste spannten, als wären sie mit Luft aufgepumpt. In solch einem komischen Zustand hatte ich mich vorher noch nie erlebt. Es war, als würde ich mich selber neu kennenlernen. »Mama, das kann nicht sein, mir ist sogar beim Autofahren furchtbar übel geworden. Da stimmt irgendetwas nicht.« Und dann habe ich das Unfassbare ausgesprochen. »Ich bin schwanger, glaube ich.« Entsetzt riss Mutter den Mund auf und schüttelte sogleich den Kopf. »Nein, nein, das kann nicht sein.« Mit der Hand tastete sie hinter sich nach einem Stuhl und sank, schwer seufzend, darauf nieder. »Mit niemandem darfst du über diesen Verdacht sprechen«, murmelte sie, »mit niemandem.« Andernfalls könne das schlimme Konsequenzen nach sich ziehen. Meine ganze Welt stand kopf. Schwanger? Woher sollte ich denn über all diese Zusammenhänge Genaueres wissen? Das schien mir unvorstellbar. Mein Bauch mit einem Kind. Mein Gott, wie sollte ich so ein Kind überhaupt in diese Welt setzen? So ein Kind könnte ich nicht lieben! Wer würde mich dann noch akzeptieren? Und was sollte ich sagen, von wem dieses Kind stammte? Ich grübelte nach. Es musste von diesem 60-jährigen Abu Mustafa stammen. Bei Isam, dem Mann davor, hatte ich diese Tabletten geschluckt. Von den Männern danach war ich nicht vaginal vergewaltigt worden. Sie hatten sich in ein Taschentuch, in mein Gesicht oder was auch immer erlöst.

Diese IS-Kämpfer hatten mich allein zur Befriedigung ihrer Triebe benutzt, sie wollten keine Kinder zeugen. Sicher gab es auch solche, die Jesidinnen zur Heirat genötigt und mit ihnen Familien gegründet haben. Wenn diesen Frauen aber später die Flucht gelungen ist, haben sie ihren Nachwuchs zumeist verstoßen. Das habe ich später selber in den Flüchtlingslagern miterlebt. Vielleicht gibt es auch Jesidinnen, die gelernt haben, diese Kinder zu lieben. Ich kenne jedoch keine solchen Frauen. Die meisten betrachteten so einen Nachwuchs mit Abscheu. Wenn sie in die Gesichter dieser Kinder blicken, erkennen sie darin nur Folter und Vergewaltigung.

»Viele Frauen, die durch Vergewaltigung schwanger
wurden und fliehen konnten, ließen die Kinder
abtreiben. Lehnten Ärzte eine Abtreibung ab, haben
sie sehr oft die Abtreibung selber durchgeführt.
Sie wollten lieber sterben, als schwanger zu sein.
Einige Mädchen haben das Baby auch sofort
nach der Geburt in der Geiselhaft abgegeben und

*wollen es nicht wiedersehen. Diese Kinder werden
als Bürger des IS angesehen. Khalida, heute 18,
gelang es, mit einigen anderen Frauen aus Syrien zu
entkommen. In Dohuk brachte sie ihr Kind zur Welt.
Sie wollte das Gesicht des Säuglings nicht sehen und
gab ihn zur Adoption frei. Als ich sie bei der
Untersuchung fragte, ob sie nicht an das Kind denke,
schwieg sie. Ich schlug ihr vor, mit ihr gemeinsam
das Baby zu besuchen, aber sie lehnte das ab.
»Ich kann und will nicht ...«
(Jan Kizilhan)*

Noch am selben Tag habe ich versucht, das Kind abzutreiben.
Ich habe mir eine Handvoll Schmerztabletten in den Mund geschoben, Wasser hinterhergespült und das Ganze hinuntergeschluckt. Als ich jedoch am nächsten Morgen wie zuvor die
Schwangerschaftsübelkeit verspürte, war ich tief enttäuscht.
»Was mache ich nur? Was mache ich nur?«

Zufällig war mir bei der Herfahrt in der Nachbarschaft eine
stillgelegte Baustelle aufgefallen. Dort türmten sich ganze Ladungen mit Ziegelsteinen aufeinander. Die Uhr tickte. Und mit
jeder Stunde wuchs dieser fremde Körper in mir. Ohne noch
länger unnötig Zeit zu vergeuden, bin ich zu diesem Steinhaufen gelaufen, habe meine Hände unter eine dieser Paletten geschoben und versucht, diese mit einem schnellen, kräftigen
Ruck hochzuwuchten. Die Steine waren unglaublich schwer.
Es war, als würde in meinem Unterleib etwas zerspringen. Ein
heftiger Stich durchfuhr meinen Körper, von der Brust bis zu
den Nieren.

Auf einmal habe ich gespürt, wie es zwischen meinen Beinen warm wurde. Der Schweiß stand mir auf der Stirn. Für einen Augenblick hatte ich gedacht, dass ich bei diesem entsetz lichen Schmerz sterben müsste, aber in diesem Moment bedeutete er für mich eine riesige Erleichterung.

Als ich mich zurückschleppte, musste ich alle zwei Schritte anhalten. Mein Sichtfeld war zerrissen von schwarzen Flecken, die sich hin und her verschoben haben, sodass ich abwechselnd an manchen Stellen völlig blind war. Zwei Tage lang habe ich durchgehend geblutet. Am dritten Tag ist ein großes Stück dieser blutigen Masse im Badezimmer aus meinem Unterleib abgegangen. Benommen habe ich das Mutter gezeigt. »Ja, du warst wirklich schwanger«, sagte sie erschüttert. An der Art, wie sie mich umarmte, spürte ich jedoch, wie befreit sie sich fühlte. Tief schöpfte sie Atem. Da habe ich ihr von dieser Palette mit den Steinen erzählt, die ich angehoben hatte. »Bist du verrückt?!«, rückte sie mir den Kopf zurecht. »Du hättest dich dabei umbringen können.« Müde setzte ich mich hin.

Zehn Tage waren seit meiner Ankunft aus Rakka vergangen. Die Blutungen hatten immer noch nicht aufgehört, als am nächsten Vormittag der Lehrer ans Tor pochte.

FLUCHT:
Eine Braut in Schwarz

»OB ICH MIT EUCH GEHE ODER NICHT, ICH BLEIBE EINE TOCHTER DES LICHTS!«

»Erinnerst du dich? Du musst noch mit mir beten.« Prüfend blickte mich Ibrahim an. »Außerdem habe ich hier einen guten Mann für dich. Er heißt Waqas.« Er zog ihn an seine Seite. Waqas war 21 Jahre alt, dünn und etwas größer als ich. Das schöne Gesicht verunstaltete ein langer, hässlicher Bart, wenigstens aber trug er kurze Haare. In seiner schäbigen Kleidung wirkte er, als ob er aus ärmlichen Verhältnissen stammte. Waqas hat sich nicht getraut, uns Frauen anzusehen. Er wirkte sehr zurückhaltend und in sich gekehrt. Fast, als würde er sich gar nicht sonderlich für mich interessieren. »Diesen Mann wirst du amtlich heiraten.«

Ich musste mich mit beiden Händen an der Stuhllehne abstützen, um möglichst gerade stehen zu bleiben. Eine fieberhafte Erregung hatte mich gepackt. Ich sah klar, welcher Abgrund diese Männer von mir trennte. In diesem Moment standen sie mir wie Feinde gegenüber. »Ich werde ihn nicht heiraten, ich werde auch nicht beten!« Es war unübersehbar, in welch schlechter gesundheitlicher Verfassung ich mich befand. Mutter sprang mir sogleich bei. »Sie haben meiner Tochter so viel Leid zugefügt, sie kann kaum mehr laufen, sie hat überall Schmerzen.«

Mit beschwichtigenden Gesten hob der Lehrer beide Hände. »Ja, aber das wird sich bestimmt wieder bessern. Ich habe einen Ehemann für Shirin aus Kirkuk – und den wird sie heiraten.« Bei der Erwähnung »Kirkuks« horchten wir kurz auf. Diese Stadt lag in der autonomen kurdischen Region, die als stabliste und sicherste im Land galt. Dort waren die Menschen noch frei. Aber was bedeutete Freiheit, wenn ich wieder die Sklavin eines Mannes sein sollte?

»Ich möchte das nicht«, bestimmte ich. Ich war so müde. Und ich hatte die Illusion, dass mich die IS-Milizen endlich in Ruhe lassen würden. Was wollte man mit mir schon noch anfangen? Ich war nichts mehr wert, fühlte mich mit meinem ruinierten Körper wie ein Krüppel. Außerdem war ich kein schöner Anblick mehr, mit meinen kurzen Haaren, die aussahen, als hätten Mäuse daran geknabbert. Weiter könnte ich mich im Haus verstecken und nie mehr hinausgehen. Die IS-Milizen würden mich vergessen. Es wäre so, als hätte es mich überhaupt nie gegeben. Die beiden Männer haben gemerkt, dass an diesem Tag nichts bei mir zu erreichen war. Waqas hat den Lehrer aufgefordert. »Lass uns gehen.«

An diesem Abend habe ich Mutter wieder gefragt: »Wie kann ich denn noch eine Jesidin bleiben, wenn ich so oft vergewaltigt worden bin?« Ich kniete vor ihr auf dem Boden nieder und legte meinen Kopf auf ihren Schoß. Sie streichelte mir über die Wangen. »Warte noch ab, Shirin! Von Kirkuk aus wirst du nach Lalisch zum Baba Sheikh fahren. Wenn er dich freispricht und dir sagt: ›Du bist Jesidin‹, dann bist du es auch.« Mutter hat mir ein Beutelchen mit »heiligen Steinen« zugesteckt, in dem sich getrocknete Kügelchen der Erde aus Lalisch befanden. Das sollte mir Kraft für die Reise geben. Ich aber wollte nur eins: nie wieder meine Mutter verlassen.

Es war ein kalter, regnerischer Tag. 11 Uhr vormittags. Kemal rief nach mir. Diesmal ließ Ibrahim nicht mit sich verhandeln. Er sprach langsam und den Blick fest auf mich gerichtet. »Du wirst diesen jungen Mann heiraten, ob du willst oder nicht.« Alle Furcht vor möglichen Folgen hatte mich längst verlassen. »Nein!«, beharrte ich. Nie wieder sollte ein Mann mich anfassen. Da hob zum ersten Mal jener Waqas seinen Blick und sprach zum Lehrer gewandt. »Sie sagt ›nein‹, das sollten wir akzeptieren.« Daraufhin änderte der Lehrer seinen Tonfall. In einem sanften Singsang beschwor er mich, fast als wolle er ein krankes Kind in den Schlaf singen. »Shirin, glaub mir, wenn du ihn nimmst, wirst du ihm noch dankbar sein.«

Ich wollte das nicht mehr länger mitmachen! Ich hatte keine Kraft mehr, all das zu ertragen! Erbittert stampfte ich mit den Füßen auf. »Ob ich jetzt mit euch gehe oder nicht, ich werde keine Muslima. Ob ich vergewaltigt werde oder nicht, ich werde keine Muslima. Ob ich einen von euch heirate, ich werde keine Muslima. Selbst wenn ich eure Gebete ausspreche, ich werde keine Muslima! Ich bleibe eine Tochter des Lichts.«

Mutter griff nach meiner Hand und umschloss sie mit ihren warmen Handflächen. »Lauf weg, Shirin! Versuche zu fliehen! Rette dich!« Laut schluchzte ich auf. »Warum soll ich denn jetzt plötzlich fliehen, wenn ich es vorher die ganze Zeit auch nie versucht habe? Eher werde ich mich umbringen.« Mutter nahm mich in die Arme. Vor Aufregung atmete ich nur mühsam. »Ich bring mich um.« Mir fiel nichts anderes mir ein. Dauernd habe ich das wiederholt. Mutter strich mir über das Haar. »Nein, du wirst dich nicht umbringen, es wird alles gut, Shirin.« Mein Hals war nass von ihren Küssen. »Rette dich! Geh jetzt! Die Sache ist beschlossen«, schickte sie mich fort. Sie sprach sehr streng mit mir und schob mich weg. Kemal und Leyla wischten sich die Tränen mit den Ärmeln aus den Augen.

Schnaubend habe ich meine Sachen gepackt, mich nicht mehr umgedreht und mich ins Auto gesetzt. Kaum aber war die Autotür zugefallen, verrenkte ich mir den Hals nach meiner Mutter. Ich habe mich so lange immer wieder nach ihr umgesehen, bis wir abgebogen sind und ich ihren Blick verloren habe. Sie war immer so stolz auf unsere Familie, auf den Zusammenhalt und die enge Bindung zwischen Eltern und uns Kindern. Wir hatten geglaubt, das wäre für ein ganzes Leben. Es war das letzte Mal, dass ich meine Mutter gesehen habe.

EINE REISE INS UNGEWISSE

Ich schaffte es nicht mehr, weiter als bis zur nächsten Halte-
stelle zu denken. Bis zur nächsten Gefahr. Unter meinem
schwarzen Schleier ergraute das leuchtende Blau des Himmels,
die Sonne verdüsterte sich, die Gesichter verschwammen in
meinen Tränen. An einem Taxistand im Zentrum setzte Ibrahim uns ab. Dort richtete er seine letzten Worte an mich: »Am
Ende wirst du noch sagen: Gott sei Dank habe ich auf Ibrahim, den Lehrer, gehört.« Er winkte kurz, bevor wir in das
Taxi wechselten.

Warum hatte dieser Ibrahim mich zuerst den IS-Milizen ans
Messer geliefert und mir am Schluss zur Flucht vor ihnen verholfen? Erst im Nachhinein habe ich erfahren, dass er versucht
hat, auch noch andere Mädchen aus dem IS-Gebiet herauszu-
schaffen. Bis heute ist es mir ein Rätsel, warum ausgerechnet
bei einem Verräter wie ihm am Ende ein guter Mensch zum
Vorschein gekommen ist? Wieso hat er meine Haut gerettet
und sich selber dadurch in Lebensgefahr gebracht?

Waqas setzte sich hinten neben mich auf die Rückbank. Ich
zuckte zusammen, aber er wahrte höflich Abstand. »Shirin, du
brauchst keine Angst zu haben, du bist wie eine Schwester für

mich.« Da erst habe ich aufgehört zu weinen. Ein Mann, der so etwas sagte, würde mich nicht vergewaltigen. Hoffte ich zumindest.

Eine lange Reise lag vor uns. Erst am Abend trafen wir in seiner Heimatstadt ein, deren Namen ich nicht nennen will, um Waqas' Familie vor Nachstellungen durch den IS zu schützen. An seinem Elternhaus war sofort ersichtlich, dass es sehr wohlhabenden Menschen gehörte. »Steig bitte aus, aber warte hier, ich komm gleich zurück«, bat mich mein Begleiter. Ich beobachtete, wie er hinter der Tür verschwand und gleich darauf mit seiner ganzen Familie wieder herauskam. Darunter seine Schwägerin, seine Brüder und Schwestern, Nichten und Neffen. Und seine sehr alte Mutter. Sein Vater war schon lange tot.

Diese große Familie hatte sich vor der Haustür zusammengefunden, um mich willkommen zu heißen. Die Frauen haben geweint, aber es war ein freudiges Weinen. Waqas' Mutter hat mich gleich an ihrer faltigen Hand genommen, mich durch einen großen Hof und geräumige Zimmer geführt und mir das Badezimmer gezeigt. Vermutlich schwante ihr, welche Angst ich vor der Nacht hatte. Dass ich fürchtete, ein Mann könnte in mein Zimmer kommen. Bevor sie die Badezimmertür hinter sich zuzog, sagte sie: »Du wirst bei Waqas' großer Schwester im Zimmer schlafen.«

War das ein Traum? Das Wasser aber fühlte sich an wie echtes Wasser. Nachdem ich mich gewaschen hatte, wollte ich mich umziehen, doch alle Kleider, die ich aus Mutters Haus mitgenommen hatte, waren verschwunden. Stattdessen hatten sie mir neue Gewänder hingelegt. Frisch angekleidet und das Kopftuch zurechtgezupft, habe ich mich zu der Familie an den Tisch gesetzt und zu Abend gegessen.

Die Männer haben sich mir gegenüber sehr respektvoll verhalten. Um mich nicht in Verlegenheit zu bringen, haben sie mich nicht einmal angesehen. Am selben Abend hat mich der ältere Bruder, Ibrahim, zu sich gerufen. »Wir wissen, was mit dir passiert ist; der Lehrer hat uns bereits alles erzählt. Du brauchst keine Angst vor uns zu haben, wir werden dich in Sicherheit bringen.« Ich spürte, wie mein Herz aufging und sich ein Knoten in der Brust löste.

»Sag mir, wo dein nächstliegender Verwandter lebt, zu dem wir dich hinfahren können.« Ich habe den Namen meines Vaters genannt. »In fünf Tagen wirst du mit Waqas aufbrechen«, hat er mir zugesagt, »erst aber müsst ihr heiraten.« Ich schluckte schwer und rieb mir die Hände, denn auf einmal war mir kalt. »Nur auf dem Amt wirst du heiraten«, schob er sogleich hinterher, »wir müssen dir einen neuen Ausweis erstellen, damit wir dich überhaupt aus den Fängen des IS herausbekommen.«

Die Brüder trugen, anders als Waqas, nicht die typischen Bärte der IS-Milizen. Sie haben mir anvertraut, dass sie selber einige männliche Familienmitglieder verloren hätten, weil diese sich dagegen gesperrt hatten, sich dem IS anzuschließen. »Dieser sogenannte Islamische Staat hat nichts mit dem Islam zu tun«, stellte der Bruder klar, »sie missbrauchen diesen Namen für ihre Zwecke.«

> *»Natürlich ist der islamistische Terror nicht mit*
> *dem Islam gleichzusetzen. Der IS nutzt aber*
> *islamische Traditionen wie Gebet und Fasten.*
> *Was mir fehlt, ist ein Aufstand in der islamischen*
> *Welt, eine Demonstration gegen den Terror.«*
> *(Jan Kizilhan)*

In Waqas' Familie waren einige Männer als Agenten für die andere Seite im Einsatz. Sie beschafften beispielsweise für die

Peschmerga Informationen über Stellungen des IS und über deren führende Köpfe. Leute vom IS hatten allerdings davon Wind bekommen und zuletzt einen ihrer Cousins erschossen. Trotzdem machte die Familie weiter. Auch Waqas arbeitete als Informant.

Was sollte ich von alldem halten? All jene Männer, die mich so misshandelt hatten, waren Sunniten gewesen. Genau wie diese Familie. Wie konnte es sein, dass sie uns einerseits töteten, andererseits aber retteten? Wenn ich das jedoch gegeneinander abwog, schien mir all das Leid und Elend, das sie uns angetan hatten, gewichtiger als ihre Versuche, ein paar verfolgten Seelen das Leben zu bewahren. Vielleicht halfen sie uns auch nur, weil sie fürchteten, dass wir uns eines Tages rächen könnten? Dass dann unsere Männer ihre Töchter und Frauen rauben würden? Doch auf so ein primitives Niveau würden wir uns nicht herablassen. Vielleicht hatten diese Menschen auch einfach nur Mitleid mit uns. Vielleicht besaßen sie ein Herz, das noch zwischen Gut und Böse unterscheiden konnte.

EINE BRAUT IN SCHWARZ

Das Misstrauen hatte sich wie ein Parasit tief in mir eingenistet. Mit Waqas selber habe ich kaum über persönliche Dinge gesprochen. Mich interessierte nicht, was er beruflich machte oder warum seine Familie so reich war. Waqas entschuldigte sich lediglich für sein Benehmen, das er meiner Mutter gegenüber in Tal Afar an den Tag gelegt hatte. »Es tut mir leid, aber ich konnte deiner Mutter nicht ins Gesicht blicken, weil sie so bitterlich geweint hat.« Heuchelte er mir seine mitfühlende Art nur vor? Am Ende wollte er dasselbe wie alle anderen Männer. Mich heiraten. Und dann, im Namen Allahs, vergewaltigen.

Waqas' Mutter spürte meine Unruhe. Sie flatterte wie ein Vogel um sein Küken herum und wollte genau wissen, was mir und meiner Familie passiert war. Nur sehr grob habe ich die Geschehnisse umrissen, aber sie hörte nicht auf, sich die Tränen von den Wangen zu wischen. »Wir sind Sunniten, aber wir entfernen uns geistig immer weiter vom IS. Deswegen machen sie dasselbe mit uns wie mit euch Jesiden. Sie töten uns.« Auch ihre Tochter bekräftigte das. »Mit dem, was diese Kämpfer machen, wollen wir nichts zu tun haben. Wir lieben unsere Religion, aber wir wollen niemanden zwangsmissionieren.«

Diese Familie hat auch nicht von mir verlangt, dass ich mit ihnen zusammen betete. Manchmal musste ich mich selber kneifen, um mir klarzumachen, dass dies kein Märchen, sondern die Realität war. Dass es genau so war, wie ich es als Heranwachsende erlebt hatte. Dass die Menschen friedlich und herzlich miteinander umgingen. Völlig unabhängig davon, welche Religionszugehörigkeit einer von ihnen hatte.

Bevor wir uns am nächsten Tag zum Gericht begaben, steckte ich sicherheitshalber gegenüber Waqas noch mal die Grenzen ab. »Auch wenn du mich heiratest, bleibe ich Jesidin.« Anstatt mich zu schlagen oder zu demütigen, sagte er nur: »Du hast das Recht, so zu sprechen.« Da stiegen mir die Tränen in die Augen, und ich senkte schnell den Blick.

Mein Hochzeitskleid waren Niqab und Abaja. Waqas trug Jackett, Hose und Hemd. Mit dem Taxi fuhren wir in die nächstgelegene Stadt. Am Gericht hielt er mir die schwere Tür auf und ließ mich eintreten. Mein Schleier blieb unten, die Hände waren mit Handschuhen bedeckt. Zuerst hat der Richter Waqas über seine Pflichten als Ehemann aufgeklärt. Er dürfe mich nicht verlassen, müsse bei mir bleiben, mich bei Krankheit pflegen und für mich sorgen. Ob er damit einverstanden sei? »Ja, das bin ich.«

Daraufhin hat sich der Richter mir zugewendet. »Meine Tochter, bist auch du damit einverstanden, ihn zum Mann zu nehmen?« »Ja«, hörte ich mich antworten. Abschließend mussten wir noch ein muslimisches Gebet aufsagen. Am Ende erhielten wir eine Urkunde, auf der das Symbol des IS gestempelt war. Darunter mussten wir unterschreiben. Ab dem Zeitpunkt galten wir als Mann und Frau. In meinem neuen Ausweis las ich, dass ich Muslima sei. Mein Bräutigam hat mir in der Stadt noch einen neuen Niqab gekauft. Mir erschien das wie ein schlechter Film.

Am Abend darauf wollten wir aufbrechen. Unsicher erwachte in mir etwas wie Freude, ich war ganz kribbelig vor Nervosität. Trotzdem habe ich weder Vater noch Mutter telefonisch über meine Pläne verständigt. Auf keinen Fall wollte ich falsche Hoffnungen bei meinen Eltern wecken. Mutter würde sonst keine Sekunde schlafen, bevor sie erneut von mir Nachricht erhalten hätte. Was aber wäre, wenn die IS-Milizen uns auf der Flucht erwischten?

Unser Endziel lautet Kirkuk, Millionenstadt im Norden des Irak. Auf der Karte war es nicht weit entfernt, vielleicht 60 Kilometer. Doch es war unmöglich, auf dem kürzesten Weg dorthin zu gelangen. Erst einmal mussten wir einen riesigen Umweg von Hunderten von Kilometern in die entgegengesetzte Richtung über Kerbela in Kauf nehmen, um von dort aus in unbesetztes irakisches Gebiet eindringen zu können und zurück nach Kirkuk zu fahren. Zum Glück wusste ich davon nichts.

Der Abschied zwischen dem 21-Jährigen und seiner Mutter war sehr tränenreich. Auch die Brüder, Schwestern und anderen Angehörigen waren voller Sorge. Die alte Frau wollte ihren Sohn gar nicht mehr freigeben. Sie küsste und umarmte ihn fortwährend. Der ältere Bruder löste sie schließlich behutsam aus Waqas' Armen. Aufgeregt schickte uns die alte Dame ihre guten Wünsche hinterher: »Ich hoffe, dass euch nur das Beste widerfährt! Ich hoffe, dass Gott euch das gibt, was ihr verdient habt.«

Um 2 Uhr nachts brachen Waqas und ich zu Fuß auf. Über einen Trampelpfad sind wir quer durch die Wüste gelaufen. Den Schleier hatte ich nach hinten umgeschlagen, um besser sehen zu können. Waqas trug noch eine Tasche bei sich. Meine Schuhe hielt ich in der Hand. Steine und Dornen in den Fußsohlen habe ich nicht gefühlt. Ich war anderes gewohnt.

Richtige Straßen wagten wir nicht zu benutzen. Das war viel zu gefährlich. Würden uns die IS-Kämpfer in dieser Nacht aufgreifen, hätte uns keine Ausrede der Welt genutzt. Warum sollten ein Sunnit und eine Jesidin zusammen bei Mondschein in der Wüste herumgeistern? Würden sie uns gefangen nehmen, wäre unser Ende schlimmer als das, was ich zuvor erlebt hatte. Gelegentlich haben wir in der Ferne die Lichter von Autos gesehen. Kurz hielten wir inne und lauschten in die Nacht hinein. Kein Geräusch war zu hören außer dem Pochen meines eigenen Herzens. Unaufhörlich hat Waqas leise auf mich eingeredet. »Bete, bete …« Nicht, dass ich ein muslimisches Gebet hätte sprechen sollen. Er meinte, dass ich einfach unseren Gott um Hilfe bitten solle. »O lieber Gott, bitte, bitte, lass uns nicht in ihre Hände fallen.« So habe ich vor mich hin gebrabbelt, während meine Füße im Laufschritt vorwärtseilten. Waqas rannte vor mir her.

Die Nacht war klar und frisch. Weiter nur die Geräusche der Autos in der Ferne und unsere Schritte im Sand. Mein Kopf war leer. Laufen, immer weiter laufen. Jeder Felsen und jeder Busch, der sich seitlich erhob, schien mir ein Gegner, ein versteckter IS-Kämpfer zu sein. Ich spannte alle Nerven an, um das Gefühl der Schwäche in den Beinen zu überwinden. Bereits nach kurzer Zeit waren Haar und Kleid nass. Der Schweiß rann über das glühende Gesicht bis zum Mund, sodass ich das Salz auf den Lippen schmeckte. Ich atmete schwer, aber als Waqas mir eine Flasche mit Wasser anbot, wollte ich keinen Schluck trinken. Ich wollte nur weiterlaufen. Dabei kannte ich nicht einmal unser Ziel.

Langsam begann es zu dämmern. Mit der aufgehenden Sonne habe ich den Schleier wieder vor mein Gesicht gezogen. Wir streiften unsere Schuhe über und mischten uns an der Stadtgrenze unter die anderen Menschen. Wie ein ganz normales Ehepaar.

»BETE WEITER, DASS WIR NICHT ERWISCHT WERDEN«

Waqas blickte auf seine Armbanduhr: »6 Uhr.« An einem vereinbarten Treffpunkt wartete ein Wagen auf uns. »Was passiert als Nächstes?«, habe ich meinen Begleiter gefragt. »Steig nur ins Auto, bete so wie vorhin immer weiter, dass wir von den IS-Leuten nicht erwischt werden. Dann wirst du schon bald deinen Vater wiedersehen«, gab er zur Antwort.

Als sich Waqas durch das heruntergekurbelte Fenster zu dem Mann am Steuer hinunterbeugte, zwinkerte der ihm belustigt zu. »Na, wohin soll der Ausflug denn gehen?« Die beiden kannten sich gut. »Ach, wir sind frisch verheiratet, und meine Frau möchte gerne ihre Familie besuchen.« So sollte Waqas' Antwort lauten, die er sich für unterwegs parat gelegt hatte, wenn die IS-Milizen uns stoppten. Auch die anderen Insassen im Auto waren Sunniten. Auf der Rückbank saß die Frau des Fahrers mit zwei Kleinkindern. Das Baby hatte sie auf dem Schoß.

Dieser Fahrer zählte zu den Menschen, die versuchten, IS-Gefangenen zur Flucht zu verhelfen. Es existiert sogar ein richtiges Untergrundnetzwerk, das vom sicheren Kurdengebiet aus Rettungsaktionen organisiert. Alle Helfer aber stehen mit ei-

280

nem Bein im Grab. Eine Fahrt durch das vom IS besetzte Gebiet gleicht einem Himmelfahrtskommando. Ständig ändert sich der Frontverlauf. Die Gefahr lauert an jeder Ecke. Wachposten oder Mittelsmänner verlangen mehr Geld. Überall wimmelt es von Verrätern. Manche Jesiden und Christen sammeln auch Geld, um die Mädchen aus der Geiselhaft freizukaufen. Mittlerweile ist das einer der vielen blühenden Geschäftszweige des Islamischen Staates.

»Oftmals machen Menschenhändler mit den
ebenfalls traumatisierten Eltern auch noch
üble Geschäfte. Mir sind Fälle bekannt, bei denen
der Vergewaltiger die Eltern angerufen und
gesagt hat, dass er die Tochter geschwängert habe.
Oder den Vätern wird vorgetäuscht, sie könnten
ihre Töchter aus dem Lager freikaufen,
dann schicken die Menschenhändler den
Familien irgendwelche Mädchen, nur nicht
die eigenen Töchter.«
(Jan Kizilhan)

Dieses Mal wollte der Fahrer auch seine eigene Frau aus dem Gebiet der Todesschwadronen schaffen. Höflich grüßte mich die Frau, als ich zu ihr auf den Rücksitz rutschte. »Seid willkommen! Ich wusste bereits, dass wir eine Jesidin mitnehmen.« Nach kurzer Pause fügte sie hinzu. »Wenn wir von Schiiten gefangen werden oder sie uns den Weg versperren, musst du uns helfen. Du musst dann sagen, dass wir dich retten wollten.«

Um Kirkuk herum waren zu viele Schießereien im Gange, zwischen dem irakischen Militär und dem IS. Wir hofften, die umkämpften Gebiete umfahren zu können. Aufgrund dieser verzwickten Lage fällt es mir schwer, unsere Route im Nachhinein genau nachzuvollziehen. Von den Namen all dieser Städte und Orte habe ich zum ersten Mal während unserer Flucht erfahren. Ich wusste bis zu dem Zeitpunkt ohnehin kaum etwas über mein Land. Die Männer waren gezwungen, unterwegs dauernd zu improvisieren. »Fahren wir lieber dorthin, da ist es vielleicht sicherer.« Was aber erwartete uns im nächsten Dorf?

An Essen oder Schlaf war vorerst gar nicht zu denken. Wir sind einfach nur gefahren. Es wäre zu riskant gewesen, eine Pause einzulegen. Sobald das Baby anfing zu weinen, hat die Mutter es unter den schwarzen Stofflagen an die Brust gelegt. Das andere Kleinkind wollte immer nur trinken. Der Junge verlangte ständig Wasser und war sehr durstig. Mir selber schmerzte mein Rücken, so als hätte mich am Vorabend jemand in die Nieren getreten.

Sobald sich die Straßen durch aufgestellte Betonklötze verengten und wir uns den Checkpoints näherten, haben wir Frauen uns die schwarzen Tücher vor unsere Gesichter gezogen. Je näher die Front rückte, desto mehr Stützpunkte gab es. Und das waren sehr viele. Alle von IS-Kämpfern belagert. Beim Anblick dieser mit Skimasken vermummten Kerle in ihren schwarzen Uniformen ist mir jedes Mal fast das Herz stehen geblieben. Schon beim geringsten Verdacht verhafteten sie die Reisenden. Viele ihrer Opfer verschwanden auf Nimmerwiedersehen. Uns Frauen wollten sie aber nicht einmal ansehen. Sie verlangten nur die Ausweise der Männer. Fortwährend bewegten wir uns an der Grenze zwischen Leben und Tod. Wir hatten Todesangst, weiterzufahren, aber auch Todesangst, umzukehren.

In der Not sind wir über Al Anbar ausgewichen, das nordwestlich von Bagdad liegt. Nach einer anstrengenden Fahrt haben wir dort einen kurzen Halt eingelegt. »Al Anbar ist eines der 18 irakischen Gouvernements, die Hauptstadt ist Ramadi«, informierte der Fahrer uns Frauen, »es ist das größte Gouvernement im Irak.« Diese Provinz war fest im Griff des IS. Hier kontrollierten sie das Wasser des Euphrat. »Jetzt wollen sie auch noch das Sagen über den Tigris haben«, meinte Waqas zum Fahrer. »Wenn das gelingen würde«, erschauderte er »dann wäre die Wasserversorgung des Irak vollkommen von diesen Terroristen abhängig.« Der Fahrer nickte. »Das Lebenselixier von 33 Millionen Menschen.«

An der Grenze Anbars haben uns IS-Kämpfer angehalten; ihre Aufgabe war es, die Stadt zu bewachen. »Wohin soll es gehen?«, wollten sie wissen. Waqas hat seinen Satz wiederholt: »Wir sind frisch verheiratet, und meine Frau möchte gerne ihre Familie besuchen.« Als wir Anbar durchquert hatten, sind wir mitten in der Wüste gelandet.

IS-KONVOI IN DER NACHT

Keine asphaltierte Straße weit und breit. Doch die Menschen, die vor dem IS flohen, hatten sich durch diese steinige Ebene ihren Weg gebahnt. Die Nacht war hereingebrochen. Niemandem war es erlaubt, sich um diese Uhrzeit in dieser Gegend aufzuhalten. Wir waren kurz vor Kerbela. In der Ferne bemerkten wir Flugzeuge, die um Anbar herum bombardierten.

Wie bei einem Wetterleuchten erhellte sich kurz der Himmel. Obwohl wir sehr weit von diesem Lärm weg waren, drangen die dumpfen Einschläge bis zu uns durch. Vorsichtshalber hat der Fahrer das Auto angehalten und die Lichter ausgeschaltet. Ich blickte auf die Uhr. Es war 3.30 Uhr. Die Kinder haben tief geschlafen. Ihr ruhiger Atem war alles, was wir in dem Moment im Auto hörten. Um uns nur Dunkelheit und der zuckende Himmel in der Ferne.

»Was ist das?«, zischte Waqas plötzlich. Vor uns tauchten die Umrisse schattenhafter Bewegungen im Mondlicht auf. Eine Kette von Lichtern näherte sich uns. Plötzlich schälten sich aus der Dunkelheit Jeeps und Pick-ups, die durch die Wüste direkt auf uns zudonnerten. Ein Wagen hinter dem anderen. Der Fahrer wischte sich die Stirn. »Das sind sie!« Der Frau neben mir

284

entrang sich ein Stöhnen. »O Gott, die haben uns gesehen, wir sind tot«, hauchte ich. Mir ist so kalt geworden, als müsste ich innerlich zu Eis erstarren.

Durch die Fenster sahen wir die weißen arabischen Schriftzüge auf ihren Fahnen wehen. Sie waren vielleicht 200 Meter von uns entfernt. In einem Bogen ratterten sie an uns vorbei. Unser einziges Glück war gewesen, dass die Farbe unseres Autos schwarz war wie die Nacht. Die Finsternis hatte uns verschluckt. Sonst hätten sie uns entdeckt.

Kurz war es still. Still wie im Grab. Erst flüsterten die Männer nur miteinander, als könnte uns sonst jemand hören. Ich war völlig aus dem Gleichgewicht. »Hoffentlich kommen sie nicht zurück. Hoffentlich komme ich hier lebendig heraus.« Ich keuchte, als wäre ich gerade um mein Leben gerannt. Beide Männer redeten so lange auf mich ein, bis ich mich wieder gesammelt hatte. »Du brauchst keine Angst zu haben. Wir werden dafür sorgen, dass du nie wieder in ihre Gefangenschaft gerätst.« Nach und nach beruhigte sich der jagende Puls.

Erleichtert ließen die Männer ihren Zungen daraufhin für kurze Zeit freien Lauf, um die Last der Sorge miteinander zu teilen. Danach haben sie nur noch über die IS-Kämpfer geschimpft und sie als »Hunde« beleidigt, was ein sehr übles Schimpfwort in deren Sprache ist. Nachdem sie sich auf diese Weise abreagiert hatten, meinte Waqas nach einer Weile nachdenklich: »Ich glaube nicht mehr daran, dass Schiiten und Peschmerga uns je wieder vertrauen können.«

Ich war todmüde, aber ich habe mich nicht getraut zu schlafen. Keiner von uns hat bis zum nächsten Morgen noch ein Auge zugemacht. Es war noch nicht mal Sonnenaufgang, nur ein Hauch von Licht schimmerte am Horizont, schon drehte der Fahrer den Zündschlüssel um und gab Gas. Nur weg hier! Der Gedanke, mitten im IS-Gebiet noch eine Sekunde länger festzusitzen, war unzumutbar. In irgendeine Richtung zu fahren, egal in welche, bedeutete Hoffnung auf Abstand zu diesem Schrecken. Stehen zu bleiben hieße dagegen, den Tod herbeizurufen.

Erneut mussten wir einen riesigen Umweg auf uns nehmen. Ohne Stopp rasten wir weiter. Immer abseits der Hauptstraßen. Sobald wir in der Ferne einen Checkpoint ausmachten, sagte Waqas: »Betet, betet, betet …« Bei jedem Checkpoint brach mir der Schweiß aus, aber die Frau neben mir hatte noch viel größere Angst als ich. Sie hat überhaupt nicht mehr aufgehört zu beten.

KERBELA: DER PLAN KÖNNTE SCHIEFGEHEN

Am nächsten Abend erreichten wir Kerbela. Flüchtlingsströme aus verschiedenen Richtungen trafen hier zusammen, denn diese hauptsächlich von Schiiten bewohnte Stadt galt als sicher vor dem IS. Auch dieser Ort war über Nacht für alle Einreisenden gesperrt. Erst am nächsten Morgen erteilten die Polizisten in der Regel die Erlaubnis zur Weiterfahrt. Das lag daran, dass sie abends nur schlecht erkennen konnten, wen sie da im Auto vor sich hatten. Terroristen oder Flüchtlinge? Selbst durch das Sindschar-Gebiet hatte man nach Einbruch der Dunkelheit nicht mehr ohne Weiteres hineinfahren dürfen. Schwer bewaffnete IS-Wachposten hatten dort jeden kontrolliert. Im Irak hat niemand mehr noch irgendwem vertraut.

Um Kerbela zu sichern, hatte man hohe Wälle aus Sand rund um die Stadt aufgeschüttet. Auf diese Weise blieb nur eine Engstelle, an der sich alle Menschen hindurchschlängeln mussten. An diesem Stützpunkt wimmelte es von schiitischen Polizisten in schwarzen Uniformen.

»Diese Polizisten sind wie die IS-Milizen berüchtigt
für ihre Brutalität. In sunnitischen Dörfern haben sie
Massaker an der Bevölkerung verübt.«
(Jan Kizilhan)

Mit uns sammelten sich vielleicht 30 Autos an diesem Vorplatz. Und in jedem Wagen steckte eine Familie. Sogar eine kleine Imbissbude hatten sie hier aufgebaut. Die Männer sind ausgestiegen, haben etwas zu essen und zu trinken gekauft. Ich aber hatte etwas anderes vor. Als Erstes habe ich mich, Lage für Lage, von den schwarzen Stoffen um mich herum befreit. Darunter trug ich ein langes Kleid und Kopftuch. Schleier und Kleid legte ich neben mich. Als hätte ich ein Kettengewand aus Blei abgestreift, fühlte sich mein Körper plötzlich federleicht an. Die Zeit als Nachtgespenst war vorbei! Ich war wieder ich selbst. Zumindest ein Teil davon.

Peinlich genau haben die Ordnungshüter alle Reisenden überprüft und deren Pässe eingesammelt. »Woher kommt ihr? Wohin geht ihr? Warum seid ihr hier?« Niemand von den IS-Milizen sollte sich heimlich hier einschleichen können. Zuvor hatte mir unser Fahrer noch eingebläut: »Wenn sie dich nach deiner Religion fragen, sag bloß nicht, dass du Jesidin bist!« »Wieso?«, wunderte ich mich, »lasst mich doch zu ihnen hingehen und ihnen alles erklären. Schiiten sind doch nicht so gewalttätig wie die IS-Kämpfer.« »Nein, das stimmt leider nicht«, hat der Fahrer mir das strikt verboten, »du bist taub und stumm!«

Schulterzuckend verspeiste ich das Brot, das er mir mitgebracht hatte. Den anderen aber war der Appetit vergangen. Allen im Auto stand auf einmal der Schweiß auf der Stirn, nur meine Angst war mit einem Mal verschwunden. Ich war mir sicher, dass die Schiiten mich nicht umbringen würden, weil sie genau wussten, was mit den Jesiden passierte. Die Sunniten im Auto aber waren verunsichert, was ihre eigene Zukunft anbelangte. In ihren Nöten saßen sie noch eine Weile im Auto. Einfach losrennen wäre Selbstmord gewesen. »Wenn die uns erwischen, töten sie uns«, klagte die Frau neben mir.

Um sich gegenseitig Mut zu machen, fassten die Männer erneut ihren Plan zusammen. Sie wollten den Wachen auseinandersetzen, dass sie als Sunniten eine Jesidin retteten und mit den Peschmerga zusammenarbeiteten. Da beschlich mich zum ersten Mal der Verdacht, dass ich für meine Mitreisenden nur Mittel zum Zweck sein könnte, damit sie selber aus dem IS-Gebiet fliehen konnten. Es war allerdings klar, dass dieser Plan schiefgehen könnte. Alles hätte auf dieser Fahrt komplett schiefgehen können. Jeder Stützpunkt, den wir passiert hatten, hätte das Ende unserer Reise sein können ...

Der Fahrer und Waqas erbleichten, als die Uniformierten auf unseren Wagen zukamen. Noch lauter als zuvor sprach die Frau neben mir ihre Gebete. »Bitte aussteigen«, ordneten die Wachleute an. Männer links. Frauen rechts. Während Waqas und der Fahrer nach Waffen abgetastet wurden, prüfte eine schiitische Polizistin, ob wir einen Sprenggürtel oder sonstige Munition bei uns trugen. Gleichzeitig untersuchten andere die Autos auf ihren Inhalt.

Nachdem alles abgecheckt worden war, sollte ich mich wieder ins Auto setzen. Der Fahrer und seine Frau besprachen sich noch. Vom Rücksitz aus beobachtete ich, wie auf einmal einer der Offiziere Waqas am Oberarm packte und hinter sich herzog. Kurz darauf marschierte ein Uniformierter im Stechschritt auf mich zu und stellte mich durchs offene Fenster zur Rede: »Stimmt es, dass du Jesidin bist?« Ich spürte, wie mein Mund austrocknete. Hilfesuchend blickte ich hinaus zum Fahrer, denn er hatte mir doch verboten zu sprechen. Plötzlich aber ist mir wieder bewusst geworden, dass ich gar keine Angst mehr haben musste, und ich begann, erleichtert aufzulachen. Im nächsten Augenblick schlug ich mir wie ertappt selber die Hand vor den Mund, lachte aber weiter. Bestürzt schaute mich der Polizist an. »So rede doch mit mir! Du bist eine von uns, wir wissen, dass du Jesidin bist. Wir beschützen dich.« Da habe ich die Tür geöffnet und bin gegangen, ohne mich noch mal umzudrehen. Ich hörte, wie die Mutter hinter mir anfing zu weinen.

Der Uniformierte übergab mich in einem Wachhäuschen der Polizistin, die uns Frauen zuvor abgetastet hatte. »Setz dich, bitte«, sagte sie freundlich und schob mir einen Stuhl hin. Kurz darauf hat mir eine andere Uniformierte etwas zu essen und zu trinken gebracht. Dankbar nickend habe ich das angenommen. »Was passiert mit den anderen?«, wollte ich wissen. »Das braucht dich nicht zu interessieren«, sagten sie und beäugten mich aufmerksam, »bleib du erst mal sitzen und ruhe dich aus.« Auf einmal habe ich den Schrei meiner Mitfahrerin gehört. Mit einem Satz bin ich aufgesprungen, um zu sehen, was da draußen vor sich ging. Die Frau saß laut wehklagend im Auto, während zwei Uniformierte Waqas und ihrem Mann die Augen verbunden haben. »Was macht ihr denn mit ihnen? Wollt ihr sie töten?«, fragte ich aufgelöst. Die eine Frau erwiderte. »Wir Schiiten töten niemanden.«

Noch einmal kehrte der Polizist zurück, der mich hergeführt hatte. »Kannst du mir den Namen deines Ehemannes sagen?«, bat er mich. Sie wollten herausfinden, ob Waqas und der Fahrer tatsächlich als Kontaktleute den Peschmerga zuarbeiteten. Durch das Fenster sah ich, wie die beiden Männer abgeführt wurden.

Für Waqas selber empfand ich weniger Mitgefühl als für seine alte Mutter. Es hätte ihr das Herz zerrissen, das mit ansehen zu müssen. Die alte Dame hatte so gelitten beim Abschied. »Wenn ihm etwas zustößt, was wird dann aus seiner Mutter?«, überlegte ich. Für eine Mutter war es das Schwerste, ihr Kind zu verlieren. »Kein Schmerz ist schlimmer.« Das hatte mir meine eigene Mutter so oft gesagt.

»Wir bringen dich in Sicherheit«, sagte der Polizist und setzte mich allein in ein Auto.

PLÖTZLICH EIN MEDIENSTAR

Ich lehnte mich zurück und schloss für einen Moment die Augen. Wie sich Vater freuen würde! Ich müsste ihn unbedingt heute noch anrufen. Oh, was würde er nur sagen?! Und was für Augen Mutter erst machen würde! Und Leyla würde vor Freude tanzen, und Kemal würde lachen. Sein lautes freches Lachen. Da fiel mir ein, dass ich ihn schon lange nicht mehr so lachen gehört hatte. Wie lange war das nur her? In dem Moment riss mich das Knarren der Autotür unsanft aus meinen Betrachtungen heraus.

Waqas setzte sich vorne auf den Beifahrersitz. Fast ärgerte ich mich ein bisschen über diese Störung. Er wirkte wie ausgewechselt. Aufgekratzt berichtete er mir, dass die Wachen schnell seine Daten bestätigt und erkannt hätten: »Es stimmt, sie bringen die Leute hier raus. Sie kommen mit friedlichen Absichten.« Ich seufzte. Seine Mutter durfte sich freuen.

Der Fahrer rollte am Stützpunkt vorbei in die Innenstadt von Kerbela hinein. Zuerst haben uns die Uniformierten in die Verwaltungszentrale gebracht. Im Gerichtsgebäude trennten sie Waqas und mich. Sehr viele Schiiten drängten zu mir in den Raum, um mich anzusehen. Gerade so, als ob ich etwas Besonderes oder ein Tier im Zoo wäre. Verlegen und verwirrt stand ich da. »Sie wollen Fotos von dir machen«, erläuterte mir eine Uniformierte. Ich sei das erste jesidische Mädchen, das auf diesem Wege aus den Fängen der ISIS befreit worden wäre. »Das macht uns überglücklich.« Sie gratulierte mir. »Du bist unsere Schwester, du gehörst zu uns, zu unserer Familie.« Die Leute um mich herum machten alle einen sehr seligen Eindruck. »Dass wir das miterleben dürfen!«, begeisterte sich eine Polizistin. Alle zeigten sich vergnügt und haben mir auf die Schulter geklopft. Eine Filmkamera lief. Ein Redakteur der Zeitung von Kerbela traf ein. Die Kamera blitzte. Ich wusste gar nicht recht, wie mir geschah. Ich freute mich mit den anderen mit. Mir war nur nicht klar, was ich genau tun sollte und wo ich mich am besten vor so vielen Augen verstecken könnte.

Ein Polizist neben mir legte die Stirn in Falten und verzog gramerfüllt sein Gesicht. »Wir werden versuchen, das Leid, das uns allen geschehen ist, zu rächen.« Während sie weiterhin Fotos von mir schossen, sprach mich ein großer Richter mit einem runden Bauch an, vielleicht 50 Jahre alt. Kopf und Kinn glatt rasiert. »Das, was sie euch Jesiden angetan haben, wurde auch uns angetan; deswegen sind wir bereit, euch herzlich gern zu helfen!«

In dem ganzen Trubel bat ich schüchtern darum, meinen Vater anrufen zu dürfen. »Ich würde so gerne mit ihm sprechen.« Doch die Männer verwehrten mir das. »Solange wir dich nicht in die Hände der Peschmerga übergeben haben und dich nicht in hundertprozentiger Sicherheit wissen, rufst du ihn besser nicht an.« Es sei nicht gut, falsche Hoffnungen zu wecken.

Da es draußen bereits finster war, bot mir der Richter ein Nachtquartier an. »Komm zu meiner Familie nach Hause, damit du wenigstens etwas essen und dich ein bisschen ausruhen kannst.« Im Nebenraum wartete Waqas. Mit dem Kopf deutete der Richter zu ihm hinüber. »Nur wegen dir, weil ich gerade so glücklich bin, dass eine Jesidin gerettet worden ist, danke ich auch diesem Sunniten da drüben. Ich möchte ihm kein schlechtes Wort entgegenbringen, ihn nicht beschimpfen und beleidigen.«

Daraufhin hat mich der ältere Herr mit zu sich nach Hause genommen. Seine Frau strahlte mich an, als habe er ihr ein großes Geschenk mitgebracht. Eine Platte nach der anderen, gefüllt mit Kebab, gegrillten Tomaten und Gemüse, tischte sie auf. Mit großen Augen betrachtete ich diese leckeren Speisen. »Was ist mit deiner Familie passiert?«, hakte sie nach, während sie mir den Teller füllte. Seltsam emotionslos berichtete ich: »Meine Mutter und meine drei Geschwister sind noch gefangen. Mein ältester Bruder ist spurlos verschwunden. Mein Vater ist geflohen.« »Auch meine Familie musste die Heimat verlassen, um nicht vom IS ermordet zu werden«, erwiderte sie.

Der Richter aber wollte es noch genauer von mir wissen. »Was ist deine eigene Geschichte? Wie fühlst du dich?« Plötzlich überkam mich eine große Mattigkeit. »Ich kann dir ehrlich gesagt darauf im Moment keine gute Antwort geben, meine Geschichte ist übel und beschämend. Ich kann nicht einmal mehr dir vertrauen, selbst wenn du Schiit bist und mich in dein Haus hereingelassen hast. Aber auch du bist ein Mann. Dazu noch ein Muslim.« Nachdenklich wiegte er den Kopf hin und her. »Und wie hat dich die Familie von Waqas behandelt?« »Das waren zwar auch Muslime, dort aber ging es mir nicht schlecht«, hob ich hervor. Der Richter rieb sich seine Glatze und sicherte mir zu, mich persönlich am nächsten Morgen nach Bagdad zu begleiten.

Diese Nacht verbrachte ich mit der Frau und den Kindern in einem Raum, in dem Matratzen und Decken schon bereitlagen.

Während ich dort im Schneidersitz hockte, begann ich, vor mich hin zu murmeln: »Was ist überhaupt passiert mit mir?« Ich schaute auf meine Hände, als gehörten sie einer Fremden. »Was haben sie mit mir gemacht?« Erst jetzt, da ich ein wenig Abstand von diesem Grauen gewonnen hatte, erfasste ich stückweise das Ausmaß. »Wie bin ich ihnen überhaupt entkommen?« Unsicher blickte ich der Frau des Richters ins Gesicht. »Und wie soll ich meinem Vater gegenübertreten? Was soll ich ihm auf all seine Fragen antworten? Ich weiß nicht einmal, ob ich überhaupt noch Jesidin sein darf …«

Da legte ich meinen Kopf auf meine übereinandergeschlagenen Arme. Böse Ahnungen beschlichen mich. Meine Zukunft? Das Leben einer Aussätzigen, heimatlos und verstoßen. Ohne Familie. Da stiegen mir die Tränen bis zur Kehle hoch. Die Frau des Richters griff mit ihren Händen nach meinen. »Shirin, hör auf zu weinen, schon morgen oder übermorgen wirst du bei eurem Baba Sheikh in Lalisch sein. Er wird dich freisprechen, dann bist du wieder eine Jesidin. Alles wird gut.«

In dieser Nacht fühlte ich mich derart zerschlagen, dass ich selbst das Kopftuch zum Schlafen nicht abgelegt habe.

AUF NACH BAGDAD

Früh am nächsten Morgen holte uns ein Fahrer ab. Der Richter nahm mit ihm vorne Platz. Hinter uns folgten in einem zweiten Auto Waqas und die anderen. »Bis wohin fahren die denn mit?«, fragte ich den Richter. »Bis Kirkuk«, unterrichtete er mich. Der Richter wollte mir keinesfalls noch einen Tag länger zumuten, dass ich allein als Jesidin mit fünf Sunniten im Auto säße. Während der Fahrt setzte er mir auseinander, dass eine wichtige Verbindungsstraße in Richtung Bagdad lange gesperrt gewesen sei. »Mit amerikanischen Luftangriffen und der Hilfe schiitischer Milizen haben wir den IS aber zurückgedrängt.«

Politik interessierte mich nicht. Politik war mir so fremd. Ich blickte nicht durch, wer sich mit wem aus welchen Gründen verbündet hatte. Und wer sich mit wem aus welchen Gründen entzweite. Ich verstand nur, dass wir Jesiden in einer fürchterlichen Klemme steckten. Eingezwängt zwischen einem zerstrittenen Regime und grausamen IS-Kämpfern, die sich gegenseitig die Köpfe einschlugen. Was aber hatte all das mit uns zu tun? Wir wollten einfach nur in Frieden leben.

Wieder mussten wir an verschiedenen Checkpoints halten. Wenigstens waren sie aber nicht von IS-Kämpfern umstellt. Sobald der Richter seine Papiere vorlegte und sagte: »Das Auto dahinter gehört ebenfalls zu uns«, wünschten uns die irakischen Militärs eine gute Weiterreise.

Von den Spuren des 13-jährigen Krieges habe ich draußen nichts bemerkt. Keine gesprengten Brücken, ausgebrannten Autowracks oder durchsiebten Hauswände. Ich war allein damit beschäftigt, endlich anzukommen. Den Rest habe ich ausgeblendet. Ob Flüsse oder Seen. ob Sumpfland oder Hochland. Ob Ölfelder und nickende Pumpenköpfe über Bohrlöchern. Auf dieser langen Reise durch den Irak habe ich nichts gesehen. Nur Wüste. Und Gefahr.

Es war das erste Mal in meinem Leben, dass ich eine solch riesige Stadt wie Bagdad erlebte. So viele Autos und Menschen. Doch ich habe nicht einmal registriert, dass nicht länger alle Frauen um mich herum tief verschleiert waren. Dass die Welt wieder etwas farbiger und freundlicher geworden war. Die schiitischen Frauen trugen zwar Kopftücher, zeigten aber offen ihre Gesichter.

Damals hatte ich auch keine Vorstellung davon, wie gefährlich das Leben in der irakischen Hauptstadt war. Dass Autobomben und Selbstmordattentate zum Alltag gehörten. Dass Bagdad das nächste Ziel des IS war. Ich wusste auch nicht, dass hohe Mauern die Wohnviertel von Schiiten und Sunniten trennten. Zum Schutz und aus Hass. In der irakischen Hauptstadt waren die Schiiten gut geschützt durch die Regierung, während die Sunniten nichts zu melden hatten. Aber all das war mir völlig gleichgültig. Mein einziger Gedanke galt meinem Vater. Er war mein Ziel. Weiter jedoch nagte die Angst an mir. Würde ich es bis dahin überhaupt schaffen?

In einem Viertel, in dem nur Schiiten wohnten, lebten

Freunde des Richters. Waqas und seine Mitreisenden wurden derweil bei einem anderen Bekannten des Richters vor Gericht gestellt. Der alte Herr legte ein gutes Wort für sie ein. Danach sollte das Gesetz darüber entscheiden, wer Feind oder Freund war. Noch am selben Abend hat der Richter mir zum Abschied die Hand gereicht.

WEITER MIT DEN PESCHMERGA

An einem Stützpunkt, irgendwo zwischen Bagdad und Kirkuk, hat mich der Fahrer den Peschmerga übergeben. Ausgerechnet! Die Leute, die mein Volk diesen Killertruppen vom IS schutzlos überlassen hatten. Mit zwei Wagen kamen sie, um mich dort abzuholen. Drei Männer mit Barett auf dem Kopf in braungrün gefleckten Uniformen stiegen zu. Auf den Schulterklappen einen fliegenden Vogel. Der Rest der Soldaten verteilte sich in das Auto von Waqas, das uns nach wie vor folgte.

Unbehaglich rutschte ich hin und her, wusste nicht, wo ich hinschauen sollte. Rieb den Stoff meines Kleides zwischen meinen Fingern. Versuchte vergebens, mich auf meine Finger zu konzentrieren. Doch die kneteten und walkten sich gegenseitig. Den Soldaten war mein Unwohlsein nicht entgangen. Sie wechselten einander damit ab, mich zu beruhigen. »Hab keine Angst, bloß keine Angst, du erreichst ja bald deinen Vater.«

Ein gequältes Lächeln kam mir über die Lippen. Wie lange dauerte das denn noch? Wann waren wir endlich da? Fest presste ich den Kiefer aufeinander. Durchhalten. Einfach nur geradeaus blicken. »Shirin, weißt du denn, wo wir jetzt sind?«, holte mich einer der Peschmerga am frühen Abend aus meiner

Versunkenheit heraus. »Sieh dich doch mal um, da hinten ist Kirkuk!«

Nachdem sogar in dieser Universitätsstadt die Außenbezirke Ende Januar 2015 von IS-Verbänden unter Beschuss genommen waren, hatte sich die irakische Armee zwar mal wieder kampflos abgesetzt, doch diesmal hatte nicht der IS, sondern hatten die irakischen Kurden das Zentrum der Erdölindustrie in Besitz genommen. Kirkuk war sicher. Vor Aufregung zitterten meine Hände. Noch heute würde ich meinen Vater anrufen!

Waqas und die anderen folgten uns, als wir ein Verwaltungsgebäude betraten. Auch diese Leute dort haben mich sehr zuvorkommend behandelt, aber auch sie haben es nicht gestattet, dass Waqas, der in ihren Augen offiziell zum IS gehörte, mir zu nahe käme. Sie ließen mich nicht einmal mit ihm in einem Raum sitzen, geschweige denn ein Wort wechseln. Natürlich war ich Waqas und seinem Fahrer dankbar für das, was sie für mich getan hatten. Doch im Grunde hatte auch ich ihnen geholfen, dem Terror in der Heimat zu entkommen.

Meine Gedanken jedoch konzentrierten sich auf meinen Vater. Ich wollte endlich mit ihm sprechen. »Warte noch!« Andauernd hielten sie mich hin. »Jetzt ist es so weit«, meldete 20 Minuten später ein Peschmerga-Soldat in traditionell weiter Hose, mit breitem, oben zusammengebundenem Gürtel und einem turbanartig geschwungenen Tuch um den Kopf. Er führte mich zu einem Schreibtisch. Seitlich hatte sich dort ein zweiter Uniformierter mit Videokamera in Position gebracht, um mich bei diesem Telefonat zu filmen. Während ich mit zittrigen Fingern seine Nummer eintippte, hielt er die Kamera auf mich. Ich weiß nicht genau, welchen Zwecken diese Aufnahmen dienen sollten. Vielleicht wollten sich die Peschmerga damit schmücken, dass sie ein jesidisches Mädchen befreit hatten?

»Shirin, wo bist du?«, hörte ich da auf einmal die Stimme

meines Vaters. Mein Brustkorb hob und senkte sich.»Ich bin in Kirkuk«, habe ich noch herausgepresst, aber dann versagte mir die Stimme. Ich hatte ihm doch so viel mitteilen wollen. Und jetzt erstickten mir die Worte im Hals. Ich habe nur noch geweint. Kein einziges Wort mehr habe ich hervorgebracht. Einer der Peschmerga hat mir den Hörer abgenommen und meinem Vater erklärt, dass es mir gut gehe.»Ihr fehlt nichts. Sie ist in Sicherheit.« Das musste er ihm mehrmals wiederholen, bis er es geglaubt hat. Anschließend ließen mich die Peschmerga wissen:»Für dich geht die Reise heute weiter; wenn du noch ein letztes Wort an Waqas richten möchtest, dann tu das jetzt.«

Bereits in Kerbela hatte Waqas sich seinen langen Bart abrasiert. Erst ab diesem Tag hatte ich keine Angst mehr vor ihm. »Ich danke dir«, sagte ich zu meinem Begleiter,»und ich wünschte mir, dass es mehr von deiner Sorte zwischen all diesen IS-Kämpfern geben würde. Ich wünschte mir, dass diese Leute versuchten, unsere Familien zu retten!« Waqas hat mir daraufhin geantwortet:»Du solltest wissen, dass es unterschiedliche Muslime gibt. Ein Teil davon ist gut, der andere Teil ist schlecht. Es gibt immer zwei Seiten einer Medaille.«

»Wenn es diese gute Seite gibt, dann wünsche ich mir vor allem, dass jene guten Muslime noch mehr jesidische Mädchen aus dieser Hölle befreien.« Er seufzte nur.»Ich selber werde kein einziges Mal dorthin zurückkehren. Nie wieder möchte ich dorthin zurück.«

Ich weiß nicht, was aus Waqas und seiner Familie geworden ist. Kürzlich aber habe ich erfahren, dass irakische Militärs mit amerikanischer Unterstützung in seinem Heimatort mehrere gefangene Sunniten aus einer Schule befreit haben. Diese Männer sollten von den IS-Kämpfern im Morgengrauen hingerichtet werden. Der Vorwurf lautete:»Verrat und Zusammenarbeit mit dem Feind.«

VON ERBIL BIS DOHUK

Um 6 Uhr morgens hatten die Peschmerga zwei Jesiden in die Verwaltung bestellt. Meine Landsleute sollten mich die restliche Wegstrecke über Erbil bis nach Dohuk begleiten. Rund 40 Kilometer südlich der Hauptstadt der autonomen Kurdengebiete verlief die Grenze zum Gebiet des IS. Beide Seiten belauerten sich dort aus der Entfernung. Als ich aber hörte, wie sich die jesidische Frau neben mir und der Jesiden am Steuer in unserem kurdischen Dialekt unterhielten, habe ich lächelnd gedacht: »Jetzt bin ich zu Hause.«

Bereits am Stadtrand von Erbil prangten überall Plakate mit dem Konterfei Masud Barsanis in seiner olivgrünen Uniform. Über Schnellstraßen brausten wir an Leuchttafeln, Kränen und Shoppingmalls vorbei. »Schau mal, das ist eine Skyline wie in Dubai«, schwärmte der Jeside am Steuer. Ein Wolkenkratzer sah aus wie ein riesiger Parfumflakon, ein anderer sendete wie ein Ufo ununterbrochene Lichtsignale. Tatsächlich fühlte ich mich, als ob ich auf einem fremden Planeten gelandet sei.

Abends gegen 22 Uhr sind wir schließlich in Dohuk, nahe der türkischen Grenze, eingetroffen. Das war am 4. April 2015, glaube ich. Am dortigen Stützpunkt hat der jesidische Fahrer meinen Vater von meinem Eintreffen verständigt.»Deine Tochter ist in Dohuk! Du kannst sie abholen.«

Mein Herz klopfte mir bis zum Hals. Was würde Vater sagen? Würde er mich noch als Tochter akzeptieren? Ich saß wie auf Kohlen. Durch das Autofenster sah ich ihn wenig später auf mich zulaufen. Mit einem Mal waren all meine Sorgen verflogen. Das war dasselbe Gesicht des liebevollen Vaters, der mich als kleines Mädchen stolz auf seinen Armen herumgetragen hatte. Mit einem Ruck stieß ich die Tür auf und rannte ihm entgegen. Als ich ihn das letzte Mal, im August vor dem Überfall, gesehen hatte, war sein Haar noch schwarz gewesen. Jetzt aber war er, mit seinen 41 Jahren, eisgrau geworden. Und schon plagten mich wieder die Zweifel. Würde er mich auch noch so mögen, wie ich heute war? Wie es der Respekt gegenüber älteren Menschen gebot, habe ich ihm zuerst die Hand geküsst. Er nahm meinen Kopf sanft zwischen beide Hände und küsste mir die Stirn. Seine Augen waren glasig und rot. Dann umarmten wir einander.»Papa, geht's dir gut?«, fragte ich weinend und strich ihm über sein eisgraues Haar.»Jetzt, wo ich dich wieder bei mir habe, geht es mir gut«, schluchzte er. In kurzer Zeit war mein Vater alt wie ein Greis geworden.

Mein jesidischer Fahrer hat uns zur Übernachtung zu sich nach Dohuk eingeladen. Bis zum heutigen Tag hat Vater mir keine einzige Frage gestellt. Er wollte nur wissen, wie es Mutter und meinen Geschwistern ginge und was ungefähr passiert war. Details wollte er keine hören. Bedrängten mich andere jesidische Flüchtlinge in seiner Anwesenheit mit Fragen, ist er wütend geworden.»Lasst sie in Ruhe!« Mutter hatte ihm nie etwas über meine Verkäufe an verschiedene IS-Kämpfer verraten. Sie hat immer nur gesagt, dass ich als Haussklavin bei Sunniten arbeiten müsste. Bis heute weiß mein Vater nicht, dass ich keine Jungfrau mehr bin – oder er will es nicht wissen.

302

HEILUNG:
Baba Sheikh und die heilige Zamzan-Quelle

LALISCH

Gleich am nächsten Tag bin ich mit Vater nach Lalisch aufgebrochen. Es liegt etwa 60 Kilometer von Dohuk und etwa 50 Kilometer von der Frontlinie zum Islamischen Staat entfernt. Eine schmale Straße schlängelte sich im Zickzack durch das felsige Karstgebirge ins Tal zum Pilgerzentrum der Jesiden. »Da! Sieh mal!«, platzte es aus mir heraus. Die drei gerippten Spitztürme der Tempelanlage ragten zwischen den Bergen heraus. Ich war so aufgeregt, dass ich es kaum länger aushielt. Unter knorrigen Bäumen saßen Familien und machten Picknick. Männer in Pluderhosen, Frauen in farbenfrohen Kleidern und spielende Kinder wuselten herum. Viele misshandelte jesidische Mädchen sind, wie ich, nach Lalisch gereist, um sich vom Schmutz der Vergangenheit zu befreien. Am Eingangstor streiften wir Schuhe und Socken ab. Alle Gläubigen bewegen sich barfuß innerhalb der Tempelanlage. Selbst bei Temperaturen unter dem Gefrierpunkt. Um die Einhaltung der Regeln kümmert sich ein unverheirateter Tempelwächter.

Nachdem wir ein paar Stufen hinaufgestiegen waren, gelangten wir in einen gepflasterten Hof mit schweren Holztüren. Vater ließ mich alleine. Bei meinem ersten Besuch war ich noch so sehr mit meinen Gefühlen beschäftigt, dass ich die alte Tempelstätte in all ihrer Schönheit nicht genießen konnte. Zunächst hatte ich große Angst, mich überhaupt unserem geistigen Oberhaupt zu stellen, denn die Vergewaltigungen hatten uns von unserer Religion entfernt. Baba Sheikh aber ist von selber auf mich zugekommen.

Ein stämmiger, weiser und gutherziger Mann, mit weißem Haar und Bart und einer Brille auf der Nase. Auf dem Kopf ein weißer Turban, der aus einem Wollband gewickelt war. Überall auf der Welt hat Baba Sheikh für unser Volk um Erbarmen gefleht. »Die Terroristen haben mit schweren Waffen auf unsere Brüder und Schwestern geschossen. Sie haben alle unsere Dörfer zerstört. Viele Menschen sind dabei getötet worden. Doch am schlimmsten ist für uns, dass sie unsere Frauen ermordet und unsere Mädchen verschleppt haben«, hatte er in einer Fernsehansprache gesagt.

Der alte Herr blickte mir ins Gesicht, voller Ruhe, als habe er mich erwartet. Er hat mich auf die Stirn geküsst, mir einmal über den Kopf gestrichen und mich eingeladen: »Komm zu mir nach Hause.« Baba Sheikh weiß, dass wir Mädchen verkauft, versklavt und vergewaltigt worden sind. Er wollte mich mit Fragen gar nicht erst in die Enge treiben oder mich in die Verlegenheit bringen, über die Misshandlungen berichten zu müssen.

Ganz sachte und ohne Eile, als sei all das vollkommen selbstverständlich, hat er einfach nur wiederholt: »Ihr seid frei, ihr seid wieder Jesidinnen!« Und er hat mit jedem Mädchen einzeln gesprochen. »Du bist mehr Jesidin als wir alle. Du hast mehr Stolz und mehr Ehre als viele andere. Du hast das nicht freiwillig getan. Sie haben dich gewaltsam mitgenommen. Du besitzt sogar mehr Stolz als meine eigene Tochter. Du brauchst dich nicht ausgestoßen zu fühlen. Du hast das Beste getan, was möglich war. Du bist zu uns zurückgekehrt, anstatt wegzurennen, dir das Leben zu nehmen oder zum Islam zu wechseln. Du brauchst dich nicht unrein zu fühlen, weil dir all das widerfahren ist.«

Zum Glück denkt Baba Sheikh anders als viele konservative Jesiden. Er versucht, uns Frauen und Mädchen unsere Ängste zu nehmen. Ein Mädchen hat er sogar persönlich nach Hause begleitet und ihren Eltern gesagt: »Wenn ihr sie nicht wollt, nehme ich sie auf.« Daraufhin hat die Familie das Mädchen in die Arme geschlossen.

»Bei etwa 20 einflussreichen Stammesführern
der Jesiden in der Region, die viel Einfluss,
aber kein politisches Mandat besitzen,
habe ich mich dafür eingesetzt, dass die Mädchen
von ihren Familien nicht verstoßen werden.«
(Jan Kizilhan)

Zu mir hat Baba Sheikh gesagt: »Selbst wenn dich Hunderte Männer vergewaltigt hätten, sie können dir trotzdem deine Ehre und dein Jesidentum nicht nehmen.« Wenn man so etwas hört, nach solchen Schicksalsschlägen, ist man noch tausendmal dankbarer für seine Religion und fühlt sich ihr noch tausendmal enger verbunden. Für Frauen und Mädchen trägt Baba Sheikh besonders viele religiöse Texte vor, um uns freizusprechen. Das Ritual zieht sich so lange hin, bis die Mädchen zu ihm sagen: »Gut, nun bin ich wieder bei mir.« Es war, als habe Baba Sheikh einen Makel von mir genommen. Ich fühlte mich wie neugeboren.

DIE HEILIGE ZAMZAN-QUELLE

Weiter ging es über eine Schwelle, glatt poliert von den Küssen der Pilger, in einen höhlenartigen, dunklen Raum hinein. Der Boden unter meinen nackten Fußsohlen glänzte schwarz und nass. Wasser plätscherte in einer Zisterne, gespeist aus der heiligen Weißen Quelle. Durch eine Haupthalle lief ich weiter in die Grabkammer von Sheikh Adi. Unter einer kegelförmigen Kuppel befindet sich sein Grabmal, bedeckt mit roten und grünen Seidentüchern.

Unweit davon geriet ich in eine Kette unterirdischer Räume, wie Höhlen. Mit jedem Raum, den ich durchquerte, musste ich mich tiefer ducken, bis ich in das Heiligste hinabstieg. In die Kaverne der heiligen Zamzan-Quelle. In einer Steinrinne strömte das Wasser herab. Es heißt, das Wasser heile alle Leiden.

Erst habe ich nur ganz vorsichtig etwas mit der Hand abgeschöpft. Das Wasser auf den Lippen, es war so wohlschmeckend, so frisch. Daraufhin habe ich mit dem Wasser Stirn und Wangen benetzt. Beim nächsten Versuch war ich schon übermütiger und habe Gesicht, Arme und Füße unter das klare Quellwasser gehalten. Zum Abschluss schöpfte ich so viel Wasser mit beiden Händen ab, dass ich mich regelrecht damit übergossen habe. Befreit atmete ich in meinem tropfnassen Kleid durch.

Wieder oben angelangt, führte mich der Weg zurück zum Tor mit seinen uralten Inschriften und geometrischen Verzierungen. Seitlich schlängelte sich die Figur einer riesengroßen schwarzen Schlange an den matten, cremefarbenen Steinen hoch. Dieses Tier symbolisiert den kosmischen Weg, über den die Gestirne wandern. Davor saß im Schneidersitz einer der Geistlichen, der Gebete für uns Besucher sprach. »Unser Herr ist unendlich gütig. Zu jeder Zeit, in jeder Epoche ...«

Eine innere Stimme flüsterte mir zu: »Stelle dich direkt vor das Tor.« So stand ich in meinem nassen Kleid, den Kopf in den Nacken gelegt, und habe mein feuchtes Gesicht in die Sonne gehalten. Die Wassertropfen rannen mir kitzelnd bis zum Hals hinunter. Während der Wind in den Blättern der Bäume flüsterte, strich er wie mit Geisterhänden um mich herum. Ein magischer Moment. Ich war wieder auf der Welt. Ohne Schmerz.

In Lalisch gibt es einen weiteren Raum, der in den blanken Stein hineingehauen wurde. Dort befindet sich der Stein der Wünsche. Jeder darf sich da etwas wünschen. Ich wünschte mir meine Familie zurück. Meine Mutter, Dilshad, Kemal, Leyla, Felek und Vater. Alle zusammen.

In einem von Maulbeerbäumen überschatteten Hof lag ein Labyrinth von Räumen. Dort kochten ein paar ältere rundliche Frauen mit ihren verwitterten Gesichtern für die Besucher. Dieses Essen war sehr schlicht, nur ein bisschen Reis mit Kartoffeln, aber so eine gute Mahlzeit hatte ich niemals zuvor in meinem Leben zu mir genommen.

Nach diesem Besuch bei Baba Sheikh habe ich mich gefühlt, als wäre ich nie gefangen gewesen. Doch ich musste danach noch dreimal nach Lalisch reisen, um mich wieder durch und durch sauber zu fühlen. Aber auch, um all die Eindrücke dieses mystischen Ortes auf mich einwirken zu lassen.

Seitdem ich der IS-Gefangenschaft entkommen bin, habe ich das Jesidentum noch besser verstanden und noch mehr zu schätzen gelernt. Solche Grausamkeit, die diese Terrorgruppe im Namen ihres Gottes verübt, gibt es in meinem Glauben nicht. Meine Religion schützt mich. Meine Religion ist friedlich. Heute bin ich gläubiger denn je.

TELEFONAT MIT DER MUTTER

Ein Onkel hat mich in einem der Flüchtlingslager in der Nähe von Dohuk untergebracht. Dort lebten nur Jesiden. Wie das Leben im Lager ablief? Von allen Seiten waren wir umzäunt. Im Winter war es eiskalt. In der staubigen Sommerhitze mit fast 50 Grad Celsius unerträglich heiß. Sobald ein etwas stärkerer Wind aufkam, zerrte er die Verankerungen aus der Erde heraus, und die Zelte stürzten wie Kartenhäuser in sich zusammen. Regnete es, bildete sich tiefer, zäher Schlamm um uns herum. Wer nicht schwer krank wurde, dem reichte das zum Überleben.

Mein Onkel belegte mit seiner großen Familie zwei Zelte. Mein Cousin bewohnte ein eigenes Zelt, weil er verheiratet war und Kinder hatte. Ein weiteres Zelt stand meinem Vater zur Verfügung. Er hat aber bei den Männern geschlafen, während ich mit meinen vier Cousinen dort übernachtete. Wir hatten Glück. Jede besaß eine eigene Matratze und eine Decke. Die Mädchen in meinem Zelt waren den IS-Milizen über das Sindschar-Gebirge entkommen.

Der aufregendste Moment stand mir noch bevor. Ich durfte mit Mutter telefonieren. Beim ersten Versuch hatte ich Felek am Ohr. Vater hatte in Tal Afar bereits alle Angehörigen über meine Rettung verständigt. Schmunzelnd erzählte mir Felek, wie sie Mutter daraufhin zugerufen habe: »Mama, Shirin wurde befreit«, und Mutter in Ohnmacht gefallen sei. Erst mit Wasser hatten meine Geschwister die am Boden Liegende wieder wach bekommen. Felek lachte hell auf. In dem Moment nahm Mutter ihr das Handy ab und schimpfte lachend mit mir: »Weißt du überhaupt, wie viele Tage und Nächte ich schon nichts mehr trinke, nicht mehr esse und nicht mehr schlafe? Ich wusste nicht, ob du tot oder am Leben bist!« Im kurdischen Fernsehkanal hätten sie in den Nachrichten mitbekommen, dass die Peschmerga ein jesidisches Mädchen befreit hätten. Da hätten meine Geschwister sie gefragt: »Mama, glaubst du, das ist Shirin?« Und sie habe zu ihnen gesagt: »Wir haben doch sowieso kein Glück, das ist mit Sicherheit nicht unsere Shirin.«

Bei unserem zweiten Telefonat sagte Mutter mir, dass sie sich selbst auf den Weg gemacht hätten und flohen. Zusammen mit Felek, Kemal und Leyla wären sie zu Fuß unterwegs in Richtung Sindschar-Gebiet. Natürlich habe ich mich über diese Nachricht riesig gefreut, obwohl ich zuerst äußerst skeptisch war. »Woher nimmst du deine Sicherheit?« »Wieso, Shirin, du hast dir doch auch die Freiheit erkämpft, dann schaffen wir das doch erst recht.« Immer wieder hat Mutter beteuert: »Bleib beim Onkel, wir sind in wenigen Tagen bei euch.« Und ich habe nicht länger daran gezweifelt, dass sie es nicht schaffen würden. Vor Freude bin ich aufgesprungen. Bald würde ich meine Mutter und meine Geschwister wieder im Arm halten!

Ab da riss der Kontakt mit Mutter ab. Dauernd starrte ich auf mein Handy. Auf dem Hintergrundbild meines Displays spreizte der Pfau seine prächtigen Federn, aber das Gerät schwieg. Vater und ich wussten gleich, was passiert war. Nach vier Tagen des Schweigens war ich mir sicher, dass sie tot waren. Wenn jemand versuchte zu fliehen, drehten diese IS-Kämpfer doch erst recht durch. Ich habe mir so sehr gewünscht, dass sie in Gefangenschaft geraten sind. Hauptsache, sie wären noch am Leben, gerechnet jedoch habe ich damit nicht mehr. Manchmal schüttelte ich mein Handy vor Wut. Keine Nachricht. Nach einer Weile aber ist es Felek gelungen, uns anzurufen. Sie war mittlerweile in Mossul, mit fünf anderen Mädchen, in einer Familie gefangen. Sie hat verdammtes Glück gehabt. Der Hausherr arbeitet im Verborgenen mit der irakischen Regierung und den Peschmerga zusammen. Er versucht, jesidische Frauen zu befreien. Das machte mir wieder Hoffnung. Wenn Felek nichts passiert war, lebten Mutter, Leyla und Kemal bestimmt auch noch.

Meine Schwester schilderte uns, was vorgefallen war. »Kurz vor der Grenze von Sindschar haben die IS-Milizen uns aufgegriffen und voneinander getrennt.« Sie wusste nicht, was mit Mutter und Leyla geschehen war. Doch auch ihr hatten die IS-Kämpfer zunächst auf ihren Laptops Videos präsentiert. Darunter auch welche von rekrutierten Jungen. »Kemal war dabei«, stöhnte Felek. Von einigen dieser Jungen, die noch viel jünger als mein Bruder waren, weiß ich, dass alle Hoffnung um sie verloren ist.

Der Mann, bei dem Felek untergekommen ist, hat sich bereits mit Vater kurzgeschlossen. »Im Moment komme ich aus Mossul nicht heraus. Überall finden Gefechte statt, und der IS hat sein Netzwerk noch mehr verstärkt. Wir kommen mit den Mädchen nicht durch.« Schon mehrmals hat er uns sein Wort gegeben: »Sobald ich ein Schlupfloch entdecke, werde ich versuchen, alle sechs Mädchen zu befreien.«

Was mit Leyla und Mutter passiert ist? Morgens wache ich mit dieser Frage auf. Abends schlafe ich damit ein. Meine kleine Schwester ist neun Jahre alt. Es ist sicher, dass sie vergewal-

tigt und zwangsverheiratet wird. Und Mutter? Ich möchte
nicht daran denken.

»Mit Achtjährigen fangen sie an. Sie werden
vergewaltigt, versklavt, entmenschlicht.
Das entspricht der Überzeugung der Terroristen
des IS: Ungläubige können von ihnen in Besitz
genommen werden, und mit ihnen darf alles gemacht
werden. Die weitgehend in Freiheit aufgewachsenen
Kinder sind nach dem Erlebten völlig schockiert.
Sie haben ihr Urvertrauen in die Menschen verloren.
Sie fühlen sich nicht mehr sicher in ihrer Umwelt.«
(Jan Kizilhan)

Einen derartig brutalen Krieg seitens der Muslime gegen unser
Volk hatte es zuvor noch nie gegeben. Ich habe Angst, dass
diese Unmenschlichkeit des IS in den Köpfen der Jesiden etwas
verändern könnte. Toleranz ist ein wichtiges Element in unserem Glauben. Ich bete, dass uns das erhalten bleibt.

FLÜCHTLINGSLAGER

In Dohuk leben mehr Flüchtlinge als Einwohner. Dort habe ich auch einen Deutschen kennengelernt. Jalil ist Jeside und wohnt in Frankfurt. Er hatte mitbekommen, dass ich aus den Fängen des IS gerettet worden war. Jalil wusste Bescheid über das Schicksal unserer Frauen, er engagierte sich ehrenamtlich für eine deutsche Hilfsorganisation, sammelte Kleidung für die Flüchtlinge und transportierte Hilfsgüter aus Deutschland mit seinem Lkw bis in den Norden des Irak. Er hat mich angesprochen, ob ich nicht auch mithelfen wollte. Spontan habe ich zugesagt. Alles war besser, als sich in seinen Gefühlen einzugraben.

Jalil hat mich durch verschiedene Flüchtlingslager geführt, mir die Kranken und Verletzten gezeigt. Männer, gestützt auf Krücken. Amputierte Frauen. Kinder mit einer Kugel in der Schulter. Manche wälzten sich im Fieber und brauchten dringend einen Arzt. »Schau mal«, hat er mir die einzelnen Schicksale vorgestellt, »es gibt Menschen, denen geht es wesentlich schlechter als dir, auch körperlich. Vielleicht gelingt es dir, bei ihrem Anblick eines Tages dein eigenes Leid zu vergessen.«

Fortan habe ich für die deutsche Hilfsorganisation Listen angefertigt, die Namen der Menschen und ihre Probleme notiert.

*»In den Camps gibt es zahlreiche ansteckende
Krankheiten, Durchfall, Kopf- und Magenschmerzen,
Darm- und Hauterkrankungen, körperliche
Verletzungen durch Gewalteinwirkungen,
die nicht geheilt sind. Dazu kommen
psychische Erkrankungen wie Depression,
Angst und Traumastörung.«
(Jan Kizilhan)*

Neun Monate lang hatte ich fast nur arabisch reden dürfen. Erst in den Flüchtlingslagern habe ich wieder zu meiner eigenen Sprache zurückgefunden. Viele Jesiden haben mir von ihren Schmerzen erzählt. Ich selber aber habe über mein eigenes Schicksal nichts preisgegeben. Ich habe nicht einmal erwähnt, dass ich in Gefangenschaft gewesen war.

Einige dieser Frauen rauften sich die Haare in ihrer Verzweiflung. In der sengenden Hitze waren ihnen die IS-Milizen auf den Fersen gewesen. Eine Frau, mit zwei Kindern auf den Armen, hatte auf der Flucht keine Kraft mehr gehabt und erschöpft ihr Mädchen am Wegrand abgesetzt. Nur den Jungen hat sie noch weitergeschleppt. Welche Panik musste eine Mutter antreiben, dass sie auf der Flucht ihr eigenes Kind zurückließ? Diese Mütter sind danach fast wahnsinnig geworden. Sie wünschten sich den Tod. »Hätten sie uns lieber mit Chemiewaffen getötet wie in Halabdscha!«

*»In Rakka haben IS-Milizen einer 24-jährigen
Mutter ihren vierjährigen Sohn weggenommen und
einer muslimischen Familie übergeben. Später
gelang es der jesidischen Familie, die junge Frau
freizukaufen; nur ihren Sohn wollten die Terroristen
nicht mehr herausgeben. Die 24-Jährige weigerte*

*sich daraufhin, Rakka zu verlassen. Überall suchte
sie nach ihrem Sohn, konnte ihn aber nicht finden,
da er nach Katar oder Saudi-Arabien gebracht
worden war. Erst als dies bekannt wurde, gelang es
den Angehörigen, die junge Frau zum Mitkommen
zu bewegen. Seit vier Monaten ist sie in Kurdistan,
kann aber an nichts anderes denken als an ihren
verlorenen Sohn. Sie hat sein Bild auf dem Handy
und trägt es an der Brust, als sei es ihr Kind.*«
(Jan Kizilhan)

Vor den Camps hatten die Peschmerga bewachte Stützpunkte
eingerichtet, sodass sich die Flüchtlinge selbst in diesen Zelt-
stätten nicht mehr frei bewegen konnten.»Sie kontrollieren die
Menschen fast noch schlimmer, als es vorher die IS-Milizen mit
uns getan hatten«, beschwerten sich manche Leute. Wollte ein
Jeside beispielsweise nach Kirkuk, um dort Verwandte in den
Lagern zu besuchen, musste er sich das erst vorher von der
Regierung genehmigen lassen. Das konnte dauern. Auch die
Gründe des Besuchs mussten genau aufgeführt werden. We-
nigstens fühlten wir uns sicher vor dem IS.

Zu den vergewaltigten Mädchen hat Jalil mich zuerst noch
nicht hingebracht. Vorher hat er mich mit meinen Cousinen
noch dreimal nach Lalisch gefahren.

ÄRMER ALS DIE ÄRMSTEN

Alle Lager waren überfüllt und sahen fast gleich aus. Durchnummeriert standen die Zelte dicht gedrängt in Reihen nebeneinander. Unseres war mit 600 Menschen das kleinste. Bei uns gab es sogar ein Gemeinschaftsbad, in dem man sich duschen und waschen konnte. Eines der größeren Camps in Khanike war mit 18 000 Flüchtlingen belegt. In jedem Zelt, in jeder Familie wurden Angehörige vermisst.

Die Reihen, mit etwa 100 Zelten, waren alphabetisch aufgeteilt in A, B, C, D … In manchen Lagern hat das Wasser kaum für alle gereicht. Zum Beispiel stand dem Bereich A Wasser zur Verfügung, aber allen anderen Reihen nicht. Dann drängelten sich alle Menschen bei A. Beim Essen war das zumindest in unserem Camp besser geregelt. Verschiedene Hilfsorganisationen hatten für Reis, Kartoffeln und andere Lebensmittel gesorgt. In einer Gemeinschaftsküche konnten wir uns das Essen zubereiten. Ich selber war zufrieden, weil ich wenigstens einen Teil meiner Familie um mich herum versammelt hatte.

Wieder einmal war ich mit Jalil in seinem Lkw unterwegs. Kaum bogen wir um die nächste Ecke, rannten von überall her die Kinder auf uns zu. Dort, wo keine Zelte mehr für die Menschen übrig gewesen waren, kletterten sie aus Ruinen und aus den letzten Löchern hervor. Sie lebten ärmer als die Ärmsten. Manche schliefen auf Beton, andere im Januar unter Bäumen. Sie wühlten nach warmen Sachen und Kleidungsstücken, die nicht so zerlöchert und zerrissen waren wie das, was sie am eigenen Leib trugen. Kleinkinder, die so blass waren, dass ihre Adern durch die Haut schimmerten. Viele liefen barfuß über den frostigen Boden und durch den Schlamm. Wir haben auch Schuhe an sie verteilt. Diese Menschen kamen mir vor wie lebendige Tote. Sie hatten alles verloren. Ihre Heimat, ihre Familie, ihren Besitz. Und ihre Perspektive.

Eine Frau hatte ihre drei Kinder auf der Flucht verloren. Sie waren verdurstet. Ihre Leichen musste sie zurücklassen. Die Nachkommenden seien einfach darüber hinweggestiegen. Die Amerikaner hatten zwar in den Bergen aus Helikoptern Wasserflaschen abgeworfen, aber diese seien vor ihren Augen an den scharfen Steinen zerschellt. Der Frau krabbelten beim Erzählen die Fliegen über das Gesicht, aber sie merkte gar nichts davon. Eine andere zeichnete apathisch nach, wie ihr Mann bei einer Massenerschießung ermordet worden sei. »Ich habe seine Hilferufe gehört.« Man habe den Überlebenden abgeschlagene Köpfe vor die Augen gehalten. »Sie fragten uns, ob wir die Toten kennen. Dann haben sie gelacht«, sagten die Frauen. »Bra, bra«, stimmten die Alten dann die Melodie unserer jesidischen Trauergesänge an. Das bedeutet so viel wie: »Warum konnten wir nicht helfen?«

»In der Lesart des IS sind Jesiden ›Teufelsanbeter‹.
Mit dieser Ideologie erklärt sich deren völlig
enthemmte Gewalt. In dieser Form ist so etwas
nur möglich, wenn vermeintliche Ungläubige nicht

*als Menschen betrachtet werden. Es findet
eine Entmenschlichung statt. Dann kann man
mit den Opfern machen, was man will,
weil es kein Mitleid mehr gibt.«*
(Jan Kizilhan)

GEBETE IN DER NACHT

Jede Nacht habe ich gebetet: »Lieber Gott, hol meine Schwestern, meine Brüder und meine Mutter aus dieser Hölle heraus, dann soll unser Leben hier ruhig schlecht sein.« Meinem Vater gegenüber behielt ich weiterhin die Vergewaltigungen für mich. Weil ich Angst hatte. Keine Angst, dass er mich verstoßen würde. Eher vor der Scham, die mich innerlich verbrannte.

Mein Vater ist im Dorf in den Bergen aufgewachsen. Es gibt nach wie vor einige Jesiden, besonders unter den Älteren, die furchtbar konservativ sind, was unsere Religion und ihre Regeln anbelangt. Auch mein Vater ist sehr streng. Ich kann mir nicht vorstellen, dass er, wie der Baba Sheikh, sagen würde: »Nein, diese Frau bleibt Jesidin. Sie ist ja nicht freiwillig mit diesen Männern mitgegangen …« Vielleicht ist aber wichtiger, was der Baba Sheikh gesagt hat, denn das gibt mir Halt. Andere Mädchen aber haben diesen Halt völlig verloren.

»In den Flüchtlingslagern sehen sich viele Frauen erneut mit sexueller Gewalt konfrontiert. Sie tragen das Stigma der Geschändeten, gelten in der Gesellschaft als entehrt. Immer wieder geschieht es,

dass die Hilflosesten unter ihnen gezwungen
werden, sich in den Camps zu prostituieren.
Viele vergewaltigte Frauen müssen auch vor
einer Verschleppung in andere arabische Länder
zur Zwangsprostitution bewahrt werden.
Besonders in den Städten findet man solche Fälle
von Zwangsprostitution. Einige der Frauen,
die in den Händen des IS waren, sind psychisch
derart strapaziert, dass sie von selber nicht mehr
zurück in die alte Gesellschaft möchten.
Andere sind von ihren Familien diskriminiert
und ausgestoßen worden, sodass sie ihre Körper
verkaufen müssen, wenn sie überleben wollen.«
(Jan Kizilhan)

Im Zelt lauschte ich den Gesprächen der alten Frauen, meiner Tanten und Cousinen. Erst redeten sie von ihrer Flucht, dann aber schwenkte meine Großmutter um:»Ich kann mir das Leid dieser vergewaltigten Frauen nicht vorstellen. Ich weiß nicht, was sie erlebt haben. Und ich persönlich würde es nicht aushalten, wenn mir jemand auf diese Weise zu nahegetreten wäre.« Die Frauen murmelten und nickten bekümmert mit den Köpfen.»Wenn ein Mädchen durch Vergewaltigung ihre Jungfräulichkeit verloren hat, dann hat ihr Leben seinen Sinn verloren. Dann sollte sich das Mädchen lieber umbringen. Das ist besser für sie«, sagte Großmutter. Beklommen zog ich meine Knie enger an mich.

Meine Tante hat bemerkt, wie mir die Tränen in die Augen stiegen, und den Arm um mich gelegt. Meine Großmutter aber sprach unbeirrt weiter:»Ja, es gibt sogar unzählige Frauen, die dadurch schwanger geworden sind. Was wollen solche Frauen noch vom Leben? Wenn sie zurückkommen und ein Kind von solchen Barbaren zur Welt bringen?« Wie eine Wand stand es zwischen ihr und mir. Ich rappelte mich hoch, und es gelang mir, meine Stimme in die Gewalt zu bekommen. »Entschuldigt, so viel Zeit, hier noch länger herumzusitzen, habe ich nicht. Ich muss noch Kleidung verteilen.«

Im Lager führte ich aus, was zu tun war. Ich sprach mit den Menschen und antwortete auf ihre Fragen. Aber in Wirklichkeit war ich weit entfernt von allem, was um mich herum vor sich ging. Ich war bei meiner Mutter, und die Welt wurde heller ringsum, immer heller. Seit diesem Überfall der IS-Milizen im August 2014 kann ich mich an jedes Wort von Dilshad, Kemal, Leyla und Felek erinnern, an jede Bewegung, an jeden Blick. Und ich hätte ununterbrochen damit zubringen können, an sie zu denken, ohne dass ich gemerkt hätte, wie die Zeit dabei verstrich. Ich spürte nicht, dass ich selber immer mehr versank. Wie in einem Sumpf.

Im Lager machte die Geschichte einer 17-Jährigen die Runde, die von den IS-Milizen vergewaltigt worden war. Sie war befreit worden und wollte in ihr Dorf zurückkehren. Unterwegs hat sie ihren Vater angerufen. »Bitte kannst du mich abholen?« »Ja, das mache ich«, gab er zurück, »aber beantworte mir nur eine Frage vorher: Bist du noch Jungfrau?« Das Mädchen hat ihm wahrheitsgemäß erwidert: »Nein, das bin ich nicht mehr.« »Dann kehre zurück zu denen!«, hat der Vater sie abgewiesen.

»Die patriarchalische jesidische Gesellschaft tut sich weiter schwer, mit einem Tabu wie Vergewaltigung umzugehen. Die Familien sind völlig überfordert. Viele der sexuell misshandelten Frauen sind akut selbstmordgefährdet. Wenn sie nicht behandelt werden, werden sie nicht überleben. Mir sind allein

20 Fälle bekannt, in denen sich Mädchen nach der Flucht umgebracht haben. Im Irak ist es nur bedingt möglich, den traumatisierten Mädchen und Frauen zu helfen. Es gibt kaum Psychotherapeuten.«

(Jan Kizilhan)

OHNE CHECKPOINT:
Vom Leben in Freiheit

NEUBEGINN

Da ich viel in den verschiedenen Flüchtlingslagern unterwegs war, ist mir dabei zu Ohren gekommen, dass sich einige Organisationen speziell um die misshandelten Frauen kümmerten. So hatten sie beispielsweise 15 Frauen und Mädchen miteinander bekannt gemacht, mit ihnen Ausflüge ins Kino oder einen Spaziergang unternommen, damit sie sich nicht so alleingelassen fühlten und ihr Schicksal wenigstens für zwei Stunden vergaßen. Jalil hat einfach meinen Namen mit auf diese Liste gesetzt. Auf diese Weise bin ich mit diesen Mädchen zusammengekommen und habe bei einem Treffen zum ersten Mal über das Erlebte gesprochen. Eines der Mädchen dort stützte sich auf Krücken. Die IS-Kämpfer hatten ihr bei der Vergewaltigung das Bein gebrochen. Danach haben sie die Verletzte auf die Straße gesetzt. Jedes der Mädchen hat seine Geschichte erzählt. Bei der Gelegenheit habe ich auch das erste Mal den Namen von Doktor Kizilhan gehört. Es hieß, dass dieser kurdische Arzt misshandelte Jesidinnen nach Deutschland bringe, damit sie dort eine spezielle Behandlung erhielten

*»Jedes Mal, wenn man denkt, man hat bereits das
Schlimmste gehört, erzählt einem jemand etwas noch
Schlimmeres. Ein Mädchen, 17 Jahre alt, wurde mit
seiner Schwester vom IS gefangen genommen,
geschlagen und missbraucht. Schließlich konnten
beide in Tal Afar die Tür eines Hauses, in dem man
sie eingesperrt hatte, aufbrechen. Ihre Flucht dauerte
mehrere Tage, bis sie kurdisches Gebiet erreichten.
Beide Mädchen trafen dann ihre Eltern in einem
Camp nahe der Stadt Dohuk. Das 17-jährige
Mädchen litt in der Nacht immer wieder unter
Albträumen. Eines Nachts war sie der Überzeugung,
dass die IS-Milizen vor dem Camp ständen und sie
wieder abholen würden. Sie wollte nicht wieder
vergewaltigt werden. Sie wusste, dass sie ›hässliche
Mädchen‹ nicht anfassten. In diesem psychotischen
Zustand übergoss sie sich mit Benzin und versuchte,
sich zu verbrennen. Ihr gesamter Körper erlitt
schwerste Verbrennungen bis zum dritten Grad.
Ihre Haut ist fast komplett geschmolzen, sie
kann ihre Finger und den Hals nicht bewegen.
Sie konnte zudem im Camp nicht medizinisch
versorgt werden, weswegen wir sie zur
Behandlung nach Deutschland holten.«*
(Jan Kizilhan)

»Wie ist das Leben in Deutschland?«, habe ich bei Jalil daraufhin nachgeforscht. Er überlegte nicht lange. Deutschland sei ein Rechtsstaat. Hier schützten Gesetze die Menschen. Es gäbe eine Verfassung, Wahlen, Opposition, Rede- und Meinungsfreiheit. »Die Würde des Menschen ist unantastbar.« Das klang wie ein Traum. Er hat mich aber gleich wieder wachgerüttelt.

»Jeder muss in diesem Land selbst dafür sorgen, dass sein Leben irgendwie funktioniert.« Auch über die deutschen Kinder hat er etwas gewusst. Sobald sie 18 Jahre alt seien, würden sie ihre Eltern vergessen. »Wenn sie volljährig sind, können sie machen, was sie wollen.« Ungläubig schüttelte ich den Kopf. Als mir damals in unserem Dorf ein Jeside von der Freiheit in Deutschland vorgeschwärmt hatte, hatte das zwar verlockend geklungen, aber nicht so, dass ich gern für immer dorthin gezogen wäre. Es gibt keinen schöneren Ort, als in seiner Heimat bei seiner Familie zu sein. Bevor der IS unser Land verwüstet hat, waren wir mit unserem Leben dort sehr zufrieden. Diesmal aber bedeuteten diese Erzählungen etwas anderes für mich. Meine Heimat, wie sie einmal war, existierte nicht mehr. In Deutschland habe ich eine Chance gesehen, weiterleben zu können. Ich musste versuchen, mich in Bewegung zu halten, denn bliebe ich stehen, würde auch mein Leben stehen bleiben. »Wenn alle Mädchen zusammen gehen, wäre das wahrscheinlich auch schön«, dachte ich bei mir. Leider aber durften nicht alle mit. Nur zwei Mädchen aus meiner Gruppe hat man mit mir nach Erbil geschickt.

EIN KURDISCHER DOKTOR AUS DEUTSCHLAND

In der Stadt hat man uns eine ärztliche Untersuchung angeboten. Zum Glück fehlte mir nichts Schwerwiegendes. Das Ergebnis hat mich erleichtert, denn mein Körper hatte sich völlig kaputt angefühlt. Schon wenige Schmerzmittel schafften Erleichterung. Im »American Village«, einer Unterkunft bei Erbil, hat sich Doktor Kizilhan schließlich mit jedem Mädchen allein zusammengesetzt.

> *»Die größte Schwierigkeit besteht darin, die Schutzbedürftigsten zu identifizieren. Menschen, denen eine Psychotherapie in Deutschland helfen könnte, in ein normales Leben zurückzukehren. Es gibt kein Religions- oder Staatsbürgerschaftskriterium. Christen, Schiiten, Schabak und Turkmenen haben Ähnliches erlebt, irakische wie syrische. Doch am stärksten betroffen sind junge jesidische Frauen aus dem Nordirak. Die meisten der bereits aufgenommenen Jesidinnen sind zwischen 11 und 24 Jahre alt.«*
> *(Jan Kizilhan)*

Dann war ich an der Reihe. In zwei Stunden habe ich meine Geschichte zusammengefasst. Erst am Ende habe ich die Fassung verloren, als ich das Wiedersehen mit meinem Vater schilderte und erzählte, dass meine Mutter, meine kleine Schwester und meine Brüder praktisch vom Erdboden verschluckt wären. Da konnte ich nicht mehr aufhören zu weinen.

»Shirin war vorsichtig, aber höflich. Dadurch, dass ich ihre Sprache beherrschte, wirkte sie etwas erleichtert. Zu Beginn verhielt sie sich unterschwellig aggressiv und ungehalten. Mit der Zeit gewann sie aber Vertrauen. Bis zum Schluss blieb sie sehr gefasst. Ich sagte ihr, dass sie sich Zeit lassen solle und ruhig weinen könne ...«
(Jan Kizilhan)

Der Doktor hat uns Mädchen erklärt, dass wir in Deutschland ein neues Leben anfangen könnten. »Ihr dürft euch dort mit jedem anfreunden, mit Muslimen, mit Christen oder mit Jesiden. Das ist nicht so wie hier. In diesem Land ist jeder Mensch gleich viel wert.« Vermutlich habe ich ihn dabei komisch angeblickt, weil er Muslime als mögliche Freunde erwähnte. »Ich möchte an einen Ort, an dem Jesiden sind«, habe ich gesagt. Da meinte Doktor Kizilhan: »Das liegt an dir, welche Freunde du dir auswählst.«

»Es war mir eine Freude, dich kennenzulernen«, habe ich am Ende zu ihm gesagt. »Mir war es eine noch größere Freude«, verabschiedete er sich auf Kurmandschi mit unserem typischen Gruß. Am nächsten Tag ist er überraschend noch einmal bei uns aufgekreuzt. »Ich bin nur hier, um euch zu sehen.« Wir freuen uns jedes Mal, wenn er bei uns ist. Wir sind sehr dankbar, dass es einen Menschen wie ihn gibt, der solche Worte mit uns spricht. Leider begegnen wir uns aber nicht oft. Doktor Kizilhan hat zu viel Arbeit.

»Besonders beeindruckt hat mich die Kraft und Hoffnung der jungen Frauen, die mir viele Stunden gegenübersaßen und trotz aller nur erdenklichen grauenhaften Erlebnisse kämpften. Sie wollten überleben. Sie sahen für sich eine Chance, in Deutschland behandelt zu werden, um wieder eine Perspektive zu haben.«
(Jan Kizilhan)

Etwa einen Monat später erhielten wir die Nachricht, dass unsere Reise in drei Tagen losgehen sollte. Vater stand voll hinter meinen Plänen. »Das Leben ist für dich woanders besser«, zeigte er sich überzeugt. Er wusste, wie sehr ich litt, weil ich täglich mit ansehen musste, wie andere Mädchen zu ihren Müttern und Geschwistern liefen. Noch im Flüchtlingslager habe ich mich von ihm verabschiedet: »Papa, ich werde jetzt nach Deutschland gehen.« »Ja, meine Tochter.« Wir haben uns umarmt und geküsst. »Papa …« Ich habe geweint. »Papa, mach dir keine Sorgen.« Da hat er gesagt: »Nein, Shirin. Ich weiß, wie stark du bist, meine Tochter. Du schaffst das schon.«

Daraufhin bin ich in den Kleinbus gestiegen, der mich mit etwa 20 anderen Mädchen nach Erbil gebracht hat. Von meiner Großmutter habe ich mich nicht verabschiedet. Nach der Flucht hatten mir so viele wildfremde Menschen die Hand gereicht und mir klargemacht: »Shirin, das war nicht deine Schuld!« Fortan habe ich vor allem solche Menschen als meine Familie betrachtet.

NICHT WEITER WEGRENNEN,
WEGSEHEN, WEGHÖREN

Zunächst sind alle bürokratischen Formalitäten in Dohuk erledigt worden. Unsere Papiere wurden nochmals geprüft. Wieder hat man uns ärztlich untersucht und uns auf die Reise vorbereitet. Nach zwei Tagen fuhren wir zurück nach Erbil. Dort habe ich auch Hanas Schwestern kennengelernt, die ebenfalls nach Deutschland ausgeflogen werden sollten.

Jedes Mal, wenn ich heute mit den beiden telefoniere, sehe ich Hana wieder vor mir. Sie geht mir nicht aus dem Kopf, weil ihr Leben am Schluss so ausweglos war. Meine Gedanken kreisen immer um dasselbe Bild. Wie sie im Dunkeln, in ihrem schwarzen Gewand, zu mir in das Taxi eingestiegen ist. Wie ich sie an ihren Augen wiedererkannt habe und wie sie zu mir gesagt hat: »Ich war seit dem IS-Überfall nie bei meiner Mutter, und ich werde meine Mutter auch nie wiedersehen.« Wie sie mich so fest umarmt hat, als wolle sie sich wie eine Ertrinkende an mir festklammern. Das geht mir nicht mehr aus dem Kopf.

Abends haben wir Mädchen versucht, uns abzulenken, und in unserem Zimmer Pläne geschmiedet. »Ich werde in Deutschland die Schule beenden und etwas aus mir machen. Und dann braucht es keinen mehr zu interessieren, was in meinem eigenen Land einmal aus mir geworden ist«, legte ich fest. Ein Mädchen wollte gerne in einem Restaurant arbeiten, eine andere studieren. Wir haben nur über unsere Zukunft gesprochen. Kein Wort über die Vergangenheit.

Ich bin überzeugt, dass sich so ein System wie das des IS irgendwann von selber zerstören wird. Diese Terroristen haben damit schon angefangen. Wenn einer nur ein bisschen aus der Reihe tanzt, wird er ausgelöscht. Echte Freundschaften oder Verbundenheit habe ich unter diesen IS-Kämpfern nicht erlebt.

Einerseits glaube ich an Gerechtigkeit und daran, dass diese Unmenschen für ihre Verbrechen bestraft werden. »Gott wird uns helfen«, denke ich. Aber im nächsten Moment bin ich überzeugt, dass Gerechtigkeit nie hergestellt werden kann. Wenn sogar die Leute, die eigentlich in unserem Land für Recht und Schutz sorgen sollten, die Flucht ergreifen? Wenn ich beobachte, dass unsere Freunde, anstatt uns zu helfen, wegsehen, weghören und sich darüber hinaus noch selber bekämpfen.

Trotz allem aber hoffe ich auf Gerechtigkeit. Ich hoffe, dass diesen Verbrechern eines Tages der Prozess gemacht wird. Der IS hat das klare Ziel, die Welt zu erobern und alle Ungläubigen zu vernichten. Wenn die Welt jedoch weiterhin so unentschlossen vorgeht und die Augen davor verschließt, werden diese Angstverbreiter am Ende noch mehr Erfolge erzielen. Dann wird die Zahl der Gewalttaten durch den IS weiter zunehmen, denn diese Mörder wissen genau, dass sie nicht bestraft werden.

In unserem Glauben ist das Gute stärker als das Böse, denn Gott ist einzig.

ABFLUG: BLOSS NICHT BEWEGEN!

In der Nacht vor dem Abflug habe ich mich von einer Seite auf die andere gewälzt. Keines der Mädchen hatte zuvor ein Flugzeug von innen gesehen. Keine von uns wusste, wie sich so ein Metallriese in der Luft über den Wolken halten sollte. Wir waren alle völlig verängstigt.

> *» Wie tief die Wunden dieser Frauen und Mädchen sind, erlebten die deutschen Helfer, als sie Ende März 2014 per Linienflug die ersten 23 Frauen mit nach Deutschland nehmen wollten. Beim Umsteigen in Istanbul kreuzten sich ihre Wege zufällig mit einer Gruppe Mekkapilger. Durch den Anblick dieser islamischen Männer, mit den üblichen Bärten und langen Gewändern, gerieten die Jesidinnen derart in Panik, dass sie die Flucht ergriffen haben. Erst nachdem die deutschen Begleiter ihnen ein Beruhigungsmittel verabreicht hatten, waren sie in der Lage, den Flug nach Stuttgart fortzusetzen.«*
> *(Jan Kizilhan)*

Während der gesamten Flugzeit habe ich mich keinen Zentimeter von der Stelle gerührt, bin nicht auf die Toilette gegangen, habe kein Glas Wasser getrunken. Sobald ich aufgestanden wäre, so fürchtete ich, würde das Flugzeug aus dem Gleichgewicht geraten und abstürzen. Steif wie eine Puppe saß ich da und überlegte: »Wie lange sind wir denn noch unterwegs?« Die anderen Mädchen saßen genauso verkrampft auf ihren Stühlen.

Wir haben Stöpsel im Ohr gehabt und Musik gehört. Kein Wort habe ich gesprochen, denn sogar vor dem Reden fürchtete ich mich. Ich hatte Angst, meinen Arm auch nur ein wenig zur Seite zu bewegen. Sonst würde sich das Flugzeug mit dem Arm im selben Winkel nach unten neigen.

Erst als wir nach der Landung wieder festen Boden unter den Füßen hatten, haben wir alle große Sprüche gerissen. »Ach, das war ja ganz harmlos. So eine Flugreise würde ich jederzeit wiederholen.«

Auf diese Weise bin ich am 7. Juli 2014, zusammen mit etwa 40 anderen Frauen, Mädchen und Kindern, nach Deutschland gekommen.

KEINE CHECKPOINTS IN DEUTSCHLAND: WIE DAS PARADIES!

In Stuttgart hat man uns in Kleingruppen aufgeteilt und in einem Kleinbus auf die jeweiligen Unterkünfte verteilt. Das war nicht ganz einfach für mich, denn unter den Frauen befand sich eine ältere, die wie eine Mutter für mich war. Die 43-Jährige hatte drei Töchter, die alle an unterschiedliche Häuser und Männer verkauft worden sind.

Die ersten Eindrücke in Deutschland waren überwältigend. Gegen unsere Wüstenlandschaft erschien uns die Welt da draußen wie ein Urwald. Überall Bäume und Grün. Uns ging es einfach nur gut. Bis heute genieße ich diese Landschaft sehr. Es ist so wunderschön, dass einem all das wie das Paradies vorkommt. Auch den Regen mag ich, die Quellen, die Flüsse und Kanäle in den Städten.

Das Wunderbarste an allem ist jedoch, dass man sich frei bewegen kann. Zumindest wird man nicht alle paar Hundert Meter an einem Checkpoint oder irgendeiner Grenze aufgehalten. Nirgendwo patrouillieren schwer bewaffnete Militärs oder sichern Konvois die Straßen. Die Freiheit in diesem Land ist großartig. Jeder Mensch ist gleichwertig, egal ob Frau oder Mann, ob Schwarz oder Weiß. In Deutschland habe ich auch zum ersten Mal einen Afroamerikaner gesehen. Die Asiaten sind wunderschön. Die Deutschen sehen in meinen Augen alle gleich aus.

Wir Mädchen und Frauen wissen alle noch nicht, wie es in Zukunft mit uns weitergehen soll. Keiner klärt uns auf. Das macht uns nervös. Wie würden gerne arbeiten oder in die Schule gehen. Wir wollen nicht untätig herumsitzen. Zurückkehren in den Irak? Vielleicht, um einmal meinen Vater zu besuchen, aber nicht, um dort für immer zu bleiben. Im Moment sehe ich keine Chance auf Frieden in meiner Heimat.

»Die aktuelle politische Machtverteilung wird in Bagdad langfristig keine Zukunft haben und sich ändern. Eine Neuordnung wird die Folge sein, die aber dringend unterstützt und demokratisch gelenkt werden muss. Sollte sich die internationale Gemeinschaft, als ein politischer Akteur, daran nicht aktiv beteiligen, werden möglicherweise Kräfte aufgrund politischer, religiöser und ideologischer Interessen diese Region in weitere Krisen stürzen, unter denen letztendlich wieder die schwächsten Gruppen leiden oder – wie im Fall der Jesiden – endgültig vernichtet werden.«
(Jan Kizilhan)

Die arabischen Nachrichten im Fernsehen dürfen wir in unserem Wohnheim nicht anschauen. Wir bekommen nicht mit, was in der Welt vor sich geht. Ich wusste nichts über die Flüchtlingsströme nach Deutschland oder darüber, dass die Türkei die kurdische PKK und Russland in Syrien Teile der Opposition bombardiert hat. Die deutschen Nachrichten verstehen wir noch nicht.

Die Frauen sind auch mehr mit sich selber und ihren zersprengten Familien beschäftigt. Sie setzen sich aufs Bett, springen auf, rennen herum, zeigen neue Bilder aus der Heimat auf ihrem Handy. Die Bilder sind das Einzige, was uns noch davon geblieben ist. Mein Display ist gesprungen. Als ich die Fotos unseres zertrümmerten Hauses, zerstörte jesidische Schreine und die Massengräber rund um Hardan gesehen habe, habe ich das Handy vor Wut auf den Boden geschleudert.

»Mit der Rückeroberung Sindschars sind auch viele Massengräber entdeckt worden. Kurz nachdem das Gebiet der Jesiden befreit worden war, rief mich sehr aufgelöst eine Betreuerin aus einer Einrichtung in Baden-Württemberg an. Sie berichtete von Ohnmachtsanfällen, Ängsten und Schlafstörungen bei den jungen Frauen. Daraufhin sprach ich mit einigen der Bewohnerinnen. Sie wollten wissen, ob in den Massengräbern auch Überreste ihrer Familien gefunden worden seien. Sie hatten auch die Hoffnung, dass es in Sindschar möglicherweise Überlebende gegeben habe, was aber nicht der Fall war. Viele wissen, dass ihre Familien nicht mehr leben, wollen es aber nicht wahrhaben. Sie hoffen auf einen Anruf, ein Bild in der Zeitung oder im Fernsehen. Sie sind ständig damit beschäftigt, was ein Loslassen erschwert, damit sie sich auf ihre Zukunft konzentrieren können. Die Trauer ist noch lange nicht abgeschlossen.«
(Jan Kizilhan)

Ob ich diesen IS-Milizen jemals vergeben kann? Ich kann diese Verbrecher nicht mit eigenen Händen töten. Und selbst wenn ich es täte, könnte das den Tod meiner Verwandten und Freunde niemals aufwiegen. Solchen Menschen, die solche Grausamkeiten begehen, wird niemand jemals verzeihen können. Nicht einmal Gott in seiner unendlichen Güte.

Alles, was ich heute in meinem Handy ansehe, hat Risse und Sprünge. Sei es mein Hintergrundbild mit dem Pfau oder die Nachricht, die ich auf »WhatsApp« meiner Mutter hinterlassen habe: »Mama, ich werde dich immer lieben und niemals vergessen.«

SOLCH EINEM MANN ZU BEGEGNEN? DAS WÄRE WIE EIN KLEINES WUNDER!

Im Flüchtlingslager in Dohuk hatte ich mir einmal einen Ruck gegeben und mit Telim Kontakt aufgenommen. »Melde dich umgehend bei mir, wenn du in Deutschland bist!«, hatte er sich gewünscht. »Ja, ja, werde ich machen.« Doch ich habe ihn kein einziges Mal angerufen und hatte auch keine Lust mehr, diese Beziehung fortzusetzen. Einer wie Telim gibt aber nicht so schnell auf. Er hat mich über »Facebook« angeschrieben. Ganz belanglos. »Hallo, wie geht's dir? Mir geht es gut.«

Bei der Gelegenheit habe ich erfahren, dass er ebenfalls, kurz nach mir, in Deutschland eingetroffen war. »Gib mir doch bitte mal deine deutsche Nummer.« Ich habe gezögert. »Gib du mir erst mal deine Nummer«, forderte ich ihn auf. Das hat er ein paar Sekunden später getan. Irgendwann habe ich meinen Widerstand aufgegeben. So sind wir wieder ins Gespräch gekommen.

Einige jesidische Männer in Deutschland haben uns Frauen die Nachricht übermitteln lassen: »Richtet ihnen bitte aus, egal, was mit ihnen passiert ist, wir werden ihnen helfen, das durchzustehen. Wir sind für sie nicht nur da, wir würden sie auch gerne heiraten.« Man hat mir erklärt, dass die Jesiden in

Deutschland offener seien. Immerhin lebt hier unsere größte Exilgemeinde mit fast 100 000 Menschen. Da ich es aber selber nicht anders kenne, kann ich mir einen Mann mit so einer Haltung nur schwer vorstellen. Solch einem Mann zu begegnen, das wäre fast wie ein kleines Wunder. Einer, der sagt: »Ist mir doch egal, was mit dir passiert ist, solange es dir gut geht. Du bist für mich trotzdem eine Jesidin.«

Demnächst findet hier in der Nähe die Hochzeit eines Mädchens statt, das die IS-Gefangenschaft überlebt hat. Die Jesiden in Deutschland haben sich zusammengetan, um Sänger zu organisieren, eine Halle zu mieten und die jesidische Gemeinde auf ihre Kosten einzuladen. Damit wollen sie auch den IS-Terroristen demonstrieren: »Ihr habt unsere Frauen misshandelt, aber diese Frauen bleiben dennoch die unsrigen. Ihr bekommt uns nicht klein!« So wirst du als Schingali großgezogen. Mit einem Gefühl von Zusammenhalt und Stolz und Religion. So eine Hochzeit würde ich mir auch gerne wünschen. Theoretisch.

Praktisch würde ich im Moment noch davor weglaufen. Ich kann mir nicht vorstellen, jemals wieder einem Mann nahezukommen. Natürlich würde ich gerne mit Telim zusammen sein, aber nur ohne Sex. Die Frauen um mich herum sind der Ansicht: »Das kannst du nicht von einem Mann verlangen.« Aber ich weiß nicht, ob ich jemals wieder solche Körperlichkeiten aushalten kann.

»Ein Trauma wird niemals vergessen werden. Es hat sich tief in das Gedächtnis eingebrannt. Aber die Frauen können lernen, mit diesem schweren Erlebnis umzugehen, in dem sie dieses verarbeiten und neue Perspektiven für ihr Leben entwickeln. Dieses Trauma wird ein Teil ihres Lebens bleiben, aber es soll nicht ihr ganzes Leben prägen. Deswegen sind

neue und positive Erfahrungen notwendig.
Die Frauen können lernen, wieder Sexualität zu
haben. Einige werden Sexualität zulassen, obwohl
sie keine Freude daran haben. Doch sie wünschen
sich eine Beziehung, um als Frau wieder anerkannt
zu werden und um Kinder zu bekommen.«
(Jan Kizilhan)

Eigentlich wollte mich Telim sofort nach meiner Befreiung heiraten. Ich aber habe dagegengehalten:»Das geht nicht.« Meine Familie sei nach wie vor gefangen. Da könne ich schlecht ans Heiraten denken. Wenn jemand bei uns Jesiden stirbt, besucht man ein Jahr lang keine Hochzeit als Zeichen der Trauer. »Wenn wir irgendwann in Deutschland unseren Frieden gefunden haben, würde ich dich gerne zum Mann nehmen«, habe ich ihn vertröstet. Mittlerweile aber leben wir beide in Deutschland. Er ist in einem anderen Bundesland untergekommen. Wieder sind wir weit voneinander entfernt. Noch hängen wir in der Luft. Dürfen wir unser eigenes Geld verdienen und uns ein neues Leben aufbauen?

Bislang sind wir uns nur einmal im Leben begegnet. Monatelang waren wir durch den IS-Terror getrennt. Ich möchte ihn so gern wiedersehen. Telim hat mich gefragt, ob ich ihm vielleicht ein Foto von mir schicken könne. Er selber hat mir auch eines von sich angehängt. Erst wollte ich das nicht, aber vor Kurzem habe ich ihm ein aktuelles Bild von mir übers Handy geschickt. Wir haben uns beide gegenseitig nicht mehr erkannt, weil wir uns so verändert haben. Telim wollte gar nicht glauben, dass ich das sei. Viel reifer sei ich geworden, staunte er. »Du gefällst mir noch besser als je zuvor.«

Wenn ich an ihn denke, klopft mein Herz schneller. Ich erröte, obwohl es keinen Grund dafür gibt. Ich bin so verliebt, dass ich Angst davor habe, dass er mich am Ende doch nicht zur Frau nehmen möchte. Eigentlich kann ich mir nicht vorstellen, dass mich ein Mann noch heiraten will. Ich habe auch Angst, dass man ihn in den Irak zurückschicken könnte. Die deutschen Behörden haben ihm Angst eingejagt. Wahrscheinlich aber hat er nur einen falschen Sachbearbeiter erwischt.

Telim würde mich gerne besuchen, aber er weiß nicht, wo ich genau bin und wie er zu mir kommen soll. Wir haben Kontakt über Handy. Den Namen der Stadt in Bayern, in der er lebt, kann ich nicht aussprechen.

Ob ich ihn sehr vermisse? An erster Stelle vermisse ich meine Familie. Seitdem ich weiß, dass auch er hier in Deutschland ist, vermisse ich aber auch ihn. Es wäre schön, wenn er bei mir in der Nähe in einem Flüchtlingsheim leben dürfte. Darüber sprechen wir auch und versuchen, auf dem Wege einander näherzukommen.

Per Handy habe ich meinem Vater mitgeteilt, dass ich vielleicht heiraten werde. Vielleicht. Wahrscheinlich brauche ich aber noch Zeit. Sehr viel Zeit. Erst möchte ich die alte Shirin, die gefangen war, komplett vergessen, denn die alte Shirin war nicht so stark wie die Shirin, die ich heute bin.

»Es freut mich, die ersten Erfolge in den Gruppen zu sehen. Einige der jungen Frauen haben schon gut Deutsch gelernt und wollen eine Ausbildung machen. Die Kinder gehen zur Schule und machen sehr gute Fortschritte. Das schwer verbrannte Mädchen, das sich in ihrer Panik selbst angezündet hatte, hat schon mehrere Operationen hinter sich. Sie möchte sich wieder unter die Menschen begeben, ohne dass diese noch vor ihr Angst haben müssen. Sie möchte Dolmetscherin

werden wie ihre jetzige Dolmetscherin im Krankenhaus, damit auch sie in Zukunft anderen Menschen helfen kann.«

(Jan Kizilhan)

DAS LICHT DES TAGES IN DIE NACHT HINÜBERRETTEN

Mein Haar ist so lang gewachsen, dass ich mir eine Frisur binden kann, und mein Handgelenk schmückt wieder ein rot-weißes Glücksbändchen. Ich hoffe, dass ich es schaffe, den misshandelten Mädchen und Frauen mit meiner Geschichte eine Stimme zu geben. Ich möchte den Überlebenden Mut machen: »Verliert nicht euren Glauben, denn das Leben ist schön!«

Sicher, es sind schwierige Zeiten, düstere Zeiten. Bevor ihr euch aber in die Dunkelheit verliert, zündet eine kleine Kerze an. Wie die Tempeldiener in Lalisch. Jeden Tag hüten sie die 366 Olivenölkerzen, die das ganze Jahr rund um die Uhr als ewige Lichter brennen. Jeden Abend retten sie das Licht des Tages in die Nacht hinüber. Ich wünschte mir, ich könnte hinfahren, um all diese Lichter zu sehen.

Es gibt nur eine Welt und einen Gott. Und dieser eine Gott soll alle Menschen auf der Welt beschützen.

NACHWORT VON
PROF. DR. DR. JAN KIZILHAN

Nach dem Terrorangriff auf die Satirezeitschrift »Charlie Hebdo« haben wir gehofft, dass sich solche Grausamkeiten nicht wiederholen würden. Doch gerade dieses Szenario aus Terror, Angst und Schrecken ist erneut in Paris eingetreten. Dieses Mal in Form von Angriffen auf unschuldige Menschen, die ein Fußballspiel und ein Konzert besucht haben oder in einem Straßencafé gesessen sind.

Der Krieg der Terroristen ist nun eindeutig nicht mehr allein auf den Irak und Syrien konzentriert, wo Hundertausende Menschen verfolgt, gefangen, gefoltert und vergewaltigt werden. Die Terroristen haben es geschafft, die Furcht nach Europa zu transportieren. Mit dieser perfiden Strategie der Angstverbreitung wollen die IS-Milizen politisches Chaos stiften und unsere Errungenschaften von Freiheit, Demokratie, Philosophie, Moral und Ethik, kurz die Art, wie wir leben, zerstören.

Die westliche Welt und die regionalen Akteure im Nahen und Mittleren Osten haben aufgrund politischer und wirtschaftlicher Interessen den sogenannten Islamischen Staat (IS) unterschätzt und zu diesem mörderischen System heranreifen lassen. Der IS ist nicht mit bisherigen islamisierten terroristischen Organisationen zu vergleichen. Vielmehr verfolgt er eine totalitär-faschistische Ideologie, bedient sich islamischer Symbole und erweitert seinen Terror über die ganze Welt. Dieses System kennt kein Mitleid mit Menschen, die sich ihm nicht unterwerfen.

Mit dem Akt der Zerstörung haben die radikalisierten Muslims bereits vor zwei Jahren im Irak und Syrien begonnen. Sie töten und versklaven nicht nur Menschen, sondern zerstören auch Kultstätten, Denkmäler und Statuen, die ein Teil unseres menschlichen Gedächtnisses und unserer Identität sind. Diese Terrormilizen wollen also auch unsere Vergangenheit töten, damit die Menschheit ihre kollektive Identität verliert. Welch ein Hass muss gegen unsere Werte herrschen, wenn sie sogar »Steine« mit solch einem Fanatismus zerstören? Der Fanatismus macht blind und tötet jegliche Empathie, die einen Menschen eigentlich erst zum Menschen macht. Diejenigen aber, die sich der pathologischen Ideologie des IS nicht unterwerfen, werden zu Objekten und Unmenschen deklariert und mit ungeheurer Brutalität ermordet.

Im August 2014 richtete sich im Irak diese Aggression beispielsweise gegen die alteingesessenen religiösen Minderheiten im Land, insbesondere gegen die Jesiden. Männer wurden in großer Zahl ermordet, Abertausende Frauen und Kinder verschleppt und gezielt auch sexueller Gewalt ausgesetzt. Die religiöse Minderheit sollte ausgelöscht und der Wille der Opfer gebrochen werden. Tausende wurden zwangskonvertiert. Besonders den Frauen vermittelten diese Verbrecher, angesichts patriarchaler Traditionen, durch Vergewaltigung angeblich »entehrt« zu sein und »ohnehin nicht mehr in ihre alte Gesellschaft zurückkehren zu können«.

In der Folge dieses Terrors sind mehr als 20 000 Jesiden nach Syrien, 30 000 in die Türkei und 400 000 in die kurdische Region geflüchtet. Die Jesiden wurden und werden systematisch verfolgt und ermordet, was auch die Geschichte von Shirin sehr deutlich macht. Aus ihrer Sicht ist das Vorgehen der IS gegen die Jesiden ein Genozid, der sich nun zum 73. Mal in ihrer Geschichte wiederholt.

Trotz dieser Ungeheuerlichkeiten müssen wir der Frage nachgehen, wie es dazu kommt, dass sich Tausende von Menschen aus aller Welt dieser Terrorgruppe anschließen und zu Massenmördern werden, die glauben, die Welt und ihre kultureller Identität zerstören zu müssen, um uns ihre dunkle und unmenschliche Ideologie mit aller Gewalt aufzuzwingen.

WARUM DIESE GEWALT?

In der Menschheitsgeschichte ist der grausame Tod von Männern, Frauen und Kindern im Gefolge von Kriegen und Auseinandersetzungen leider nichts Neues. Allerdings verändert die bloße Tatsache, dass Gewalt als Methode in einer Gesellschaft gebilligt und angewendet wird, das Wesen und den Charakter dieser Gemeinschaft, und zwar vom Individuum bis hin zur Gesamtgesellschaft.

Historisch und aktuell betrachtet, hat Gewalt einen nachhaltigen Einfluss darauf, wie eine Gesellschaft sich entwickelt, wie sie mit Konflikten umgeht und wie sich vermutlich einmal ihre Kinder und Enkelkinder verhalten werden. Wenn die physische Gewalt lang andauert – und genau das tut sie im Nahen Osten –, nimmt dies einen so dauerhaften Einfluss auf die Gesellschaft, dass sich eine Kultur der Gewalt herausbildet.

Diese Gewalt hat ihre Spuren in allen Lebensbereichen hinterlassen, insbesondere in den nationalistischen Ideologien der heutigen Staaten im Nahen Osten und in ihrer Religion, und das geht mit einer patriarchalischen Sicht einher. Sie prägt das

Verhalten der Mitglieder einer Gesellschaft und macht die Menschen gegenüber anderen zutiefst misstrauisch.

Jede Gruppe war wohl einmal Opfer, aber auch Täter. Von daher ist es nicht verwunderlich, dass der islamisierte Terrorismus einen nicht zu unterschätzenden Halt und eine gewisse Sympathie bei der islamischen Bevölkerung findet, da es keine Akteure gibt, der die Menschen sonst noch vertrauen können. Der IS nutzt seine »Chance«, um dieses Misstrauen und diese latente Instabilität fortzusetzen.

Schon seit dem Zusammenbruch des Osmanischen Reiches und der Staatenbildung nach dem Ersten Weltkrieg waren die Staaten im Inneren fragil. Der Westen blickte aber auf den Irak Saddams, das Syrien der Assads, das Libyen Gaddafis und das Ägypten Mubaraks und glaubte, eine Stabilität zu sehen, die berechenbar wäre. Das traf aber nicht zu, denn Menschenrechtsverletzungen, Massaker und die Unterdrückung religiöser und ethnischer Gruppen schufen tiefe gesellschaftliche Spaltungen. Der sogenannte »Arabische Frühling« konnte daher nicht erfolgreich sein. Die Diktatoren hatten eine unmündige, zerstrittene und zum Teil patriarchalisch-religiöse Bevölkerung aus Tätern und Opfern hinterlassen, die nicht in der Lage sind, von heute auf morgen demokratische Strukturen zu entwickeln und sich zu versöhnen.

In Bagdad beispielsweise behandelt und unterdrückt die schiitische Regierung heute die Sunniten, wie zuvor Saddam die Schiiten unterdrückt hatte. Auch die religiösen Minderheiten – wie Christen, Mandäer, Kakai, Schabak und Jesiden – sind weit von Freiheit und demokratischer Gleichbehandlung entfernt. Ein großer Teil der Sunniten, ihre Stämme und ehemals hochrangige Offiziere des Saddam-Regimes, unterstützen den IS und dessen Terror, um sich so an der schiitischen Regierung in Bagdad zu rächen.

Das bleibt nicht ohne Folgen. Der Iran will verhindern, dass an seiner Westgrenze, die immer eine von Kriegen erschütterte Grenze war, wieder feindliche Sunniten die Macht übernehmen. Teheran unterstützt daher in Bagdad die Schiiten und setzt auf eine Instabilität des Irak, damit dort weiter die Schiiten herrschen und die Kurden keinen eigenen Staat ausrufen.

Die sunnitische Türkei will zwar ebenfalls keinen kurdischen Staat, aber auch keinen erstarkten Iran. So hat auch die Türkei, getrieben von einer Politik des »Neo-Osmanismus«, Interesse an Instabilität in Syrien und teilweise im Irak. Schließlich will Ankara ebenfalls das Streben der Kurden nach einem Staat behindern und den Einfluss Irans durch einen Sturz Assads eindämmen. Auch deshalb bekämpft die Türkei den IS nicht ernsthaft.

Saudi-Arabien und andere Golfstaaten schüren in Syrien und im Irak Instabilität, indem sie extremistische islamistische Gruppen unterstützen. Saudi-Arabien führt, flankiert durch die Türkei, den Krieg der Sunniten gegen die Schiiten an. Das Königreich will Assads Sturz, um den Iran zu schwächen; es lenkt damit auch von der Unterdrückung der eigenen Bevölkerung ab, die sich in Hinrichtungen, Auspeitschungen und Einschränkung der Meinungsfreiheit äußert.

So führen Saudi-Arabien und Iran einen Religionskrieg zwischen Sunniten und Schiiten fort, der so alt ist wie der Islam selbst und der in der Geschichte des Nahen Ostens zu zahlreichen Grausamkeiten geführt hat. Dieser Kampf ist noch lange nicht zu Ende.

Heute führen die beiden Schutzmächte der Sunniten und der Schiiten gegeneinander Krieg, aber nicht direkt, sondern mithilfe von Stellvertretern – etwa im Irak, in Syrien, im Jemen, selbst in Pakistan. Eine Folge davon ist, dass bei dem Bürgerkrieg in Syrien Hundertausende Menschen getötet wurden und Millionen aus dem Land fliehen mussten.

Dies zeigt, dass viele Akteure ein Interesse an der Instabilität des Nahen Ostens haben: An erster Stelle die Terrororganisationen, die in diesem Umfeld besser gedeihen können, aber auch Staaten wie Saudi-Arabien, die Türkei und Iran, für die Instabilität besser ist als die Stabilität einer Ordnung, die nicht in ihrem Interesse liegt.

Dieser Politik haben sich leider viele westliche Staaten angeschlossen, darunter die USA, Frankreich, Deutschland und Russland. Der westlichen Welt muss jedoch klar sein, dass jene, die auf Instabilität setzen, damit auch den IS-Terror dulden. Und der bedroht, wie wir bereits in Paris schmerzlich spüren mussten, nicht mehr nur den Nahen Osten.

RELIGIÖSE UND WELTLICHE HERRSCHAFT DES ISLAM

Die Lage im Nahen Osten ist politisch, aber auch gesellschaftlich-religiös kompliziert. So war der Islam fast von Anbeginn an machtpolitisch und religiös wirksam. Eine klare Trennung zwischen beiden Aspekten ist bis heute schwierig. Der Islam expandierte innerhalb weniger Jahre auf die gesamte arabische Halbinsel.

Nur hundert Jahre später reichte der Herrschaftsbereich der islamischen Staatsgewalt bereits von Spanien bis zum Indus, vom Kaukasus bis zur Sahara und zum Indischen Ozean. Die religiöse Gemeinschaft erlangte also zugleich auch die weltliche Herrschaft.

Dieser Umstand und die aktive Ausübung von Gewalt zur Ausbreitung des Islam haben die dortigen Lebensverhältnisse bis heute nachhaltig beeinflusst. Die Regeln des Islam sind für die gesamte menschliche Lebensführung verbindlich. Ihr Bestand an Geboten und Verboten umfasst die Bereiche Religion und Recht. Im Islam wird der Oberbegriff für Religion und Recht gleichgesetzt mit Scharia, was so viel wie »der gebahnte Weg« heißt. Über die Scharia versucht man, Regeln für das gesamte gesellschaftliche Leben durchzusetzen.

Während der Geltungsbereich des Rechts heute weitgehend territorial bestimmt ist und unabhängig von der Eigenart einer Person gilt, die sich auf dem Territorium der rechtsetzenden Macht aufhält, wird der Islam in vielen Ländern des Nahen und Mittleren Ostens – und heute insbesondere vom IS – als ein Instrument zur Durchsetzung der jeweiligen Interessen eingesetzt. Das führt innerhalb der verschiedenen Gemeinschaften zu Angst und Unsicherheit.

ANGST UND UNSICHERHEIT

Die islamische Gesellschaft scheint tief geprägt von Angst und Unsicherheit zu sein. Dies hat verschiedene Gründe. Zum einen spielt der Islam eine wichtige Rolle, indem er vorschreibt, dass man sich strikt an religiöse Regeln und Anweisungen halten muss.

Erschwerend kommt hinzu, dass die Religion den Menschen als so schwach ansieht, dass er hinsichtlich der Einhaltung religiöser Regeln kontrolliert werden muss. Die Gefahr, sich tatsächlich regelwidrig zu verhalten, ist folglich immer gegeben, was durchaus zu Unsicherheiten bei den Menschen führen kann.

Natürlich existierten auch wirkliche Gefahren, ausgelöst durch verschiedene Mächte und Aggressoren. Dies wiederum hat großen Einfluss auf das Leben der Menschen genommen, die nicht in der Lage waren, eine stabile und sichere Gesellschaft mit ausreichender Versorgung zu entwickeln.

Unterschwellig wurde diese Zivilisation von einer tiefen Existenzangst beherrscht, der sich selbst die gläubigsten Muslims nicht entziehen konnten. Diese Angst äußerte sich paradoxerweise in einer merkwürdigen Todessehnsucht. Das zeigte sich bei Feiern nach einer gewonnenen Schlacht, in der Hunderte von Menschen getötet wurden. Das Köpfen der Feinde und das Mitschleppen zahlreicher Körperteile wie Ohren und Nasen sind nur einige Beispiele dieser krankhaften Morbidität. Der Tod war ebenso wenig ausgegrenzt wie der Friedhof, der in unmittelbarer Nähe des Dorfes lag.

Die Praxis sowohl körperlicher Bestrafungen als auch der Tötung von Menschen, vor allem infolge der zahlreichen Kriege zwischen den verschiedenen Gruppen, wurde – vorsichtig ausgedrückt – nur mit geringer Empörung hingenommen. Gleichzeitig erachteten religiöse islamische Gruppen die Anwendung von Gewalt gegen Ungläubige als durchaus legitim (Koran, Sure 2 die Kuh, Vers 190–193; 9:29).

Man darf auch nicht vergessen, dass öffentliche Hinrichtungen auf die Massen eine seltsame Faszination ausübten und immer noch ausüben. Abgeschnittene Ohren und Augenlider, abgehackte Hände, durchbohrte Zungen, ausgestochene Augen waren nicht die schlimmsten Verstümmelungen. Folter, Verbrennungen, Köpfen, Erhängen und andere Formen des Tötens waren selbstverständliche Bestandteile des praktischen Lebens.

Diese Praktiken verstärkten meiner Meinung nach die Lebensverachtung noch zusätzlich. Sie verstärkten aber auch die Aggressivität, zumal jeder stets einen Gegenstand, der zu einer Waffe umfunktioniert werden konnte, zu seiner Verteidigung bei sich trug.

Auf der Suche nach Sicherheit flüchteten sich die Menschen in zwischenmenschliche Beziehungen. Auf solche Weise versuchten sie, sich durch ihre Familie und andere Solidargemeinschaften gegen physische und psychische Unsicherheit zu schützen. Aufgrund dieser Schutzbedürfnisse gibt es gegenwärtig im Nahen Osten noch immer starke Stammesstrukturen, da der Staat bis heute nicht in der Lage ist, all seine Bürger zu schützen. Vor allem, wenn sie einer bestimmten ethnischen oder religiösen Gruppe angehören, die die Entwicklung der Gesellschaften erheblich beeinflusst.

WENN DER »VATER« SEINE KINDER NICHT SCHÜTZEN KANN

Krieg, Gewalt, Diktatur, Besetzung oder Ausbeutung haben im Nahen Osten zur Konservierung tradierter patriarchalischer sowie teils archaischer Normen und Werte geführt, die die nachfolgende Generation ohne Reflexion in ihren Alltag aufgenommen hat. Das zieht in der globalisierten Welt Konsequenzen nach sich.

Der Vater, der symbolisch für einen mündigen Staat steht, kann den Kindern, seinen Bürgern, keinen ausreichenden Schutz und keine Perspektive bieten, weil er selbst zu schwach, möglicherweise korrupt und, da er in einer Doppelmoral von Idealismus und Realität gefangen ist, keine wirklichen Vorbildfunktion hat. So entsteht bei den Kindern ein Gefühl der Enttäuschung, das sich in Formen materieller und existenzieller Ängste ausdrückt.

Derlei Erfahrungen prägen Kinder sowie Heranwachsende und machen sie besonders sensibel für vermeintliche Ungerechtigkeiten. Eine Tatsache, die man in Ansätzen auch beim sogenannten »Arabischen Frühling« beobachten konnte. Kinder und Jugendliche rebellieren gegen ihre Eltern und akzeptieren die Machthierarchie nicht mehr. Die Kinder erleben ihren Vater als unfähig, wenden sich folglich radikalen Gruppen zu, die wiederum als starker »Ersatzvater« wahrgenommen werden. Viele dieser Jugendlichen orientieren sich zunehmend an dem »heldenhaften Kämpfer, der bis in den Tod für den Glauben und gegen den Feind kämpft« und ihnen Wertigkeit und Identität noch über den Tod hinaus verspricht. Die Jugendlichen, die sich den Terrorgruppen anschließen, finden eine neue ideologische Orientierung, durch die der schwache Vater ersetzt wird.

Gleichzeitig aber werden Tradition und Werte dieses Vaters gegen den Feind geschützt und bewahrt. Ihre Tradition ist die patriarchalische, arabisch-islamische Vorstellung, die Vision des Wahabismus, des 18. Jahrhunderts oder die des Hasan-i Sabbāh, der im 12. Jahrhundert mithilfe von Drogen und fanatischem Glauben Selbstmordattentäter ausbildete, um Angst und Schrecken zu verbreiten.

Der Bürger vertraut dem Staat und seinen Eliten nicht mehr. So gilt nicht der Vater, sondern der junge Terrorist, der bereit ist, im Krieg zu sterben, als das neue Vorbild. Diese Spaltung zwischen dem Staat und seinen Bürgern, vor allem der neuen Generation, kann auch als Ergebnis eines weniger erfolgreichen Transformationsprozesses der arabischen Welt gesehen werden. Dies hat zu einem Bruch in der Gesellschaft geführt und erzeugt Desorientierung, Irritationen und gar Frustrationen sowie Entfremdungsgefühle.

Vor allem viele Jugendliche orientieren sich an kulturellen Bewegungen und suchen nach neuen Formen der Identität und des sinnstiftenden Selbstverständnisses ihrer Lebensverhältnisse, da sie frustriert, reizbar und aggressiv auf der Suche nach Identität und Selbstwert sind.

DURCH GEWALT UND TOD SELBSTWERT ERLANGEN

Unstrittig ist, dass Frustration, die als Einschränkung von Bedürfnissen und Zielen verstanden werden kann, Aggression fördert. Allerdings führt nicht jede Einschränkung zu Aggression. Aggressives Verhalten ist von mehreren Faktoren abhängig.

Bewiesen ist heute auch, dass ein geringes Selbstwertgefühl, das Versagen in der eigenen Gruppe und ein negatives Selbstbild Aggressionen begünstigen. Ebenso kann das Gefühl, in seiner Ehre verletzt beziehungsweise als Gruppe gedemütigt und nicht in der Lage zu sein, dagegen etwas unternehmen zu können, zu einem minderen Selbstwertgefühl führen.

Geringer Selbstwert, der Diskurs in der arabischen Welt über Demütigung und Nichtanerkennung in der Welt sowie die internen Kämpfe um den »richtigen Glauben« haben scheinbar zu einer unbewussten kollektiven Kränkung geführt, die unter anderem durch eine »Kultur der Gewalt« die nicht erhaltene Anerkennung zu erzwingen versucht.

Dabei müssen zum Beispiel Terroristen nicht unbedingt selbst Kränkungen erlebt haben. Wesentlich ist, dass sie von einer realen oder geglaubten Kränkung ausgehen und diese als einen fundamentalen Angriff auf die soziale und kollektive Identität erleben. Die kollektive Identität ist immer ein Teil der Ich-Identität, die wiederum Emotionen hervorruft, wenn der Gruppe oder deren Mitgliedern etwas widerfährt.

»Erfolge« der Gruppe, auch im Sinne von Selbstmordattentaten oder der Enthauptungen von »Ungläubigen«, führen zu einer Selbstaufwertung. Niederlagen und Demütigungen hingegen ziehen eine Abwertung der sozialen und kollektiven Identität nach sich, ganz unabhängig von individuellen Erfahrungen.

Aggressionen können sich auch nach innen richten, zu innerpsychischen Konflikten und damit zu Krankheiten, Depressionen oder im Extremfall zu Selbsttötungsabsichten führen. Wut und Angst sind Gefühle, die sich hinter aggressivem Verhalten verbergen. Es sind normale Gefühle, die jeder Mensch hat und derer sich niemand zu schämen braucht. Unterdrückte Gefühle wirken im Unbewussten weiter und tauchen versteckt wieder auf. Unterdrückte Energie wiederum sucht sich Ersatzziele.

Herrschsucht, Vorurteile und Grausamkeit gegenüber Schwächeren können auch in kollektiven Gesellschaften als unterdrückte aggressive Gefühle und fehlgeleitete Aggressionen verstanden werden. Die Restriktionen und Verbote in kollektiven Kulturen, vor allem im Islam, können durchaus so interpretiert werden.

Aggressionen, die sich in Form von unsozialem und destruktivem Verhalten äußern, sind Ausdruck geringer Selbstachtung und tiefer Verunsicherung, von Angst und Frustration. Aggressionen können aber auch als Ausdruck von Kraft und Mut von Gesellschaften unterstützt oder verlangt werden, was in archaischen Gesellschaften anzutreffen ist. Bei »Verteidigung der Religion gegen den Feind« werden Aggressivität und gewaltsamer Angriff begrüßt, auch wenn das nicht immer öffentlich geschieht. Zum Teil wird die Gewalt zum Schutz der eigenen Werte und Normen von der Gesellschaft und ihrer Kultur getragen.

Trotz des Wissens, dass das Töten des Menschen moralisch falsch ist, bietet die seit Jahrhunderten festsitzende, stark emotional besetzte archaische Überzeugung keinen Platz für Humanität. Vielmehr verleugnet und delegitimiert sie jede Art von Humanität oder rechtfertigt die Tötung von Menschen.

WARUM DIESE VERNEINUNG DER HUMANITÄT?

Gewalt, die darin besteht, Menschen zu töten, bedarf dennoch einer Erklärung sowohl für diejenigen, die sie ausüben, als auch für die Opfer. Da das Leben als heilig betrachtet wird und eben-diese Heiligkeit durch die Anwendung physischer Gewalt verletzt wird, brauchen die Beteiligten ein Prinzip zur Rechtfer-tigung dieser unmoralischen und unmenschlichen Handlungen. Die Ausführenden müssen hören, warum sie die gewaltsa-men Handlungen ausführen sollen, und die Opfer müssen hö-ren, warum sie die Verluste erleiden mussten. Häufig holen die Opfer zum Vergeltungsschlag aus und werden somit zu den Ausführenden, die physische Gewalt gegen ihre Gegner aus-üben. In diesem Fall betrachten sich auch beide Seiten als Op-fer, die beide gewaltsame Akte ausführen. Deshalb brauchen in den meisten Fällen beide Konfliktparteien Erklärungen, Recht-fertigungen und Prinzipien zur Legitimierung der physischen Gewalt, die sie einerseits ausüben und deren Opfer sie anderer-seits sind. Die IS-Terroristen legitimieren ihre Taten durch die islamische Religion und rechtfertigen sie unter anderen mit der Demütigung durch den eigenen Staat oder durch die imperia-listischen Staaten.

Der IS-Terrorist bezieht sich auf ein seit Jahrhunderten be-kanntes Erklärungsschema. Es besagt, dass Ungläubige kon-vertiert oder getötet werden können. Der IS ordnet die Gruppe der Jesiden als eine extrem negative Gruppe ein und verneint damit auch die Humanität gegenüber den Jesiden.

Aus Sicht dieser Terrorgruppe sind alle Ungläubigen, wie Jesiden, Christen, Juden, Kakai, böse, unmoralisch und un-menschlich. Das ist die einfachste, effektivste und umfassends-te Art, zu erklären, weshalb Menschen umgebracht wurden und weshalb sie auch weiterhin umgebracht werden sollen.

Diesen Tätern wird scheinbar jegliche Form von Individualität genommen. Sie werden zu Unpersonen und töten sich und andere für ein vermeintlich höheres Interesse des unfassbaren, undiskutierbaren und unfehlbaren Glaubens.

Wenn die Terroristen erst einmal eine Person dazu gebracht haben, ihr eigenes »Ich« zum Wohle der Terrorgruppe zu opfern, gewinnt deren Denken und Handeln einen gleichsam automatischen Charakter. In jeder Situation wird ein zuvor eingeschultes Verhaltens- und Handlungsschema aktiviert, das allein deren Art des Denkens und Lebens akzeptiert und die der anderen vernichten muss.

Selbstmord und Ermordung von Menschen werden zu einer Fixierung der Selbstverständlichkeit. Das Böse der eigenen Handlungen wird dysfunktional zum Guten verdreht. Auf einer weiteren psychischen Ebene, gleich eines Wahns, glauben sie sogar, die Opfer, wie die Jesiden oder Christen, durch den Tod vom »Elend des Ungläubigen« zu befreien.

Der Täter, der selbst getötet werden könnte, so wird ihm injiziert, wird dagegen zu einem »Märtyrer«, also unsterblich; das Paradies ist den Mördern »sicher«. Letztendlich verlassen diese Kämpfer jede Form der uns bekannten Realität. Die »Ungläubigen« zu töten und selbst zu sterben sind Ziele, die jeglichen Dialog und Zugang zu diesen Personen unmöglich machen, weil das Sterben als Befreiung verstanden wird. Gefühle von Empathie, Trauer und Schmerz der anderen, die nicht zu ihnen gehören, werden so sehr verdrängt, dass sie sogar Kinder töten oder Hunderte von Menschen lebendig begraben und enthaupten können.

Solch apokalyptische Einstellungen führen, wie wir das beim IS-Terrorismus im Irak oder in Syrien erleben, zu einer Entmenschlichung des Menschen. Die anderen werden zu Nichtmenschen und müssen aus ihrer Logik heraus getötet werden.

Diese Ideologie, wenn sie durchgehend und systematisch angewendet wird, zeigt auch Wirkung bei Kindern, die gefangen genommen und zu Kindersoldaten ausgebildet werden. Der IS nimmt jesidische, christliche, schiitische und andere Kinder aus den verschiedenen ethnischen und religiösen Gruppen gefangen, unterrichtet sie in der islamischen Religion und bildet sie an Waffen aus, bis sie gefügig und fanatisch genug werden, um an der Front als Kanonenfutter benutzt zu werden. Diejenigen, die nicht in den Kampf geschickt werden, dienen als Lakaien der Emire, als Wachen oder als Spione in den Dörfern und Lagern, in der die zu Feinden erklärten Jesiden oder andere religiöse Minderheiten gefangen gehalten werden. Einige Kinder, die freigelassen wurden, haben sich stark verändert. Sie verteidigen den Islam und den IS, obwohl sie beispielsweise Jesiden sind. Sie drohen ihrer eigenen Familie mit Enthauptungen, falls sie sich dem IS nicht anschließen sollten. Die Kinder sollen die pathologische Ideologie des IS in die eigene Gesellschaft tragen und diese von innen aushöhlen.

Aufgrund dieses unmenschlichen Verhaltens des IS-Terrors mit seinen schändlichen Taten hat die Landesregierung von Baden-Württemberg 2014 beschlossen, 1000 schutzbedürftige Frauen und Kinder aus dem Nordirak zur Behandlung nach Deutschland zu holen. Als medizinisch-therapeutischer Leiter in diesem Projekt habe ich mehr als 1000 Personen gesehen, untersucht und gesprochen.

Im Rahmen des Projektes habe ich auch Shirin im Nordirak gesehen und empfohlen, sie zur Behandlung nach Deutschland zu holen. Neben der starken psychischen Belastung Shirins ist mir vor allem aber ihre unglaubliche Stärke aufgefallen. Sie hat das Schlimmste erlebt, was ein Mensch erleben kann, und dennoch kämpft sie, um zu überleben. Sie kämpft jeden Tag gegen diese schrecklichen Erinnerungen, sie kämpft darum, wieder Hoffnung zu haben, auch wenn ihre Frage nach dem »Warum« unbeantwortet bleibt. Sie möchte wieder eine Zukunft haben. Der Tod und der Wunsch nach Sicherheit, Nähe und Liebe gehen Hand in Hand. Daher müssen wir Menschen wie Shirin helfen. Ich bin davon überzeugt, dass es wichtig ist, Frauen wie Shirin im Rahmen eines solchen Projekts zur Seite zu stehen.

Der Widerstand gegen Krieg und Genozide sowie die Aufnahme auch von traumatisierten Flüchtlingen gehören zu den Grundwerten von Menschenwürde, für die wir in der westlichen Welt gemeinsam einstehen sollten.

Ich hätte mir gewünscht, noch mehr Menschen, die solches Leid erleben mussten, helfen zu können. Leider waren es nur 1100 Personen, die zur Behandlung nach Deutschland kommen konnten. Und dennoch ist jedes Leben ein Leben, das gerettet werden muss.

Ich habe die Hoffnung auf Frieden im Nahen Osten nicht verloren und hoffe auf viele Projekte, damit vor allem vor Ort den vielen Hunderttausend Menschen geholfen werden kann.

Für Shirin hoffe ich, dass sie lernt, mit diesem Trauma umzugehen, dass sie ihren alten Wunsch, Jura zu studieren, umsetzt und dass sie sich als Anwältin für die Rechte der Menschen einsetzt.

ZUR ENTSTEHUNG DIESES BUCHES

Es ist schwer, eine traumatisierte Frau wie Shirin zu finden, die bereit ist, sich ihren Ängsten und Albträumen zu stellen und ihre Geschichte zu erzählen. Leider sind es oft nicht die gewissenlosen Täter, sondern ihre wehrlosen Opfer, die sich schuldig fühlen und schämen. Doch Shirin ist eine Kämpferin. Sie möchte wieder zurück ins Leben finden und das Unrecht beim Namen nennen.

Mehrere Tage lang habe ich mit der 18-Jährigen Interviews geführt. Zur Seite stand mir dabei Nalin Farec, eine sehr engagierte jesidische Jura-Studentin, die als Dolmetscherin fungierte. Die Gespräche waren schwierig, weil sie Shirin sehr viel Kraft abverlangten. Einzig als es um ihre unbeschwerten Erinnerungen aus der Kindheit ging, berichtete die junge Frau flüssig und gerne. Ansonsten war ihr ein zusammenhängendes Erzählen kaum möglich.

Verschiedene Details habe ich mehrmals erfragt, an unterschiedlichen Tagen, um am Ende ein vollständiges Bild zu erhalten. Meist hat Shirin Gefühle oder auch Personen beim Erzählen einfach »wegrationalisiert« und das Erlebte in Form nackter Fakten geschildert. So nüchtern, dass das Grauen am Ende weniger grauenhaft erschien.

Immer wieder musste ich nachfassen, nachfragen, nachbohren. Am Ende hatte ich ein Puzzle aus Tausenden von Teilen vor mir, das ich zu einer fließenden Erzählung zusammensetzen konnte. Es schmerzt, wenn man sieht, wie unsäglich ein Mensch unter den Bildern seiner Vergangenheit leidet. Wenn man erlebt, dass Worte immer wieder in Tränen ersticken und manchmal so schnell über die Lippen jagen, weil das Gegenüber vor seiner eigenen Geschichte fliehen möchte, ihr aber nicht entkommt. Stück für Stück haben wir uns diese Vergangenheit erarbeitet, wie einen hohen Berg, der vor uns lag. Zwischendrin haben wir immer wieder Pausen eingelegt, verschnauft, sind spazieren gegangen, um Kraft für die nächsten Kapitel zu sammeln. Am Ende der Interviews sagte Shirin zu mir: »Es hat mir geholfen, meine Geschichte zu erzählen. Ich bin froh, dass ich das getan habe!«

Shirin ist eine ungewöhnlich mutige junge Frau. Ich hoffe, dass ihre Geschichte die Menschen aufrütteln wird. Ich hoffe, dass das Leid der Jesiden und der anderen durch den IS Verfolgten ein rasches Ende nimmt. Dass die Mütter ihre verkauften und misshandelten Kinder bald wieder in die Arme schließen dürfen. Dass die Welt dieses Elend nicht länger schweigend hinnehmen wird.

Flüchtlinge wie Shirin werden unser Land bereichern, und das nicht nur durch ihre Bescheidenheit, Herzensgüte und Stärke. Sie führen uns vor Augen, was für ein großartiges Geschenk Freiheit und Demokratie sind und dass es sich unbedingt lohnt, dafür zu kämpfen!

Alexandra Cavelius

SPENDENAUFRUF

Das Ethno-Medizinische Zentrum e. V. (EMZ) ist eine gemeinnützige Einrichtung, deren Ziele die interkulturelle Gesundheitsförderung und die »gesunde Integration« von Migrantinnen und Migranten in Deutschland sind. Seit 1989 setzt es sich mit verschiedenen Projekten für die Teilhabe und Chancengleichheit von Migranten bei der Nutzung der Angebote des Gesundheitssystems ein.

Weiter Informationen finden Sie unter
http://www.ethno-medizinisches-zentrum.de/

Mit Ihrer Spende unterstützen sie im Irak den Aufbau bzw. Ausbau psychosozialer und medizinischer Hilfe für traumatisierte Jesiden. Insbesondere soll die psychotherapeutische, psychosoziale und medikamentöse Behandlung von schwer traumatisierten Frauen und Kindern, die in den Händen des IS waren, verbessert werden.

Spenden können unter dem Verwendungszweck »Jesiden-hilfe« auf folgendes Konto überwiesen werden:

Empfänger: Ethno-Medizinisches Zentrum
Kreditinstitut: Sparkasse Hannover
IBAN: DE03 2505 0180 0900 3856 69
BIC: SPKDE2HXX

Der Förderverein für bedrohte Völker unterstützt die Bitte der jesidischen Verbände in Deutschland, den notleidenden Flüchtlingen aus der Sindschar-Region zu helfen. Spenden können unter dem Verwendungszweck »Yeziden-Sinjar« auf folgendes Konto überwiesen werden:

Empfänger: Förderverein für bedrohte Völker
Kreditinstitut: Postbank
IBAN: DE89 2001 0020 0007 4002 01
BIC: PBNKDEFF

»Wir brauchen solche
Menschen wie Gannuschkina
in diesen dunklen Zeiten.«

Aus der Laudatio zur
Verleihung des Schwarzkopf-Europa-Preises 2014

432 Seiten, gebunden
ISBN 978-3-95890-005-9

Seit 1988 kämpft die Moskauer Mathematikdozentin Swetlana Gannuschkina unermüdlich für die Rechte von Flüchtlingen und Vertriebenen in Russland. Die mehrfach für den Friedensnobelpreis nominierte Menschenrechtlerin hat sich niemals durch die aktuellen Entwicklungen in ihrer Heimat einschüchtern lassen. Auch nicht, als ihr Name 2006 auf einer Todesliste russischer Nationalisten auftauchte. In ihrem Buch erzählt die Freundin der ermordeten Journalistin Anna Politkowskaja über ihren Kampf gegen Unrecht und Unterdrückung und stellt uns vor die aufrüttelnde Frage, wie wir mit unserem großen Nachbarn in Zukunft zusammenleben können.

Mehr über unsere Bücher: www.europa-verlag.com

»Ein Lehrbuch für Menschlichkeit. Ein Aufruf für eine neue Flüchtlings- und Ausländerpolitik.«

Heribert Prantl

Marina Naprushkina, Künstlerin und Aktivistin, lebt seit über zwölf Jahren in Deutschland und hat im Sommer 2013 eine aufsehenerregende Nachbarschaftsinitiative für Flüchtlinge in Berlin gegründet. Sie taucht tief ein in den deutschen Flüchtlingsalltag zwischen überlasteten Ämtern, Arztbesuchen, Anwaltsterminen und maroden Heimen. Sie zeigt, wie die Flüchtlinge häufig auf sich allein gestellt sind und nach Verzweiflung und Flucht täglich neu ihre Chancenlosigkeit erfahren müssen. Und sie beschreibt in kurzen Sequenzen, wie deutsche Willkommenskultur oft wirklich aussieht: Leere und ewiges Warten.

EUROPAVERLAG